Como dizer tudo em francês

Fale a coisa certa em qualquer situação

Ron Martinez
Janice Sfreddo

Como dizer tudo em francês

Fale a coisa certa em qualquer situação

ALTA BOOKS
EDITORA
Rio de Janeiro, 2018

Como dizer tudo em francês em viagens

Impresso no Brasil.

Obra disponível para venda corporativa e/ou personalizada. Para mais informações, fale com projetos@altabooks.com.br

---

Editoração Eletrônica
Futura

Revisão
Edna Cavalcanti | Roberta Borges | Ivone Teixeira

Produção Editorial
LTC Livros Tec. Cientif. Editora Ltda – CNPJ: 33.829.698/0007-05

CIP-Brasil. Catalogação na fonte
Sindicato Nacional dos Editores de Livros, RJ

M337c Martinez, Ron
Como dizer tudo em francês em viagens: fale a coisa certa em qualquer situação / Ron Martinez, Janice Sfreddo, - Rio de Janeiro: Alta Books, 2018.

Apêndice
ISBN: 978-85-508-0342-5

1. Língua francesa - Estudo e ensino - Falantes do português.
2. Língua francesa - Vocabulários, glossários, etc.
3. Língua francesa - Palavras e expressões - Português.
I. Sfreddo, Janice. II. Título

15-20067 CDD: 445
CDU: 811.133.1'243

ALTA BOOKS
EDITORA

Rua Viúva Cláudio, 291 — Bairro Industrial do Jacaré
CEP: 20970-031 — Rio de Janeiro - RJ
Tels.: (21) 3278-8069 / 3278-8419
www.altabooks.com.br — altabooks@altabooks.com.br
www.facebook.com/altabooks

Dedico este livro a Mario Berlando,
que me ensinou a confiar em mim,
e cujo amor e apoio tornaram
esta obra possível.

Agradecimentos

A Ricardo Redisch e Cristina Schumacher, pela confiança em meu trabalho. A Luis Felipe Duarte, irmão querido e amigo de todas as horas. A Adriane Sander, amiga e coordenadora pedagógica na Aliança Francesa de Porto Alegre, pelo estímulo e preciosas informações. A todas as pessoas que, de alguma forma, manifestaram seu estímulo e apoio. Aos meus alunos, com quem tanto aprendo.

Um agradecimento especial a Ghislaine Bachmann, professora na Aliança Francesa de Porto Alegre, e a Hélia Lissak, pelo importante trabalho de correção. Uma em Porto Alegre e a outra em São Paulo, em muito contribuíram para o enriquecimento e qualidade desta obra.

Material Suplementar

Este livro conta com o seguinte material suplementar:

- Áudios

O acesso ao material suplementar é gratuito. Basta entrar em www.altabooks.com.br e buscar pelo nome da obra.

Sumário Geral

Introdução 27

1. Francês Geral 1 – Expressões comuns em contextos específicos 35
2. Francês Geral 2 – A linguagem da conversação 87
3. Francês Comercial e Profissional 123
4. Francês para Palestras e Reuniões 147
5. Francês para Turismo e Hotelaria 159
6. Morando no Exterior 183
7. Francês para Correspondência Escrita 191
8. Expressões Comuns em Português 199

Apêndice 1 – A Família 225

Apêndice 2 – Descrevendo as Pessoas 227

Apêndice 3 – Doenças 231

Apêndice 4 – Trabalhos 233

Apêndice 5 – Profissões 239

Apêndice 6 – Vestuário 241

Sumário Detalhado

Sumário detalhado	Table de matières
Introdução	Introduction 27
Francês Geral 1 – expressões comuns em contextos específicos	**Français Général – expressions courantes pour contextes spécifiques 35**
Coisas que se falam quando as pessoas se encontram	**Ce qu'on dit quand on se rencontre . . .35**
– Saudações e apresentações	– Salutations 35
– Encontrando-se de novo	– Revoir quelqu'un 36
– Perguntas pessoais	– Questions personnelles 37
– Como fazer uma pergunta pessoal sem ofender	– Comment poser poliment une question personnelle 37
Falando com desconhecidos	**Parler avec des inconnus 37**
Em uma festa ou reunião	**Dans une fête ou une rencontre 38**
– Começando uma conversa	– Lancer une conversation 38
– Começando uma conversa em uma festa ou reunião	– Commencer une conversation dans une fête ou réunion 39
– Durante uma conversa em uma festa ou reunião	– Au cours d'une conversation 39
– Terminando uma conversa em uma festa ou reunião	– Pour achever une conversation . . . . .39 dans une fête ou réunion

Elogios	**Compliments** .40
– Elogiando a casa de alguém	– Faire des compliments à quelqu'un au sujet de sa maison .40
– Elogiando a aparência de alguém	– Faire des compliments à quelqu'un sur son apparence .40
– Elogiando o português ou outra língua de alguém	– Faire des compliments à quelqu'un pour ses compétences linguistiques .40
– Elogiando o trabalho de alguém	– Faire des compliments à quelqu'un pour son travail .40
– Elogiando a si mesmo	– Faire un compliment à soi-même .40
– Recebendo um elogio	– Recevoir un compliment .41
– Mostrando sinceridade ao elogiar	– Souligner la sincérité d'un compliment .41
Vida noturna	**Vie nocturne** .41
– Descrevendo uma casa noturna	– Décrire une boîte de nuit .41
– Descrevendo o interior de uma casa noturna	– Décrire l'interieur d'une boîte de nuit .42
– Descrevendo um drinque	– Décrire une boisson .42
– Falando sobre bebida	– Parler de boissons .42
A biografia	**La biographie** .43
Falando sobre a família	**Parler de la famille** .44
– Falando sobre sua família	– Parler de sa famille .44
– Atitudes sobre a família	– Parler de sa position dans la famille .45
– Como perguntar sobre a família de alguém	– Comment poser des questions sur la famille de quelqu'un .46
Descrevendo as pessoas	**Décrire les personnes** .46
– Personalidade – qualidades positivas	– Personnalité – qualités positives .46
– Personalidade – qualidades negativas	– Personnalité – défauts .48
– Aparência física – impressão geral	– Apparence physique – impression générale .49
– Aparência física – cabelo	– Apparence physique – cheveux .49
– Aparência física – peso	– Apparence physique – poids .49
– Aparência física – destaques do corpo	– Apparence physique – aspects corporels .50
– Cirurgia plástica	– Chirurgie plastique .50

Português	Français	Page
Explicando como você conhece uma pessoa	**Expliquer comment vous avez fait la connaissance de quelqu'un**	50
Como você se sente perante um grupo	**Vos impressions face à un groupe**	51
– Bem	– À l'aise	51
– Mal	– Mal à l'aise	51
Falando sobre seu parceiro	**Parler de son ami(e)**	52
Descrevendo um casal	**Décrire un couple**	53
Paquerando	**Draguer**	54
O amor	**L'amour**	55
– Como falar sobre seu relacionamento (geral)	– Comment parler de votre relation (en général)	55
– Perguntando sobre o relacionamento de alguém	– Poser des questions sur la relation de quelqu'un	55
– Como falar sobre crise no seu relacionamento ou casamento	– Comment parler d'une crise dans votre relation ou votre mariage	55
– Mais expressões sobre o amor	– D'autres mots d'amour	56
Recebendo pessoas em casa	**Recevoir chez soi**	56
– Na chegada dos convidados	– Quand les invités arrivent	56
– Na saída dos convidados	– Quand les invités partent	57
– Quando os convidados ficam	– Quand les invités restent	57
Arte e Entretenimento	**Art et amusement**	58
– Filmes	– Films	58
– Livros	– Livres	59
– Música	– Musique	59
Esporte	**Sport**	60
Descrevendo uma noite romântica	**Décrire une soirée romantique**	61
Chamadas telefônicas de uso pessoal	**Appels téléphoniques personnels**	62
– Ligando	– Donner un coup de fil	62
– Atendendo	– Répondre au téléphone	62
– Durante a chamada	– Au cours d'un appel	62
– Problemas durante a ligação	– Problèmes pendant l'appel	63
– Terminando	– Finir une conversation téléphonique	63
– Deixando recado	– Laisser un message	63
– Deixando um recado na secretária eletrônica	– Laisser un message sur le répondeur	64
– Anotando um recado	– Prende un message pour quelqu'un	64

– Saudações na secretária eletrônica	– Messages pour répondeur 64
– Mais expressões sobre ligações	– Plus sur les appels téléphoniques . . .65
Combinando um lugar	**Fixer un rendez-vous** 65
Explicando o caminho	**Indiquer le chemin** 66
Dirigindo	**Conduire** 67
– Falando com passageiros no seu carro	– Parler avec les passagers de votre voiture 67
– Falando de manobras	– Parler de manoeuvres 67
Discutindo a conta	**Discuter de l'addition** 69
Falando sobre o final de semana ou feriado	**Parler du week-end ou des congés** 69
Feriados e ocasiões especiais	**Fériés et occasions spéciales** 70
– Natal	– Noël 70
– Coisas que as pessoas fazem no Natal	– Activités de Noël 70
– Véspera de Ano-Novo	– Veille du Nouvel An 70
– Coisas que as pessoas fazem no *Réveillon*	– Activités de veuille du Nouvel An 70
– Casamentos	– Mariages 71
– Coisas que as pessoas fazem nos/para casamentos	– Ce que les gens font pour/pendant un mariage 71
– Aniversários	– Anniversaires 71
– Coisas que as pessoas fazem nos aniversários	– Ce que les gens font pendant les anniversaires 72
– Brindes e homenagens	– Salutations et hommages 72
Presentes	**Cadeaux** 72
– Presenteando	– Offrir 72
– Recebendo	– Recevoir 73
Fé e religião	**Foi et religion** 73
Desculpas	**Se disculper** .73
– Numa ligação pessoal	– Pendant un appel personnel 73
– Ao telefone do escritório	– Pendant un appel professionnel 74
– Quando não encontramos um arquivo/documento	– Quand on ne trouve pas un document/un dossier 74

Português	Français
Desculpas (cont.)	**Excuses (suite)**
– Por não ter feito algo	– Pour ne pas avoir fait quelque chose .74
– Por chegar tarde	– Pour arriver en retard 74
– Por ir embora cedo	– Pour partir avant l'hevre 75
– Pela maneira de fazer algo	– Pour la façon dont on a procédé pour faire quelque chose 75
– Por não entrar em contato	– Pour ne pas avoir contacté quelqu'un .75
– Pelo francês imperfeito	– Pour son mauvais français 76
– Por não ter dinheiro	– Pour ne pas avoir d'argent 76
– Por comer muito	– Pour manger trop 76
– Por não comer	– Pour ne pas manger 76
– Por não beber	– Pour ne pas boire 76
– Por beber	– Pour boire 77
– Por ficar bêbado	– Pour son ivresse 77
– Por fumar	– Pour fumer .77
– Pela bagunça da casa	– Pour le désordre de la maison 77
– Pelo carro sujo	– Pour la saleté de la voiture 77
– Por algo quebrado	– Pour avoir cassé quelque chose 78
– Por guardar algo velho	– Pour garder quelque chose de vieux 78
– Por se esquecer do nome de alguém	– Pour avoir oublié le nom de quelqu'un .78
– Por dizer algo insensível	– Pour avoir dit quelque chose de maladroit 78
– Por recusar um convite	– Pour refuser une invitation 79
– Por cancelar um compromisso	– Pour annuler un engagement 79
– Por comprar algo caro	– Pour acheter quelque chose de cher 79
– Por não gastar	– Pour ne pas dépenser 79
– Por não comprar alguma coisa para alguém	– Pour ne pas acheter quelque chose à quelqu'un 79
– Por ser infiel	– Pour être infidèle 80
– Por fazer algo que não deveria	– Pour faire quelque chose qu'on ne devrait pas faire 80
Doença	**Maladies** 80
– Antes	– Avant 80
– Durante	– Pendant 81
– Depois	– Après 81
Novidades	**Nouvelles** 81
– Querendo saber de novidades	– S'informer de ce qui se passe 81
– Dando boas notícias (geral)	– Donner de bonnes nouvelles 82
– Reagindo às boas notícias (geral)	– Réagir aux bonnes nouvelles (général) 82

Português	Français
– Dando más notícias (geral)	– Donner de mauvaises nouvelles (général) 82
– Reagindo a más notícias	– Réagir à de mauvaises nouvelles 82
– Dando boas e más notícias	– Donner de bonnes et de mauvaises nouvelles 82
– Reagindo a notícias sobre um novo relacionamento	– Réagir à l'annonce d'une nouvelle liaison amoureuse 83
– Reagindo a notícias sobre um noivado	– Réagir à l'annonce de fiançailles 83
– Reagindo a notícias sobre uma gravidez	– Réagir à l'annonce d'une grossesse . .83
– Reagindo a notícias sobre um novo emprego	– Réagir à l'annonce d'un nouvel emploi 83
– Reagindo a notícias sobre uma nova casa	– Réagir à l'annonce d'un enménagement dans une nouvelle maison 84
– Reagindo a notícias sobre um falecimento na família	– Réagir à l'annonce d'un décès dans la famille 84
– Reagindo a notícias sobre a perda de um emprego	– Réagir à l'annonce d'une perte d'emploi 84
– Reagindo a notícias sobre um divórcio ou fim de um relacionamento	– Réagir à l'annonce d'un divorce ou rupture .84
O estado de sua situação financeira	**Votre situation financière** 85
– Bom	– Bonne 85
– Ruim	– Mauvaise .85
Francês Geral 2 – A linguagem da conversação	**Français Général 2 – Le langage de la conversation** 87
Contando histórias	**Raconter des histoires** 87
– Fazendo um parêntese	– Ouvrir une parenthèse 89
Criando expectativa	**Susciter l'intérêt** 89
Quando faltam as palavras	**Quand les mots nous manquent** 90
Sendo vago	**Etre flou** 90
– Sendo vago sobre quantidade	– A propos de quantité 90
– Sendo vago sobre tempo	– A propos du temps 91
– Sendo vago sobre localização	– A propos de localisation 91
– Sendo vago sobre a fala de alguém	– Au sujet des propos de quelqu'un . .91
– Sobre motivo	– Sur les raisons de quelque chose 92
– Sobre algo	– Sur quelque chose 92
– Sobre uma pessoa	– A propos d'une persone 92

– Sobre atividade	– A propos d'une activité	92
– Sobre sua opinião	– A propos d'une opinion	92
Brincando	**Plaisanter**	93
Falando sério	**Parler sérieusement**	93
Mostrando que está ouvindo	**Montrer que vous écoutez**	93
Expressando interesse	**Montrer son intérêt**	93
Compreendendo	**Comprendre**	94
– Mostrando compreensão	– Montrer qu'on comprend	94
– Falta de compreensão	– Montrer qu'on ne comprend pas	94
– Confirmando se entendeu	– Confirmer qu'on a compris	94
– Confirmando se o ouvinte entendeu	– Confirmer que l'autre a bien compris	94
O previsível	**Ce qui est prévisible**	95
Mudando de assunto	**Pour changer de sujet**	95
Lembrando	**Se rappeler**	95
– Tentando se lembrar	– Faire un effort pour se rappeler	95
– Lembrando uma pessoa de algo	– Rappelant quelque chose à quelqu'un	96
– Coisas que fazem você se lembrar	– Souvenir	96
Fofoca	**Faire des cancans**	96
– Expressões sobre fofoca	– Quelques expressions	97
Chegando ao assunto	**Arriver au vif du sujet**	97
Concordando	**Etre d'accord**	97
– Discordando	– Etre en désaccord	98
– Em cima do muro	– Etre sans opinion	98
– Perguntando se as pessoas concordam	– Demander aux autres s'ils sont d'accord	98
Surpresa	**Surprise**	98
– Descrevendo uma surpresa	– Décrire une surprise	99
Aceitando um acontecimento ou notícia desagradável	**Accepter un événement désagréable**	99

Tranquilizando	**Calmer quelqu'un**	**100**
Emoções	**Emotions**	**100**
– Necessidades físicas	– Besoins physiques	100
– Alegria	– Joie	101
– Tristeza	– Tristesse	101
– Nojo	– Dégoût	101
– Saudades	– Nostalgie	101
– Tédio	– Ennui	101
– Emoção	– Emotion	102
– Decepção	– Déception	102
– Gostar	– Aimer	102
– Não gostar	– Ne pas aimer	102
– Culpa	– Culpabilité	102
– Amor	– Amour	103
– Lealdade	– Loyauté	103
– Indiferença	– Indifférence	103
– Desespero	– Désespoir	103
– Pena	– Pitié	103
– Autopiedade	– Auto-commisération	104
– Otimismo	– Optimisme	104
– Pessimismo	– Pessimisme	104
– Raiva	– Rage	104
– Convicção	– Conviction	104
– Inveja	– Jalousie	105
– Ambição	– Ambition	105
– Vergonha	– Honte	105
– Modéstia	– Modestie	105
Arrependimento	**Remord**	**105**
Empatia	**Empathie**	**106**
Desejos e sonhos	**Souhaits et rêves**	**107**
Parabenizando	**Féliciter quelqu'un**	**107**
Pedindo desculpas	**S'excuser**	**107**
– Desculpas em geral	– Excuses en général	107
– Perdoando	– Pardonner	108
Incentivando	**Stimuler quelqu'un**	**108**
Desencorajando	**Décourager**	**109**

Conselhos	**Conseils**	109
– Dando um conselho	– Donner un conseil	109
– Recebendo um conselho	– Recevoir un conseil	110
– Avisos	– Avertissements	110
– Conselhos tardios	– Conseils tardifs	110
Convites	**Invitations**	111
– Convidando	– Inviter	111
– Aceitando um convite	– Acepter une invitation	111
– Recusando um convite	– Refuser une invitation	111
Horas e Datas	**Heures et dates**	112
Etapas	**Etapes**	114
Tendências	**Tendances**	114
– Tendências positivas	– Tendances positives	114
– Tendências negativas	– Tendances négatives	115
Supondo	**Supposition**	115
Solicitações	**Requêtes**	116
Pedindo um favor	**Demander un service**	116
– Pedindo	– Demander	116
– Aceitando fazer um favor	– Accepter de rendre un service	117
– Recusando fazer um favor	– Refuser de rendre un service	117
Confissões	**Aveux**	117
Disfarçando ignorância	**Eviter d'avouer son ignorance**	118
Analisando	**Analyser**	118
– Questionando a análise de alguém	– Remettre une analyse en question	118
Decidindo	**Prendre une décision**	119
Comparando	**Comparer**	119
Querendo saber mais em uma entrevista	**Vouloir en savoir plus lors d'une interview**	120
Tendo cuidado com o que diz	**Faire attention à ce qu'on dit**	121

Provérbios e citações	**Proverbes et citations** 121
– Usando provérbios e citações	– Utiliser des proverbes et des citations .121
– Alguns ditados que existem tanto em francês como em português	– Quelques dictons qui existent autant en français comme en portugais . . .122
Francês Comercial e Profissional	**Français Commercial et Professionnel . .123**
Seu currículo	**Votre curriculum** 123
A entrevista de trabalho	**L'entretien d'embauche** 125
– Perguntas e comentários do entrevistador	– Questions et commentaires du responsable de l'entretien 125
– Perguntas e comentários do entrevistado	– Questions et commentaires du candidat 126
Falando do seu francês e de outros idiomas	**Parler de son français et d'autres langues** 127
Networking	**Relations publiques** 127
Falando do seu trabalho	**Parler de son travail** 128
– Fazendo perguntas sobre o trabalho de alguém	– Poser des questions sur le travail de quelqu'un 129
Descrevendo o estado da sua empresa	**Parler de la situation de votre entreprise** 129
– Bom	– Bonne 129
– Ruim	– Mauvaise .130
Destacando pontos positivos de sua empresa/companhia	**Souligner les points positifs de votre entreprise** 130
Como dizer um endereço de e-mail em francês	**Comment donner une adresse électronique en français** 130
Primeiro contato	**Premier contact** 131
Procurando um contato	**Chercher un contact** 131
Agendando um horário	**Fixer un rendez-vous** 131
– Propondo um horário ou lugar	– Proposer un horaire ou un lieu 131
– Dizendo que não pode	– Dire que vous n'êtes pas libre 132
– Aceitando	– Accepter 132
– Cancelando	– Décommander 132

Marcando um horário	**Fixer un horaire** 133
– A telefonista/recepcionista	– La standardiste/réceptionniste 133
– Quem marca o horário	– Celui ou celle qui marque un horaire .133
O telefone	**Le téléphone** 133
– Atendendo	– Répondre .133
– Problemas e explicações	– Problèmes et explications 134
– A fala da pessoa que está ligando	– Ce que la personne qui appelle dit . .135
– Terminando	– Terminer une conversation 135
Indo direto ao assunto	**Aller directement au sujet** 135
Atualização	**Mise à jour** .136
– Pondo uma pessoa em dia	– Mettre quelqu'un à jour 136
– Pedindo uma atualização	– Demander à être mis au courant . .136
Falando do andamento de um projeto	**Parler du déroulement d'un projet** . .136
Falando de problemas	**Parler de problèmes** 137
– Minimizando a importância de um problema	– Minimiser l'importance d'un problème 137
– Ressaltando a importância de um problema	– Souligner l'importance d'un problème 137
Decisões de negócios	**Décisions en affaires** 138
– Resolvendo entrar em negócios	– Décider de faire affaire 138
– Resolvendo não entrar em negócios	– Décider de ne pas faire affaire 138
Pesquisando preços	**S'informer sur les conditions de vente** . .139
Falando de dinheiro	**Parler d'argent** 139
– Solicitando valores	– Demander le montant 139
– Dando números	– Donner le montant 140
Comprando e vendendo	**Acheter et vendre** 140
– Comprando	– Acheter 140
– Vendendo	– Vendre 140

Negociando uma ideia	**Négocier une idée** 141
– Vendendo a ideia	– Vendre l'idée 141
– Compreendendo uma ideia	– Comprende une idée 142
– "Comprando" uma ideia	– "Acheter" une idée 142
– Expressando reservas sobre uma ideia	– Exprimer des réserves sur une idée . .142
Respondendo a um pedido	**Répondre à une demande** 142
– Concedendo	– Etre d'accord 142
– Aceitando com reservas	– Accepter avec des réserves 143
– "Talvez"	– Peut-être 143
– Recusando	– Refuser 143
Lidando com atrasos	**Au sujet de délais** 143
Pedindo desculpas	**Demander des excuses** 144
Descrevendo o estado da economia	**Décrire la situation de l'économie** . . .144
– Bom	– Bonne 144
– Ruim	– Mauvaise .144
Descrevendo o mercado	**Décrire le marché** 144
– Bom	– Bon 144
– Ruim	– Mauvais 145
Francês para Palestras e Reuniões	**Français pour Conférences et Réunions** . .147
Apresentando um palestrante	**Présenter un conférencier** 147
– Agradecendo um palestrante ao terminar	– Remercier un conférencier 148
Apresentando-se para o público	**Se présenter au public** 148
Expondo o objetivo de sua apresentação	**Exposer l'objet de sa conférence** 149
Criando empatia com o público	**Solliciter le public** 149
Citando fontes durante sua apresentação	**Citer ses sources pendant l'exposé** . .150
Direcionando a palestra	**Animer la conférence** 150
Acrescentando e destacando	**Ajouter et souligner l'importance** . . .151

Português	Français
Usando recursos visuais	Utiliser des ressources visuelles 151
Causa, efeito e sentido	Cause, effet et sens 152
Quando o público parece confuso	Quand l'assistance semble perdue . . .152
Terminando	Terminer 152
Lidando com perguntas	Répondre aux questions 153
Fazendo perguntas depois de uma palestra	Poser des questions après une conférence 154
Uma reunião formal	Une réunion formelle 155
Apresentando um argumento	Présenter des arguments 156
Propostas em uma reunião	Propositions dans une réunion 156
– Propondo	– Proposer 156
– Reagindo a uma proposta	– Réagir à une proposition 157
Interrompendo	Interrompre .157
Francês para Viagens e Turismo	**Français pour Tourisme et Hôtellerie .159**
Sobrevivência	Survie 159
Falando sobre uma viagem	Parler d'un voyage 160
– Antes – O viajante	– Avant – Le voyageur 160
– Antes – Conversando com o viajante	– Avant – Parler avec le voyageur . . .160
– Durante – O viajante	– Pendant – Le voyageur 161
– Durante – Conversando com o viajante	– Pendant – Parler avec le voyageur . .162
– Depois – As perguntas	– Après – Questions 162
– Depois – As respostas	– Après – Réponses 162
Voando	Voyage aérien 163
– Reservando um voo – Passageiro	– Faire une réservation – Passager . . .163
– Reservando um voo – Agente	– Faire une réservation – Agent de voyage .163
– Check-in no aeroporto – Agente	– Check-in à l'aéroport – Agent 165
– Anunciando	– Annoncer .165

Português	Français	Page
– Check-in no aeroporto – Passageiro	– Check-in à l'aéroport – Passager	166
– Durante o voo – Tripulação	– Pendant le vol – Équipage	166
– Durante o voo – Passageiro	– Pendant le vol – Passager	168
– Alfândega – Perguntas	– Douane – Questions	168
– Alfândega – Respostas	– Douane – Réponses	168
Problemas com bagagem	**Problèmes de bagages**	169
– Registrando perda de bagagem	– Déclarer une perte de bagage	169
– Perguntas sobre bagagem perdida	– Questions au sujet de bagage égaré	169
Ligando do exterior	**Un appel téléphonique de l'étranger**	170
Hospedagem	**Logement**	170
– Hotel – Hóspede	– Hôtel – Hôte	170
– Hotel – Recepção	– Hôtel – Réception	171
– Uma família hospedeira	– Une famille d'accueil	172
Compras	**Faire des achats**	172
– Cliente	– Client	172
– Atendente	– Vendeuse/vendeur	173
– Falando sobre compras	– Parler de ses achats	174
Comendo e bebendo	**Manger et boire**	174
– No restaurante – Cliente	– Dans un restaurant – Client	174
– No restaurante – Atendente	– Dans un restaurant – Serveur	176
– Na casa de alguém	– Chez quelqu'un	177
Entretenimento	**Amusement**	177
– No cinema	– Au cinéma	177
– No teatro/ópera	– Au théâtre/opéra	177
– Eventos esportivos	– Evénements sportifs	178
Táxis	**Taxi**	178
– Passageiro	– Passager	178
– Motorista	– Chauffeur	178
Alugando um carro	**Louer une voiture**	179
– Cliente	– Client	179
– Atendente	– Employé	179

No posto de gasolina	**A la station service 180**
– Self-service	– Self-service 180
– Serviço com frentista	– Pompiste 180
– Perguntando o caminho	– Demander son chemin 180
Achados e Perdidos	**Objets perdus et retrouvés 181**
– Quem perdeu	– Celui qui a perdu 181
– O estabelecimento	– L'établissement 181
Morando no Exterior	**Habiter à l'étranger 183**
Cursos no exterior/Dando aula	**Cours à l'étranger/donner des cours ..183**
– O aluno	– L'élève 183
– O professor	– Le professeur 184
Procurando apartamento	**Chercher un appartement 185**
Usando serviços públicos	**Utiliser les services publics 186**
No banco	**À la banque 186**
– O cliente	– Le client 186
– O bancário	– L'employé de la banque 187
Carros	**Voitures 187**
– Comprando	– Acheter 187
– Consertando	– Réparer 188
No cabeleireiro/salão	**Chez le coiffeur 189**
– Mulher (especialmente)	– Femme 189
– Homem (especialmente)	– Homme 189
Francês para Correspondência Escrita	**Français de la correspondance 191**
Um anúncio para emprego	**Annonce d'emploi 191**
Mensagens breves	**Messages courts 192**
Cartas profissionais	**Lettres professionnelles 192**
– Aberturas	– Formules d'appel et introduction ..192
– Dizendo o propósito	– Parler de l'objetctif 192
– Coisas boas	– Bonnes nouvelles 193
– Coisas ruins	– Mauvaises nouvelles 193

– Perguntas e pedidos	– Questions et demandes	194
– Referências a itens em uma carta	– Références	195
– Anexos e informações	– Annexes et informations	195
– Encerrando	– Pour finir	195
Correspondências pessoais	**Courrier personnel**	**196**
– Aberturas	– Introduction	196
– Dizendo o propósito	– Objet	197
– Coisas boas	– Bonnes nouvelles	197
– Coisas não tão boas	– Nouvelles mitigées	197
– Dando e pedindo informações	– Donner et demander des renseignements	198
– Encerrando	– Pour finir	198
Expressões Comuns em Português	**Expressions Courantes en Portugais**	**199**
Apêndices	**Annexes**	225
Apêndice 1 – A família	Annexe 1 – La famille	225
Apêndice 2 – Descrevendo as pessoas	Annexe 2 – Décrire les gens	227
Apêndice 3 – Doenças	Annexe 3 – Les maladies	231
Apêndice 4 – Trabalhos	Annexe 4 – Formations (selon l'Annuaire National des Universités)	233
Apêndice 5 – Profissões	Annexe 5 – Professions	239
Apêndice 6 – Vestuário	Annexe 6 – Vêtements	241

Introdução

É com muita satisfação que apresentamos um novo conceito para a aprendizagem de uma língua estrangeira. *Como dizer tudo em francês* é uma ferramenta preciosa para todas as pessoas que tenham a necessidade de se exprimir oralmente ou por escrito em francês. Pouco importa o seu nível de conhecimento do idioma ou sua motivação para utilizá-lo, este livro o ajudará a atingir um nível de comunicação verdadeiramente eficaz. Os autores utilizaram seus anos de experiência no aprendizado e ensino de línguas para criar o que será sem dúvida uma ferramenta fundamental para uma comunicação bem-sucedida em francês.

Uma vasta gama de situações

Como dizer tudo em francês é dividido em oito partes: *Francês Geral 1 e 2*, *Francês Comercial e Profissional*, *Francês para Palestras e Reuniões*, *Francês para Turismo e Hotelaria*, *Morando no Exterior*, *Francês para Correspondência Escrita* e *Expressões Comuns em Português*. Em cada uma dessas partes, o leitor encontrará centenas de expressões de uso cotidiano. No entanto, as situações não se dirigem a usuários diferentes. Ao contrário, seria quase impossível para a pessoa que precisa do Francês Comercial não utilizar também o Francês Geral e vice-versa. Afinal, não há limites para os temas de comunicação num determinado idioma.

Informações sociocuturais

Um idioma é mais do que palavras. É cultura, costume e atitude. *Como dizer tudo em francês* leva em conta esse fato e oferece informações socioculturais quando necessário.

Conceitos universais de idioma

Um aspecto interessante dos idiomas ao redor do mundo é que, apesar das interessantes diferenças entre eles, o que queremos expressar em qualquer idioma é, na maioria dos casos, exatamente idêntico. Todos nós temos a necessidade de persuadir, demonstrar empatia e de se desculpar. *Como dizer tudo em francês* leva isso em consideração e oferece o equivalente em francês com base no universo do usuário em português.

Para quem é este livro?

Se você alguma vez precisou, precisa ou precisará usar o francês em qualquer nível, *Como dizer tudo em francês* é uma ferramenta indispensável. Embora não seja um curso em si, ele o ajudará nas numerosas situações mais prováveis em francês. Caso você seja um executivo ou outro profissional, ou simplesmente um estudante ou viajante frequente, *Como dizer tudo em francês* é o título de referência que você deve manter em sua mesa de trabalho, em sua pasta e próximo a seu passaporte.

Só as situações mais úteis

Embora um idioma tenha mais situações do que este livro cobre, *Como dizer tudo em francês* visa a cobrir as necessidades mais importantes do usuário. Em outras palavras, "como dizer para suas crianças que precisam dormir" e "coisas que se falam aos animais domésticos" constituem parte das funções miríades de qualquer idioma, mas não são situações normalmente de importância extrema diante das necessidades do usário comum deste livro.

Companheiro perfeito para cursos de francês/dicionários

Como dizer tudo em francês não é um curso em si. Mas se o usuário está aprendendo francês e possui um dicionário, *Como dizer tudo em francês* complementará o curso. Afinal de contas, o dicionário o ajudará quando for preciso achar uma palavra isolada. Um curso de idiomas será útil para aprender e praticar regras e melhorar o nível das competências linguísticas em geral (expressão e compreensão orais e escritas). *Como dizer tudo em francês* vai além das palavras isoladas e das regras para proporcionar ao usuário as expressões e frases específicas para cada situação de comunicação – seja na sala de aula ou em outros ambientes.

Francês padrão

Como dizer tudo em francês foi concebido com base no francês padrão, o que permitirá que o usuário deste livro seja compreendido em qualquer lugar onde a língua francesa é falada. As expressões no livro serão compreendidas e aceitas em qualquer lugar, pois são de uso cotidiano, sem gíria. Quando a linguagem familiar aparece, é porque seu uso é amplamente difundido.

Como usar o livro

Talvez o leitor já tenha visto aqueles livrinhos de expressões de uso em viagens. No esforço para que esses livros sejam compactos, eles ficam, na realidade, menos úteis, pois um idioma não funciona de forma "compacta". Qualquer curso de idiomas bom não visa a ser "compacto", visa à comunicação em geral. E, para que esta comunicação aconteça, o usuário precisa de variedade para iniciar, reagir e interagir na linguagem, em qualquer situação.

Referência de idioma

Como dizer tudo em francês é um livro de referência. Isto significa que ele foi concebido para ser utilizado durante muito tempo, cada vez que o usuário precisar achar uma expressão em francês. Ele também foi projetado como um tipo de roteiro. Por exemplo, se o leitor sabe de antemão que vai jantar com clientes franceses, ele poderá se preparar com antecedência lendo as seções "Discutindo a conta", "Coisas que se falam quando as pessoas se encontram", "Comendo e bebendo" e "Elogios", entre outras. Ele se sentirá mais à vontade e seguro de si nesse tipo de situação.

Variar e misturar para melhores resultados

O usuário de *Como dizer tudo em francês* terá maior aproveitamento do livro ao não enfocar um tópico só, mas todos eles. Afinal de contas, um idioma não conhece nenhum limite de tópico de conversação. E, embora precise de algumas expressões mais do que outras, seria estranho na verdade precisar de só algumas e nunca de outras.

Equivalentes e não tradução

Embora haja milhares de situações de comunicação possíveis em qualquer idioma, os autores usaram sua experiência profissional para escolher só as mais úteis, evitando dessa maneira a sensação de "não saber por onde começar".

Todas as expressões no livro são comuns e equivalentes às do português, sem serem traduções ao pé da letra. Por isso, se o usuário achar que uma expressão em francês "parece" muito diferente da expressão em português, será porque a tradução "exata" ficaria estranha.

Introdução

C'est avec le plus grand plaisir que nous présentons un concept nouveau pour l'apprentissage d'une langue. *Comment tout dire en français* est un outil précieux pour toutes les personnes ayant besoin de s'exprimer oralement ou par écrit en français. Peu importe votre niveau de langue ou votre motivation pour utiliser le français, ce livre vous aidera à atteindre un niveau de communication vraiment efficace. Les auteurs ont mis à profit leurs années d'expérience dans l'apprentissage et l'enseignement de langues pour créer ce qui sera sans aucun doute un outil fondamental pour une communication réussie en français.

Une vaste gamme de situations
Comment tout dire en français est divisé en huit parties: *Français général 1 et 2*, *Français commercial et professionnel*, *Français pour conférences et réunions*, *Français pour tourisme et hôtellerie*, *Habiter à l'étranger*, *Français de la correspondance* et *Expressions courantes en portugais*. Dans chacune de ces parties le lecteur trouvera des centaines d'expressions pour l'usage quotidien. Cependant, les situations ne s'adressent pas à des usagers différents. Au contraire, il serait presque impossible pour la personne ayant besoin du Français Commercial ne pas se servir du Français Général et inversement. En fin de compte, il n'y a pas de limite de sujets de communication dans une langue.

Informations socio-culturelles
Une langue comprend non seulement des mots mais aussi culture, habitudes et comportement. *Comment tout dire en Français* prend cela en considération et présente des informations socio-culturelles quand il le faut.

Concepts universels de langue

Un aspect intéressant des langues autour du monde est que, malgré leurs différences, ce que nous voulons exprimer dans n'importe quelle langue, dans la majorité des cas, relève de situations de communication identiques. Nous ressentons tous le besoin de persuader, de démontrer notre sympathie ou de s'excuser. *Comment tout dire en français* prend cela en considération et fournit l'équivalence en français à partir de l'univers de l'usager en portugais.

À qui s'adresse ce livre?

Si vous avez déjà eu le besoin d'utiliser le français à n'importe quel niveau, si vous en avez la nécessité actuellement ou dans le futur , *Comment tout dire en français* est un outil indispensable. Sans vouloir être vraiment un cours en soi, il vous aidera lors de nombreuses situations occasionnelles en français. Quelle que soit votre profession, que vous soyez étudiant ou voyageur fréquent, *Comment tout dire en français* est le livre de référence que vous devrez toujours avoir à portée de la main.

Seulement les situations les plus courantes

Comme dans toutes langues, il existe d'autres situations de communication que celles mentionnées dans ce livre. Cependant, *Comment tout dire en Fran*çais cherche à couvrir les besoins de communication les plus importants. En d'autres mots, "comment dire à vos enfants qu'il est l'heure d'aller dormir" et "ce qu'on dit aux animaux", font partie des multiples situations de communication de n'importe quelle langue, mais ces situations ne sont pas d'extrême importance pour l'usager de ce livre.

Un compagnon parfait pour un cours de français/dictionnaires

Comment tout dire en français n'est pas à vrai dire un cours, mais si le lecteur apprend le français et possède un dictionnaire, *Comment tout dire en français* sera un complément au cours. Un dictionnaire ne sera utile que pour la recherche d'un mot isolé. Un cours de langue sera utile pour apprendre et pratiquer des règles et améliorer le niveau des compétences en général (expression et compréhension orales et écrites). Comment tout dire en français dépasse les mots isolés et les règles pour fournir à l'usager des expressions et des phrases spécifiques dans chaque situation de communication – que ce soit dans la salle de cours ou ailleurs.

Français "standard"

Comment tout dire en français a été conçu à partir du français standard ,ce qui permettra à l'usager de ce livre d'être compris partout où la langue française est parlée. Les expressions du livre seront comprises et acceptées n'importe où car elles sont d'usage courant, sans argot. Aussi, si le langage familier apparaît, c'est que son usage est très répandu.

Comment se servir de ce livre

Le lecteur a certainement déjà vu un de ces petits livres d'expressions utilisées au cours des voyages. En réalité, le fait d'être compactés rend ces livres moins utiles car une langue ne peut pas s'employer de façon "compacte". N'importe quel cours de langue ne vise pas à être "compact", il recherche la communication en général. Et pour que cette communication ait lieu, l'usager a besoin de variété pour commencer, réagir et interagir dans toutes les situations de communication. C'est pour cela que ce livre contient une vaste gamme de situations visant à aider l'usager à se servir de la langue française dans n'importe quelle circonstance.

Référence de langue

Comment tout dire en français est un livre de référence. C'est-à-dire qu' il a été conçu pour être utilisé pendant longtemps, à chaque fois que l'usager cherchera une expression en français. Il a aussi été conçu comme un itinéraire. Par exemple, si le lecteur sait qu'il dînera avec des clients français, il pourra se préparer à l' avance en lisant les sections "Parler de l'addition", "Ce qu'on dit quand les personnes se rencontrent", "Manger et boire" et "Compliments", entre autres possibilités. Cette préparation lui permettra par conséquent de se sentir plus à l'aise et d'être plus sûr de lui dans ce genre de situation.

Varier pour obtenir de meilleurs résultats

L'usager de *Comment tout dire en français* profitera mieux du livre s'il ne se limite pas à un seul thème, mais à tous. En fin de compte, une langue n'a pas de limite dans le nombre de sujets de communication. S'il est vrai qu'on utilise plus souvent certaines expressions que d'autres, il serait néanmoins dommage d'ignorer les autres.

Des équivalents, mais pas des traductions

Il y a évidemment des milliers de situations de communication possibles dans chaque langue. Cependant, les auteurs ont choisi, à partir de leurs expériences professionnelles, celles qui seront les plus utiles et pertinentes, évitant ainsi la sensation de *ne pas savoir par où commencer.*

Toutes les expressions du livre sont courantes et équivalentes à celles du portugais; mais ce ne sont pas des traductions littérales. C'est pour cette raison que l'usager pourra ren-contrer une expression en français très différente de celle en portugais, la traduction exacte étant impossible. Quoi qu'il en soit, l'usage de cette expression en français sera courant et donc accepté.

TABELA DE PRONOMES EM FRANCÊS – PORTUGUÊS

Observação: A segunda pessoa do singular tem duas formas em francês, *tu* (informal) e *vous* (formal). O *tu* é usado entre pessoas da família, entre amigos de longa data, entre ou com adolescentes e ou com crianças. Os franceses de um modo geral são formais, e o *vous* é utilizado na grande maioria das situações de comunicação. Por essa razão, a maioria das expressões apresentadas neste livro utilizam o *vous*.

Sujeito	Objeto	Possessivo	Reflexivo
Eu	Me	Meu(s), minha(s)	Me
Je	**Me**	**Mon, ma, mes**	**Me**
Tu/você	Te	Teus(s), tua(s)	Te
Tu	**Te**	**Ton, ta, tes**	**Te**
Vós	Vos	Vosso(s), vossa(s)	Vos
Vous	**Vous**	**Votre, vos**	**Vous**
Ele	Lhe	Seu, sua	Se
Il	**Lui**	**Son, sa, ses**	**Se**
Ela	Lhe	Seu, sua	Se
Elle	**Lui**	**Son, sa, ses**	**Se**
Nós	Nos	Nosso(s), nossa(s)	Nos
Nous	**Nous**	**Notre, nos**	**Nous**
Vós	Vos	Vosso(s), vossa(s)	Vos
Vous	**Vous**	**Votre, vos**	**Vous**
Eles	Lhes	Seus, suas	Se
Ils	**Leur**	**Leur, leurs**	**Se**
Eles	Lhes	Seus, suas	Se
Elles	**Leur**	**Leur, leurs**	**Se**

1

Francês Geral 1
Expressões comuns em contextos específicos
Français Général
Expressions courantes pour contextes spécifiques

Coisas que se falam quando as pessoas se encontram	Ce qu'on dit quand on se rencontre

Durante o dia, usamos para cumprimentar *Bonjour*. A partir do anoitecer, usamos o *bonsoir*. Quando as pessoas vão dormir, dizem *bonne nuit*.

Saudações e apresentações	Salutations
Oi.	Salut. (*informal*)
Tudo bem?/Tudo bom?	Ça va? (*informal*) Comment allez-vous? (*formal*) Vas-tu? (informal)
Qual é o seu nome?	Comment vous appelez-vous?
Desculpe, qual é mesmo o seu nome?	Pardon, vous vous appelez comment déjà?
Oi, eu sou...	Bonjour, je suis... (je m'appelle...)
Prazer.	Enchanté(e).
Você conhece o João?	Vous connaissez João?
Eu quero lhe apresentar o...	Je voudrais vous présenter...
Já ouvi falar muito de você.	J'ai déjà entendu parler de vous.

Saudações e apresentações (cont.)	Salutations (suite)
A (Sílvia) já me falou muito sobre você.	(Silvia) m'a beaucoup parlé de vous.
Coisas boas, eu espero.	En bien, j'espère.
Não acredite em nada. É tudo mentira.	N'en croyez rien, ce ne sont que des mensonges.
Estava querendo muito conhecê-lo.	Je voulais beaucoup faire votre connaissance.
Nossa! Finalmente vou conhecer você!	Ah! Enfin je fais votre connaissance.
Gostei de conhecê-lo.	J'ai été enchanté(e) de faire votre connaissance.
Até (mais).	Au revoir.

Encontrando-se de novo	Revoir quelqu'un
Não acredito.	Je le crois pas/(fam). Je n'en crois pas mes yeux!/J'hallucine!
Nossa! Quanto tempo!	Ça fait longtemps!
Que bom ver você!	C'est un plaisir de vous revoir!
Nossa! Faz quanto tempo!	Comme ça fait longtemps!
Quanto tempo faz, hein?	Ça fait longtemps, hein?
Tudo isso?	Tant que ça?
Nossa! O tempo voa!	Comme le temps passe vite!
Você está ótimo!	Vous avez très bonne mine!
Nossa! Você emagreceu?	Dites donc, vous avez maigri?
Soube que você (se casou).	J'ai appris que (vous vous étiez marié(e).
Você não mudou nada.	Vous n'avez pas changé.
Você está sempre bem.	Vous êtes toujours très en forme.
Então, o que você anda fazendo?	Alors, qu'est-ce que vous faites en ce moment?
Então, o que você tem feito de bom?	Alors, quoi de neuf?
Como vão as coisas?	Comment va la vie?
O que você está fazendo agora?	Qu'est-ce que vous faites maintenant?
Você ainda está trabalhando na...?	Vous travaillez toujours à....
Você está no mesmo telefone?	Vous avez toujours le même numéro de téléphone?
Você ainda mora em...?	Vous habitez toujours à...?
Como está o (Ricardo)?	Et (Ricardo), comment va-t-il?
E as crianças? Como vão?	Et les enfants, ils vont bien?
Nós precisamos nos falar mais vezes.	J'espère qu'on gandera le contact.
Vê se não some.	Ne vous cachez pas.

Perguntas pessoais	Questions personnelles
Você é de onde?	Vous êtes né(e) où?
O que você faz?	Qu'est-ce que vous faites?
Você tem namorada(o)?	Vous avez un(e) ami(e)?
Você é casado(a)?	Vous êtes marié(e)?
Você tem alguém?	Vous avez quelqu'un?
Você tem filhos?	Vous avez des enfants?
Quantos anos você tem?	Quel âge avez-vous?
Qual é o seu signo?	Quel est votre signe astrologique/du zodiac?
Você gosta de....?	Vous aimez le(la)...?
Onde você mora?	Vous habitez où?
Você mora sozinho(a)?	Vous habitez seul(e)?

Como fazer uma pergunta pessoal sem ofender	Comment poser poliment une question personnelle
Posso perguntar (quantos anos você tem)?	Est-ce que je peux vous demander votre âge?
Não precisa responder se você não quiser...	Pas besoin de répondre si vous ne voulez pas...
Você se ofenderia se eu perguntasse...	Ça vous gênerait si je vous demandais...
Não quero ser inconveniente...	Je ne voudrais pas vous gêner, mais...
Não quero ser intrometido(a)...	Je n'aimerais pas être indiscret(ète)...
Só por curiosidade...	Juste par curiosité...

Falando com estrangeiros	Parler avec des inconnus
De onde você é?	Vous êtes d'où?/Vous venez d'où?
Há quanto tempo que está aqui?	Ça fait combien de temps que vous êtes là?
Você está onde?	Vous logez où?
Onde você está morando?	Vous habitez où?
É um bom bairro.	C'est un bon quartier.
O que você está achando (daqui)?	Qu'est-ce que vous pensez d'ici?
Está aqui a trabalho/a passeio?	Vous êtes ici pour le travail ou en promenade?
O que você achou (da comida)?	Comment avez-vous trouvé (la nourriture)?

Falando com estrangeiros (cont.)	Parler avec des inconnus (suite)
Você precisa experimentar...	Vous devez absolument essayer....
O que você já conhece aqui em (Florianópolis)?	Qu'est-ce que vous connaissez déjà à Florianópolis?
Você já foi a outros lugares?	Vous avez déjà vu d'autres endroits?
Não deixe de ir a...	N'oubliez pas d'aller à...
Você sente saudades de lá?	(Votre pays) vous manque?
Você já fala alguma coisa em português?	Vous parlez déjà un peu de portugais?
Como está seu português?	Comment va votre portugais?
Já foi ao (Rio)?	Vous êtes déjà allé(e) à (Rio)?
Gostou de lá?	Vous avez aimé (Rio)?
Você precisa conhecer...	Vous devez connaître...
Sabe para onde precisa ir? Tem um...	Vous savez où vous devriez aller? Il y a un(e)...
Vou lhe dar meu telefone.	Je vais vous donner mon numéro de téléphone.
Me ligue para combinarmos alguma coisa.	Appelez-moi pour qu'on fasse quelque chose ensemble.
Seria um prazer lhe mostrar a cidade.	Ça sera un plaisir de vous montrer la ville.
Bem-vindo!	Bienvenu(e)!

Em uma festa ou reunião / Dans une fête ou une rencontre

Começando uma conversa	Lancer une conversation
Oi.	Salut!
Você não é (a Susan)?	Vous ne seriez pas (Susan)?
Você não trabalha com (o Sérgio) na (American Express)?	Vous ne travaillez pas avec (Sergio) à l'(American Express)?
Você é um amigo do (John)?	Vous êtes un ami de... (John)?
Qual é seu nome?	Vous vous appelez comment?
Não conheço você de algum lugar?	On ne s'est pas déjà rencontré(es) quelque part?
Você tem uma cara conhecida.	Votre visage m'est connu.
Gostei da sua (camisa).	J'aime votre (chemise).

Começando uma conversa em uma festa ou reunião	Commencer une conversation dans une fête ou réunion
O que você faz por aqui?	Qu'est-ce que vous faites par ici?
Lugar legal, né?	C'est sympa, non?
Você viu o jogo hoje?	Vous avez regardé le match aujourd'hui?
Como está frio/quente aqui, né?	Qu'est-ce qu'il fait chaud/froid ici, hein?
Como está cheio aqui, né?	Qu'est-ce qu'il y a comme monde ici!

Durante uma conversa em uma festa ou reunião	Au cours d'une conversation
Você quer outra bebida?	Vous voulez un autre verre? Je vous sers un autre verre?
O que você está bebendo?	Qu'est-ce que vous prenez?
Adoro esta música.	J'adore cette musique.

Terminando uma conversa em uma festa ou reunião	Pour achever une conversation dans une fête en réunion
Foi muito bom conversar com você.	Ça a été un plaisir de parler avec vous.
Qual é seu nome mesmo?	Comment vous vous appelez déjà?
Bom, eu já tenho que ir.	Bon, il faut que je m'en aille./Je dois partir.
Escuta, eu tenho que dar uma palavrinha com algumas pessoas ali. Mas gostei de falar com você.	Excusez-moi, je dois aller dire un mot aux pernonnes là-bas, mais j'ai été très content de faire votre connaisance.
Olha, vou dar um oi para meu amigo ali, tá bom? Até já.	Attends, je vais saluer un ami, à bientôt!
Sabe onde é o banheiro?	Vous savez où sont les toilettes?
Nossa! Olha que horas são!	Oh là là! Regarde l'heure qu'il est!
Vamos combinar alguma coisa.	On va faire quelque chose ensemble un de ces jours.
Vamos marcar para sair qualquer dia.	On va programmer une sortie.
Como eu faço para encontrar você?	Comment je fais pour vous joindre?
Você tem um cartão?	Vous avez une carte de visite?
Você tem e-mail?	Vous avez un mèl?
Me ligue a qualquer hora.	Appelez-moi quand vous voulez.
Por que você não me liga a qualquer hora?	Passez-moi un coup de fil quelle que soit l'heure?
Posso te ligar uma hora dessas?	Je peux vous téléphoner/appeler un de ces jours?

Elogios	Compliments
Elogiando a casa de alguém	**Faire des compliments à quelqu'un au sujet de sa maison**
Que casa bonita!	Quelle belle maison!
Gostei da decoração.	J'ai beaucoup apprécié la décoration.
Que vista linda!	Quelle belle vue!
O bairro parece ser muito bom.	Le quartier paraît très bien.
Elogiando a aparência de alguém	**Faire des compliments à quelqu'un sur son apparence**
Como você está bem hoje.	Vous avez l'air très en forme aujourd'hui.
Gostei da sua (jaqueta).	J'aime beaucoup votre (blouson).
Você está diferente hoje. Fez alguma coisa com o cabelo?	Vous êtes différent(e) aujourd'hui. Vous avez changé de coiffure?
Você parece estar mais magro(a).	Vous semblez plus mince (avoir maigri).
Elogiando o português ou outra língua de alguém	**Faire des compliments à quelqu'un pour ses compétences linguistiques**
Seu português é excelente.	Votre portugais est excellent.
Você tem um sotaque muito bom.	Vous avez un très bon accent.
Você já morou no Brasil?	Vous avez déjà vécu au Brésil?
Elogiando o trabalho de alguém	**Faire des compliments à quelqu'un pour son travail**
Bom trabalho.	Bon travail.
Você está fazendo um ótimo trabalho.	Vous faites un très bon travail.
Você fez um ótimo trabalho.	Vous avez fait un excellent travail.
Continue assim!	Continuez comme ça!
Admiro muito seus (quadros).	J'aime beaucoup vos (tableaux).
Elogiando a si mesmo	**Faire un compliment à soi-même**
Tenho de admitir que... (não está nada mal!)	Je dois admettre que (c'est pas mal du tout).
Às vezes, até eu me surpreendo.	Parfois, je m'étonne moi-même.
Nada mal, hein?	Pas mal, hein?

Recebendo um elogio	Recevoir un compliment
Mesmo?	Vraiment?
Você acha mesmo?	Vous croyez?
Obrigado!	Merci.
Você é muito gentil. São seus olhos.	Vous êtes très gentil(le).
Eu também gosto.	Moi aussi, j'aime ça.
Obrigado, mas eu não acho, não.	Merci, mais je ne crois pas, non.
Obrigado! Você me deixou contente! Ganhei o dia!	Merci, ça m'a fait plaisir!
Fiquei vermelho!	Vous me faites rougir.
Puxa, que elogio!	Ça c'est un compliment!

Mostrando sinceridade ao elogiar	Souligner la sincérité d'un compliment
Não. Mesmo.	Si, c'est vrai.
Não. Sério.	Non, sérieusement.
Não estou falando por falar, não.	Je ne dis pas ça pour le plaisir de parler.
Estou falando como alguém que (entende do assunto).	Je vous dis ça comme quelqu'un qui s'y connaît.

Vida noturna / Vie nocturne

Descrevendo uma casa noturna	Décrire une boîte de nuit
Conheço um lugar muito legal na...	Je connais un endroit super (vachement bien) à...
Tem um lugar muito legal na...	Il y a un endroit super à...
Ouvi falar que é ótimo.	J'ai entendu dire que c'était super.
Dizem que é ótimo.	On dit que c'est un super/très très bien endroit.
É um lugar ótimo para dançar.	C'est super pour danser.
É um lugar ótimo para tomar um drinque.	C'est excellent pour prendre un verre.
É o lugar do momento.	C'est l'endroit branché!
Está na moda.	C'est à la mode.
É frequentado por muitos (universitários).	C'est fréquenté par beaucoup d'(étudiants).
Tem uma frequência mista.	C'est tout public.
Tocam muito (MPB).	On y passe beaucoup de (MPB).
É um pouco caro, mas vale a pena.	C'est un peu cher, mais ça vaut la peine.
É melhor (aos sábados).	C'est mieux le (samedi).
Como tem fila, é melhor chegar cedo.	Comme il y a la queue, il vaut mieux y arriver tôt.

Descrevendo o interior de uma casa noturna	Décrire l'interieur d'une boîte de nuit
Não tem uma alma viva.	Il n'y a pas âme qui vive.
Está meio parado para uma (sexta) à noite.	C'est un peu calme pour un (vendredi) soir.
Está cheio!	C'est plein.
Está lotado!	Il y a du monde.
A música está muito alta.	La musique est trop forte.

Descrevendo um drinque	Décrire une boisson
É muito forte.	C'est trop fort.
Sobe muito rápido.	Ça me monte vite à la tête.
Me dá uma ressaca.	Ça me donne la gueule de bois.
O melhor (chopp) que já tomei foi em...	La meilleure (pression) que je j'ai bue c'était à...

Falando sobre bebida	Parler de boissons
Não posso beber. Estou dirigindo.	Je ne peux pas boire. Je conduis.
Não posso beber. Estou tomando remédio.	Je ne peux pas boire. Je prends des médicaments.
Não bebo.	Je ne bois pas.
Acho que já chega. Acho que bebi demais.	Je crois que ça suffit. J'ai déjà trop bu.
Já subiu.	J'ai la tête qui tourne.
Estou meio alegre.	Je suis un peu saoûl.
Sou fraco para bebida.	Je ne supporte pas très bien l'alcool.
A bebida me sobe muito depressa.	L'alcool me monte vite à la tête.
Tá bom, a saideira.	D'accord, mais c'est le dernier.
Tá bom, só um pinguinho/dedinho.	D'accord, juste un doigt.
Estou bêbado.	Je suis soûl(e).
Vou me arrepender disso amanhã.	Je vais regretter ça demain.
Bebi todas./Enchi a cara ontem.	Je me suis bourré la gueule (hier).
Estou com (a maior) ressaca.	J'ai (une super) la gueule de bois.
Bebi demais.	J'ai trop bu.

A biografia	La biographie
Tenho (34) anos.	J'ai (34) ans.
Sou (arquiteto).	Je suis (architecte).
Moro em (São Paulo).	J'habite à (São Paulo).
...mas eu nasci em (Belo Horizonte).	...mais je suis né(e) à (Belo Horizonte).
Eu nasci em (1967).	Je suis né(e) en (1967).
Eu nasci em (Belo Horizonte).	Je suis né(e) à (Belo Horizonte).
Eu sou (da Bahia).	Je suis de (Bahia).
Eu cresci em (Porto Alegre).	J'ai grandi à (Porto Alegre).
Passei a maior parte da infância em...	J'ai passé la plupart de mon enfance à...
Passava(ávamos) as férias de verão em...	On passait les vacances d'été à...
Meus pais são/eram de (Fortaleza).	Mes parents sont/étaient de (Fortaleza).
Quando eu tinha (12) nós nos mudamos para...	Quand j'ai eu (12) ans, nous avons déménagé pour...
Eu sou de uma família grande/pequena.	Je viens d'une grande/petite famille.
Meus pais eram muito rígidos.	Mes parents étaient très sévères.
Meus pais nos deixavam fazer quase tudo o que queríamos.	Mes parents nous laissaient faire presque tout ce que nous voulions.
Era/Fui mimado.	J'ai été gâté(e).
Cresci num bairro (relativamente) nobre/simples.	J'ai grandi dans un quartier (relativement) bourgeois/populaire.
Fui criado numa família muito (católica).	J'ai été élévé(e) dans une famille très (catholique/pratiquante).
Eu sou de uma família (relativamente) simples/rica.	Je suis issu(e) d'une famille pauvre/riche. (relativement)
Meus pais eram bem de vida.	Mes parents menaient une vie aisée.
Não foi muito fácil.	Ça n'a pas été facile.
Tínhamos que batalhar muito.	On a dû faire face aux difficultés.
Tivemos uma vida dura.	On a eu une vie dure.
Fui bom aluno.	J'ai été un(e) bon(ne) élève.
Não ia muito bem na escola.	Je n'avais pas de très bons résultats à l'école.
Depois da escola eu costumava...	Après l'école j'avais l'habitude de...
Só me metia em encrenca.	Je me mettais toujours dans des problèmes.
Fui um bom menino(a).	J'ai été un(e) enfant sage.
Meu pai deixou minha mãe quando eu era pequeno(a).	Mon père a quitté ma mère quand j'étais petit(e).
Fui criado pela minha mãe/pelo meu pai.	J'ai été élevé(e) par mon père/ma mère.
Meus pais são separados/divorciados.	Mes parents sont séparés/divorcés.

A biografia (cont.)	La biographie (suite)
Acho que puxei meu pai.	Je crois que je ressemble à mon père.
Eu fiz faculdade na USP.	J'ai fait mes études à l'USP.
Me formei em (Economia).	Je suis diplômé(e) en (économie).
Também fiz cursos de...	J'ai aussi suivi des cours en...
Depois da faculdade eu...	Après la fac j'ai....
Fui morar sozinho...	Je suis allé(e) vivre seul(e).
Me mudei da casa dos meus pais quando tinha (25) anos.	Je suis partie(e) de chez mes parents quand j'avais (25) ans.
Conheci meu marido/minha esposa enquanto eu...	J'ai rencontré mon mari/ma femme quand je...
Sou casado(a).	Je suis marié(e).
Tenho um filho/uma filha de (2) anos.	J'ai un fils/une fille de (2)ans.
Tenho (2) filhos.	J'ai (2) enfants.
Nunca me casei.	Je ne me suis jamais marié(e).
Nunca fui casado.	Je n'ai jamais été marié(e).
Não achei a pessoa certa ainda.	Je n'ai pas encore trouvé l'âme soeur.
Já fui casado duas vezes.	J'ai été marié(e) 2 fois.
Consegui meu primeiro emprego aos (21) anos de idade.	J'ai obtenu mon premier emploi quand j'avais (21)ans.
Trabalhei como (secretária) na (ABC Ltda.)	J'ai travaillé comme (secrétaire) à (ABC Ltda.).

Falando sobre a família — Parler de la famille

Falando sobre sua família	Parler de sa famille
Eu tenho (dois) irmãos e (uma) irmã.	J'ai (deux) frères et (une) soeur.
Eu sou o mais velho.	Je suis l'aîné(e).
Eu sou a/o do meio.	Je suis le cadet/la cadette *(o/a segundo(a))*.
Sou o/a caçula.	Je suis le/la plus jeune.
Sou filho(a) único(a).	Je suis fils/fille unique.

Falando sobre sua família (cont.)	Pour parler de la famille (suite)
Meu irmão é (médico).	Mon frère est (médecin).
Minha irmã mora em (Porto Alegre).	Ma soeur habite à (Porto Alegre).
Meu pai é de...	Mon père est de...
Meu pai é/era...	Mon père est/était de...
Meus pais são divorciados/separados.	Mes parents sont divorcés/séparés.
Meu pai já é/Meus pais já são falecido(s).	Mon père est déjà décédé. Mes parents sont déjà décédés.
Meus pais se separaram quando eu tinha (12) anos.	Mes parents se sont séparés quand j'avais (12) ans.
Venho de uma família grande/pequena.	Je viens d'une famille nombreuse/petite famille.
Tenho parentes também em (Petrópolis).	J'ai de la famille aussi à (Petrópolis).
Tenho uma família grande/pequena.	J'ai une famille nombreuse/petite famille.
Tenho (dois) filhos.	J'ai (deux) enfants.
Tenho (dois) filhos do primeiro casamento.	J'ai (deux) enfants de mon premier mariage.
Sou solteiro(a)/casado(a)/separado(a)/ divorciado(a).	Je suis célibataire/marié(e)/séparé(e), divorcé(e).

Atitudes sobre a família	Parler de sa position dans la famille
Amo/Adoro minha família.	J'aime/adore ma famille.
Faço qualquer coisa por eles.	Je ferais n'importe quoi pour eux.
Eles são muito importantes para mim.	Ils sont très importants pour moi.
Eles são tudo para mim.	Ils sont tout pour moi.
Para mim, a família vem sempre em primeiro lugar.	Pour moi, c'est la famille qui passe en premier.
Sou meio a ovelha negra da família.	Je suis la brebis galeuse de la famille.
Não me dou muito bem com (meu pai).	Je n'ai pas de bons rapports avec (mon père). Je ne m'entends pas très bien avec (mon père).
Minha família é meio complicada.	Ma famille est un peu compliquée.
Minha família é meio maluca.	Ma famille est un peu bizarre.
Não falo com (meu irmão) há muito tempo.	Je ne parle pas à (mon frère) depuis longtemps.
A gente brigou (anos atrás).	Nous nous sommes disputés ça fait (des années).
Não nos falamos mais.	On ne se parle plus.

Como perguntar sobre a família de alguém	Comment poser des questions sur la famille de quelqu'un
Você tem irmãos?	Vous avez des frères et soeurs?
Você vem de uma família grande?	Vous venez d'une famille nombreuse?
O que (ele) faz?	Qu'est-ce qu'(il) fait?
Você se dá bem com ele /ela/eles?	Vous vous entendez bien avec lui/elle/eux?
Você tem filhos?	Vous avez des enfants?
Faz tempo que você está casado(a)?	Vous êtes marié(e) depuis longtemps?
Faz tempo que você está separado(a)/ divorciado(a)?	Vous êtes séparé(e)/divorcé(e) depuis longtemps?

Descrevendo as pessoas	Décrire les personnes

Personalidade – qualidades positivas	Personnalité – qualités positives
Ele/Ela/Você é uma figura.	C'est quelqu'un de bien.
Ele/Ela é um (uma) velho(a) amigo(a).	C'est un vieil ami/une vieille amie.
Ele/Ela é um (uma) amigo(a) íntimo(a).	C' est un/une ami/amie très proche.
Ele/Ela/Você é um (uma) amigo(a) de verdade.	C' est un(e) vrai(e) ami(e). Vous êtes vraiment un(e) ami(e).
Ele/Ela/Você não existe.	Il n'y en a pas deux comme lui/vous.
Você pode contar comigo/com ele/ela/eles.	Vous pouvez compter sur moi/lui/elle/eux.
Ele/Ela/Você é (muito) simpático(a).	Il/elle est très sympathique. Vous êtes très sympathique.
Ele/Ela/Você é (muito) legal.	Il/elle est (très) sympa. Vous (êtes) très sympa.[1]
Ele/Ela/Você é muito divertido(a).	Il/elle est très drôle. Vous êtes très drôle.
Ele/Ela/Você tem um ótimo senso de humor.	Il/elle a beaucoup d'humour. Vous avez beaucoup d'humour.
Ele/Ela/Você é uma pessoa com os pés no chão.	Il/elle a les pieds sur terre. Vous avez les pieds sur terre.
Eu/Ele/Ela/Você não para.	Il/elle n'arrête pas. Vous n'arrêtez pas.
Adoro/Adoramos/Adoram se divertir.	J'adore/nous adorons nous amuser.
Ele/Ela adora se divertir.	Il/elle adore s'amuser.
Adoro/Adoramos/Adoram uma festa.	J'adore/nous adorons les fêtes.
Ele/Ela adora uma festa.	Il/elle adore les fêtes.

[1] Familiar

Personalidade – qualidades positivas (cont.)	Personnalité – qualités positives (suite)
Ele/Ela/Você é sempre o centro das atenções.	Il/elle est toujours le centre d'attentions. Vous êtes toujours...
Sei o que eu quero (da vida).	Je sais ce que je veux (de la vie).
Não esquento.	Je ne me fais pas de soucis./Je ne me casse pas la tête.
Sigo meus instintos.	Je suis mon intuition.
Admito quando estou errado(a).	J'admets quand j'ai tort.
Não tenho medo de falar o que sinto.	Je n'ai pas peur de dire ce que je pense.
Ele não tem medo de falar o que sente.	Il/elle n'a pas peur de dire ce qu'il/elle pense.
Ela não tem medo de falar o que sente.	Il/elle n'a pas peur de dire ce qu'il/elle pense.
Eu/Eles não aceito/aceitam um não.	Je n'admets pas le refus. Ils n'acceptent pas le refus.
Ele/Ela não aceita um não.	Il/elle n'accepte pas le refus.
Sempre cumpro com meu dever.	Je fais toujours mon devoir.
Ele sempre cumpre com seu dever.	Il/elle fait toujours son devoir.
Ela sempre cumpre com seu dever.	Il/elle fait toujours son devoir.
Sou péssimo para me lembrar de nomes.	J'a du mal à me souvenir des noms.
Conheço bem o caráter das pessoas.	Je connais bien le caractère des gens.
Ele/Ela se dá bem em tudo.	Il/elle réussit toujours.
Me mantenho atualizado(a).	J'essaie d'être au courant de tout.
Aprendo/Aprende rápido.	J'apprends vite. Il/elle apprend vite.
Eu fico na minha.	Je reste sur mon quant à moi.
Ele/Ela fica na sua.	
Sou discreto.	Je suis discret/discrète.
Ele é discreto.	Il/elle est discret/discrète.
Ela é discreta.	Il/elle est discret/discrète.
Gosto de trabalhar em equipe.	J'aime le travail en équipe.
Sou um homem/mulher de palavra.	Je suis un homme/une femme de parole.
Gosto de tentar.	J'aime essayer.
Tenho jogo de cintura.	Je sais m'adapter.
Ele/Ela tem jogo de cintura.	Il/elle sait s'adapter.
Ele/Ela tem mesmo jeito com crianças.	Il/elle est vraiment doué(e) avec les enfants. Elle sai vraiment y faire avec les enfants.
Ele/Ela tem um jeito especial com as pessoas.	Il/elle a un très bon contact avec les gens.
Ele/Ela/Você é muito sensível/charmoso(a)/carismático(a)...	Il/elle est très sensible/charmant(e)/charismatique... Vous êtes très...

Personalidade – qualidades positivas (cont.)	Personnalité – qualités positives (suite)
Ele/Ela tem uma habilidade incrível para...	Il/elle est très doué(e) pour...
Sou bem chato(a) com (as minhas roupas).	Je suis compliqué(e) avec (mes vêtements).
Ele/Ela/Você é o tipo da pessoa que...	Ç' est le genre de personne qui... Vous êtes le genre de personne qui...
Sou/Ele/Ela/Você (é) bom em... Tenho um dom para...	Je suis doué(e) pour... Il/elle est doué(e) pour... Vous êtes doué(e) pour...
Não sou muito bom em...	Je ne suis pas très fort(e) en...
... não é meu ponto forte.	(Danser) n'est pas mon fort.
Ele/Ela é ótimo/a em... Sou ótimo em...	Il/elle est vraiment doué(e) pour... Je suis vraiment doué(e) pour...
Tenho orgulho de poder...	Je suis fier/fière de pouvoir...
As pessoas me dizem que sou...	Les gens disent que je suis...
Sou meio esquisito(a).	Je suis un peu bizarre.
Ele/Ela é meio esquisito(a).	Il/elle est un peu bizarre.
Eles/Elas são meio esquisitos(as)	Ils/elles sont un peu bizarres.

Personalidade – qualidades negativas	Personnalité – défauts
Ele/Ela/Você é chato(a).	Il/elle est embêtant(e). Vous êtes embêtant(e).
Ele/Ela/Você é um porre.	Il/elle est impossible. Vous êtes impossible.
Ele/Ela/Você é muito tímido(a).	Il/elle est très timide. Vous êtes très timide.
Ele/Ela/Você é muito teimoso(a).	Il/elle est têtu(e). Vous êtes têtu(e).
Eu tenho/Você tem um gênio explosivo. Ele/Ela tem um gênio explosivo.	Il/elle a un tempérament explosif. Vous avez un... J'ai un...
Eu gosto/Você gosta de coisas caras.	J'aime ce qui est cher./Vou aimez ce qui est cher.
Ele/Ela gosta de coisas caras.	Il/elle aime ce... Vous aimez ce...
Ele só pensa em si mesmo.	Il/elle ne pense qu'à lui/ elle-même.
Ela só pensa em si mesma.	Il/elle ne pense qu'à lui/ elle-même.
Você só pensa em você (mesmo).	Vous ne pensez qu'à vous-même.
Eu gosto/Você gosta/Eles gostam de controlar/ ter o controle.	J'aime avoir le contrôle. Il/elle aime avoir le contrôle. Vous aimez avoir...
Ele/Ela gosta de controlar.	Il/elle aime contrôler.
Ele está sempre com a cabeça nas nuvens.	Il/elle a toujours la tête dans les nuages.
Ela está sempre com a cabeça nas nuvens.	Il/elle a toujours la tête dans les nuages.
Eu estou/Você está sempre com a cabeça nas nuvens.	J'ai toujours la tête dans... Vous avez toujours la tête dans...

Personalidade – qualidades negativas (cont.)	Personnalité défauts (suite)
Não consigo guardar um segredo.	Je n'arrive pas à garder un secret.
Acho difícil admitir meus erros.	Je trouve difficile d'avouer mes erreurs.
Ele/Você é um conquistador/galinha.	Il est/vous êtes un coureur/dragueur/chaud lapin.
Ela é uma vagabunda.	C'est une fille facile.

Aparência física – impressão geral	Apparence physique – impression générale
Ele/Ela é (muito) bonito(a).	Il est (très) beau. Elle est (très) belle.
Você é linda.	Vous êtes belle.
Você é uma gracinha.	Vous êtes mignonne.
Eu tento me cuidar.	Je me soigne.
Ele/Ela tenta se cuidar.	Il/elle se soigne.
Ficou largado(a).	Se laisser aller.
Ele/Ela está em boa forma.	Il/elle est très en forme.

Aparência física – cabelo	Apparence physique – cheveux
Tem o cabelo na altura do ombro.	Elle a les cheveux aux épaules.
Está perdendo cabelo.	Il/elle perd ses cheveux. Ses cheveux tombent.
Ele é careca.	Il est chauve.
Ela é morena.	C'est une brune.
Ela é loira.	Il/elle est blond(e).
Ele/Ela é ruiva(o).	Il est roux. Elle est rousse./C'est un rouquin. C'est une rouquine.
Eu tenho/Ele(a) tem cabelos (enrolados).	J'ai/il a/elle a les cheveux bouclés.

Aparência física – peso	Apparence physique – poids
Estou engordando.	Je grossis.
Ele/Ela é gordo(a). Eu sou gordo(a).	Il est gros. Elle est grosse. Je suis gros(se).
Ele/Ela está um pouco acima do peso.	Il/elle et un peu gros(se).
Ele/Ela engordou um pouco.	Il/elle a un peu grossi.
Ele/Ela é meio gordinho(a).	Elle est boulotte. Il est un peu rond.
Ele/Ela é ossudo(a).	Il/elle est osseux (osseuse).
Ele é meio gordo.	Il est plutôt gros.

Aparência física – peso (cont.)	Apparence physique – poids (suite)
Sou magro(a).	Je suis mince.
Ele é elegante.	Il est mince/élancé.
Ele perdeu (muito) peso.	Il/elle a (beaucoup) maigri.
Ela é magricela.	Elle est maigrichonne.
Ele tem o peso proporcional à altura.	Son poids est proportionnel à sa taille./Elle est bien proportionnée.

Aparência física – destaques do corpo	Apparence physique – aspects corporels
Ela não tem peito.	Elle n'a pas de seins./Elle a une petite poitrine.
Ela tem muito peito.	Elle a de gros seins.
Ele tem ombros largos.	Il est large d'épaules.
Ela tem uma bunda bonita.	Elle a de belles fesses.
Eu tenho/Ele/Ela tem (uma cintura fina).	J'ai/Elle a une taille de guêpe/fine.
Ele não tem postura.	Il/elle n'a pas d'allure.

Cirurgia plástica	Chirurgie plastique
Ela colocou silicone nos seios.	Elle s'est fait refaire les seins. Elle a mis des prothèses en silicone.
Ela fez cirurgia para diminuir os seios.	Elle s'est fait réduire les seins.
Ela fez plástica no nariz.	Elle s'est fait refaire le nez.
Ela fez plástica no rosto.	Elle s'est fait faire un lifting.
Ela fez uma lipoaspiração.	Elle s'est fait faire une liposuccion.

Explicando como você conhece uma pessoa	Expliquer comment vous avez fait la connaissance de quelqu'un
É um(a) amigo(a) da (faculdade).	C'est un(e) ami(e) de la fac.
É um(a) conhecido(a).	C'est un(e) ami(e).
Nós (tomamos café) juntos às vezes.	On (prend parfois un café) ensemble.
Eu o/a conheço do (trabalho).	Je le/la connais (par le travail).
Nós crescemos juntos.	Nous avons grandi ensemble.
Somos do mesmo bairro.	Nous venons du même quartier.
É um(a) amigo(a) do meu (pai).	C'est l'ami(e) de mon (père).
É um(a) amigo(a) de um(a) amigo(a).	C'est l'ami(e) d'un(e) ami(e).
Somos primos.	Nous sommes cousin(e)s.
Somos vizinhos.	Nous sommes voisin(e)s.

Explicando como você conhece uma pessoa (cont.)	Pour expliquer comment vous avez fait la connaissance de quelqu'un (suite)
É (a professora) do meu (filho).	C'est la prof de mon (fils).
Saímos/Namoramos por um tempo.	Nous sommes sortis ensemble un certain temps.
Ele/Ela é meu (minha) ex.	C'est mon ex.
Fizemos (o exército) juntos.	Nous avons fait (le service militaire) ensemble.
Fizemos o (colegial) juntos.	Nous avons fait (le lycée) ensemble.
Ele/Ela namorava minha (meu) irmã (irmão).	C'était l'ami(e) de mon frère/ma soeur.

Como você se sente perante um grupo	Vos impressions face à un groupe
Bem	**À l'aise**
Senti-me acolhido(a) desde o início.	J'ai été bien accueilli(e) dès le début.
Fui muito bem recebido(a).	J'ai été très bien accueilli(e).
Sinto-me fazendo parte.	C'est comme si j'appartenais au groupe.
Foi muito fácil me enturmar.	Ça a été facile de m'intégrer.
Parece que eu os conheço há muito tempo.	J'ai l'impression de les connaître depuis toujours.
Eu já faço parte.	Je suis totalement intégré(e).
Sinto-me muito à vontade com eles.	Je me sens très à l'aise avec eux.
Foi uma adaptação fácil.	L' adaptation a été facile.
Eles são como da família.	Ils sont comme ma famille.
Mal	**Mal à l'aise**
Logo no início não me senti bem-vindo.	Au début je ne me suis pas senti(e) bien venu(e).
Era evidente que eles não gostaram de mim.	C'était évident qu'ils ne m'ont pas aimé(e).
Não senti um astral bom.	Je n'ai pas eu un bon feeling.
Me sinto deslocado(a).	Je me sens mis(e) à l'écart.
Não fui exatamente aceito(a).	Je n'ai pas été tout à fait accepté(e).
Não me sinto muito bem-vindo(a).	Je ne me sens pas le/la bienvenu(e).
Acho que eles não me querem lá.	Je crois qu'ils ne veulent pas de moi.
Sinto-me um peixe fora da água.	Je me sens complètement en dehors du coup.

Mal (cont.)

Me sinto atrapalhando.
Sei quando não sou bem-vindo(a).
Não vou me esforçar para ser aceito.

Estou fazendo de tudo para me encaixar.
Não me encaixo.

Pas à l'aise (suite)

Je sens que je gêne.
Je sais quand je ne suis pas bienvenu(e).
Je ne vais pas faire d'efforts pour être accepté(e).
Je fais tout ce que je peux pour m'intégrer.
Je ne m'intègre pas.

Falando sobre seu parceiro

Ele/Ela é ótimo(a).
Ele/Ela tem um sorriso lindo.
Ele/Ela me faz rir.
Ele/Ela me faz me sentir especial.
Me sinto bem perto dele/dela.
Temos muito em comum.
Temos muitos interesses em comum.
Temos (quase) os mesmos valores.

Tivemos uma educação parecida.
Mesmo ele/ela sendo muito diferente de mim, nos damos bem.
Nunca conheci ninguém como ele/ela.

Ele/Ela parece um sonho.
Não consigo ficar longe dele/dela.
Detesto ficar longe dele/dela
Não consigo me imaginar longe dele/dela.
Ele/Ela me ouve (de verdade).
Ele/Ela me entende.
Confio nele/nela.
Ele/Ela confia em mim.
Já passamos por muita coisa juntos.

Ele/Ela é muito romântico(a).
Nem vejo o tempo passar quando estamos juntos.
Ele/Ela tem muitas das qualidades de que eu gosto/que eu admiro numa pessoa.

Parler de son ami(e)

Il/elle est super.
Il/elle a un sourire ravissant.
Il/elle me fait rire.
Il/elle me fait me sentir bien.
Je me sens bien auprès de lui/elle.
Nous avons beaucoup de choses en commun.
Nous avons les mêmes centres d'intérêts.
Nous partageons (presque) les mêmes valeurs.
Nous avons eu la même education.
Même si il/elle est très différent(e) de moi, nous nous entendons bien.
Je n'ai jamais rencontré quelqu'un comme lui/elle.
C' est un dieu/une déese.
Je n'arrive pas à être loin de lui/elle.
Je déteste être loin de lui/elle.
Je ne peux pas m'imaginer loin de lui/elle.
Il/elle m'écoute (vraiment).
Il/elle me comprend.
Je lui fait confiance.
Il/elle me fait confiance.
Nous avons déjà vécu beaucoup de choses ensemble.
Il/elle est très romantique.
Je ne me rends pas compte du temps qui passe quand je suis avec lui/elle.
Il/elle a beaucoup des qualités que j'attends de quelqu'un.

Falando sobre seu parceiro (cont.)	Parler de son ami(e) (suite)
Ele/Ela me aceita como eu sou.	Il/elle m'accepte tel/telle que je suis.
Ele/Ela me aceita com todos os meus defeitos.	Il/elle m'accepte avec tous mes défauts.
É muito bom para ser verdade.	C'est trop beau pour être vrai.
Ele/Ela não é como os(as) outros(as).	Il/elle n'est pas comme les autres.
Ele/Ela é muito especial para mim.	Il/elle représente quelque chose de particulier pour moi.
Nós temos uma coisa muito especial.	Nous avons quelque chose de particulier entre nous.
Me preocupo com ele/ela.	Je me m'inquiète de lui/elle.
Quero fazê-lo(la) feliz.	Je veux la/le rendre heureux(se).
Sou louco(a) por ela/ele.	Je suis fou/folle de lui/elle.
Acho que estou me apaixonando por ele/ela.	Je pense que je suis en train de tomber amoureux(euse) de lui/elle.
Acho que estou apaixonado(a) por ela/ele.	Je crois que je suis amoureux(se) de lui/d'elle.
Eu o(a) amo.	Je l'aime.

Descrevendo um casal	Décrire un couple
Eles estão namorando.	Ils sont ensemble.[2]
Eles estão morando juntos.	Ils habitent/vivent ensemble
Eles estão noivos.	Ils sont fiancés.
Eles são casados.	Ils sont mariés.
É uma relação meio aberta.	C'est une relation libre.
Eles saem com outras pessoas.	Ils sortent avec d'autres personnes.
Eles formam um belo casal.	Ils forment un beau couple.
Eles fazem um belo par.	C'est un beau couple.
Estão juntos há (3 anos).	Ils sont ensemble depuis (3 ans).
São um casal perfeito.	C'est un couple parfait.
Eles se dão muito bem.	Ils s'entendent très bien.
Eles se completam.	Ils se complètent.
Eles combinam.	Ils sont complémentaires.
Eles não se soltam.	Ils ne se séparent jamais.
Estão sempre juntos.	Ils sont toujours ensemble.
Dá para notar que estão apaixonados.	Ça se voit qu'ils sont amoureux l'un de l'autre.
Eles se conheceram (no trabalho).	Ils se sont rencontrés (au travail).
Acho que não vai durar.	Je crois que ça ne va pas durer longtemps.

[2] Não existe em francês o verbo "namorar".

Descrevendo um casal (cont.)	Décrire un couple (suite)
Estão tentando se entender.	Ils font des efforts pour que ça marche.
Estão tendo problemas.	Ils ont des problèmes.
Estão sempre brigando.	Ils se disputent tout le temps.
Estão fazendo terapia conjugal.	Ils suivent une thérapie de couple.
Não sei o que ele/ela vê/viu nela/nele.	Je ne comprends pas ce qu'il/elle lui trouve.
Ele/Ela poderia achar coisa melhor.	Il/elle aurait pu trouver mieux.
Ele/Ela está usando a/o.	Il/elle profite de lui/elle.
Ele/Ela a/o trai.	Il/elle le/la trahit.
Acho que vão terminar.	Je crois qu'ils vont se séparer.
Ele/Ela acabou de terminar com sua/seu ex.	Il/elle vient de se séparer.
Acho que ele/ela ainda pensa na/no ex.	Je crois qu'il/elle pense toujours à son ex.

Paquerando	Draguer
Você está muito bonita(o).	Vous êtes très beau/belle.
Gostei desse (vestido).	J'aime beaucoup la (robe) que vous portez.
Você tem um sorriso bonito.	Vous avez un joli sourire.
Você deveria sorrir mais.	Vous devriez sourire plus souvent.
Você sabe quem você me lembra um pouco? (A Sharon Stone)	Vous savez à qui vous ressemblez/me faites penser? (A Sharon Stone)
Alguém já lhe disse que você se parece um pouco com (o Mel Gibson)?	On vous a déjà dit que vous avez un petit air de (Mel Gibson)?
Qual é o seu signo?	Quel est votre signe?
Você tem namorado(a)?	Vous avez un(e) petit(e) ami(e)?
Você está namorando?	Vous avez quelqu'un?
Não acredito que você não tem namorado(a).	Ça m'étonnerait que vous n'ayez pas un(e) petit(e) ami(e).
Você vem sempre aqui?	Vous venez souvent ici?
Quer dançar?	Vous voulez danser?
Você quer ir para outro lugar?	Vous aimeriez qu'on change d'endroit?
Está um pouco barulhento/cheio aqui.	C'est un peu bruyant ici.
Posso ligar para você?	Je peux vous téléphoner?
A gente poderia sair um dia desses.	On pourrait sortir un de ces jours.
Você tem um bom papo.	C'est agréable de parler avec vous.
Eu gosto de conversar com você.	J'aime beaucoup parler avec vous.
Quando eu posso ver você de novo?	Quand est-ce qu'on peut se revoir?
Vou querer ver você de novo.	Je voudrais vous revoir.
Adoraria ver você de novo.	Je serais ravi(e) de vous revoir.
Espero que possamos nos ver de novo.	J'espère qu'on pourra se revoir.

Paquerando (cont.)	Draguer (suite)
Você me parece ser uma pessoa muito especial.	Vous avez l'air d'être quelqu'un de très bien.
Você me atrai.	Je me sens attiré(e) par vous./Vous m'attirez beaucoup.
Você deve ouvir muito isso.	On vous a certainement déjà dit ça.

O Amor / L'amour

Como falar sobre seu relacionamento (geral)	Comment parler de votre relation (en général)
Nos conhecemos em...	Nous nous sommes rencontrés à/en/chez/au..
Estamos juntos há (dez) anos.	Nous sommes ensemble depuis (dix) ans.
É só namoro.	On sort ensemble juste.
Estamos morando juntos.	Nous vivons ensemble.
Estamos planejando nos casar.	Nous avons l'intention de nous marier.
Estamos pensando em ter filhos.	Nous souhaitons avoir des enfants.
Acho que é ainda muito cedo para pensar em casamento/filhos.	Je crois qu'il est encore trop tôt pour parler mariage/enfants.

Perguntando sobre o relacionamento de alguém	Poser des questions sur la relation de quelqu'un
Como vocês se conheceram?	Comment vous vous êtes rencontrés?
Quanto tempo vocês estão juntos?	Ça fait combien de temps que vous êtes ensemble?
É só namoro?	C'est juste un flirt?
Está ficando sério?	C'est sérieux?
Estão pensando em se casar?	Vous pensez vous marier?

Como falar sobre crise no seu relacionamento ou casamento	Coment parler d'une crise dans votre relation ou votre mariage
As coisas não estão muito bem.	Ça ne marche pas très bien.
As coisas não vão bem desde...	Ça ne va pas bien depuis...
Alguma coisa mudou.	Quelque chose a changé.
Talvez eu tenha mudado.	Peut-être que j'ai changé.
Aindo a/o amo, mas...	Je l'aime encore mais...
Estou ficando cansado(a) dela/dele sempre...	Il/elle me fatigue toujours quand...

Como falar sobre crise no seu relacionamento ou casamento (cont.)	Coment parler de crise dans votre relation ou mariage (suite)
Cada um foi para um lado.	Nous vivons chacun notre vie.
Ele/Ela me parece tão distante.	Il/elle me semble si lointain(e).
Nós não conversamos mais.	Nous ne nous parlons plus.
Não fazemos mais o que fazíamos.	Nous ne faisons plus ce que nous faisions.
Estou confuso.	Je suis perdu(e).
Não sei o que eu sinto.	Je ne sais plus ce que je ressens.
Não sei o que fazer.	Je ne sais pas quoi faire.
Acho que somos muito diferentes/parecidos.	Je crois que nous sommes très différents/semblables.
Acho que precisamos de um tempo.	Je crois qu'on a besoin d'un temps pour réfléchir.
Acho que eu preciso só de um tempo para pensar.	Je crois quej'ai besoin d'un temps pour réfléchir.
Não quero jogar tudo para o alto.	Je ne veux pas tout ficher en l'air
Nós passamos por muita coisa juntos.	Nous avons vécu beaucoup de choses ensemble.
Acho que chegou a hora de separar.	Je crois que l'heure de se séparer est arrivée.

Mais expressões sobre o amor	D'autres mots d'amour
Ele/Ela está traindo-a(o).	Il/elle m'a trahi.
A relação caiu na rotina.	Notre relation a sombré dans la routine.
Não tem mais jeito.	Il n'y a plus rien à faire.
Nós terminamos.	Nous nous sommes séparés.
Nós voltamos.	Nous nous sommes remis ensemble.
Eu tenho uma paixão por ela/ele.	Je suis fou/folle d'elle/ de lui.

Recebendo pessoas em casa — Recevoir chez soi

Na chegada dos convidados	Quand les invités arrivent
Oi!	Salut!
Conseguiram!	Vous voilà!
Acharam fácil chegar aqui?	Vous avez trouvé le chemin facilement?
Que bom que você(s) veio/vieram.	Je suis heureux(se) que vous ayez pu venir.
Por favor, entre(m).	S'il vous plaît, entrez./Je vous en prie, entrez.
Não repare(m) na bagunça.	Ne faites pas attention au désordre.
Geralmente é mais arrumado.	Normalement ce plus rangé.
Não é grande coisa, mas...	C'est pas grand chose, mais...

Na chegada dos convidados (cont.)	Quand les invités arrivent (suite)
Me dê seu (casaco).	Donnez-moi votre (manteau).
Eu só vou guardar (seu casaco).	Je vais ranger votre (manteau).
Sinta-se à vontade em casa.	Vous êtes chez vous.
Está/Estão com fome?	Vous avez faim?
Aceita alguma coisa para (beber)?	Vous voulez boire quelque chose?
Que você quer (beber)?	Qu'est-ce que vous prenez?
Temos refrigerante, água, cerveja...	Nous avons des rafraîchissements, de l'eau, de la bière...
Aceita(m) um (vinho)?	Vous accepteriez un verre de (vin)?
Você(s) se importa(m) se eu fumar?	La fumée vous dérange?/Ça vous gêne si je fume?
Venha conhecer a casa.	Je vais vous faire le tour de la maison.
Sirva-se./Podem se servir.	Servez-vous, (je vous en prie).

Na saída dos convidados	Quand les invités partent
Ah, já vai/vão?	Vous partez déjà?
Não aceita(m) (um cafezinho) antes de ir(em)?	Vous n'accepteriez pas un (café) avant de partir?
Vou pegar suas coisas.	Je vais prendre vos affaires.
Que bom que veio/vieram.	Je suis content(e) que vous soyez venus.
Adorei que você(s) veio/vieram.	Je suis très content(e) que vous soyez venus.
Venha(m) me visitar quando você(s) quiser(em)	Rendez-moi visite quand vous voulez.
Vê se não some(m).	On garde contact.
Vá com cuidado.	Faites attention.
Você não quer dormir aqui?	Vous ne voulez pas dormir ici?
Você pode dormir aqui, se quiser.	Vous pouvez dormir ici si vous voulez.
É um pouco tarde para dirigir.	Il est un peu tard pour reprendre la route.
É muito tarde para dirigir.	Il est trop tard pour conduire/ça vous fait trop loin pour rentrer.

Quando os convidados ficam	Quand les invités restent
Vou-lhe mostrar seu quarto.	Je vais vous montrer votre chambre.
Por favor, fique bem à vontade.	S'il vous plaît, faites comme chez vous.
Por favor, fique à vontade para usar o que você quiser.	Je vous en prie, utilisez ce dont vous avez besoin.
Durma bem.	Dormez bien.
Dormiu bem?	Vous avez bien dormi?

Arte e Entretenimento — Art et amusement

Filmes — Films

Português	Français
De que tipo de filme você gosta?	Quel type de film vous aimez?
Eu não sou muito chegado a (filme de terror).	Je n'aime pas trop les (films de terreur).
Você já viu...?	Vous avez déjà vu...?
O que você achou?/O que você achou do...?	Comment vous avez trouvé ce film? Comment vous avez trouvé le(la)...?
Gostou?	Vous l'avez aimé?
Tem recebido uma boa crítica.	La critique a été bonne.
Tem recebido críticas variadas.	Il y a eu des critiques partagées.
Vi o *trailer*.	J'en ai vu un extrait.
Pelo *trailer* parece bom.	D'après l'extrait ça paraît bon.
Adorei.	J'ai adoré.
Você tem que ver.	Il faut absolument le voir.
Faz tempo que não vejo um bom filme.	Ça fait longtemps que je n'ai pas vu un bon film
Fazia tempo que não assistia a um filme tão bom.	Ça faisait longtemps que je n'avais pas vu un film aussi bon.
Eu achei um pouco (previsível).	Je l'ai trouvé un peu (sans surprise).
Os atores estavam meio fracos.	Les comédiens n'étaient pas très bons.
Eu esperaria sair em vídeo.	J'attendrai la sortie en vidéo.
Fiquei um pouco decepcionado.	J'ai été un peu déçu(e).
Não foi nada do que estava esperando.	C'était pas ce à quoi je m'attendais.
Parecia (bem) melhor nos *trailers*.	Ça semblait mieux dans les extraits.
Caí no sono bem no meio do filme.	Je me suis endormi(e) au milieu du film.
Estava tão ruim que saí no meio.	C'était si mauvais que je suis parti(e) avant la fin.
Quis meu dinheiro de volta.	J'ai demandé à être remboursé(e)/J'ai voulu qu'on me rembourse.
Tinha partes boas.	Il y avait de bonnes scènes.
Tem uma cena que você tem que ver.	Il y a une scène qu'il faut absolument que tu voies.
Eu gostei daquela parte em que...	J'ai aimé le moment où...
Tinha ótimos efeitos especiais.	Il y avait de très bons effets spéciaux.
Vale a pena só por...	Ça vaut la peine rien que pour...
Eu nem conseguia ficar sentado.	J'avais du mal à rester(e) assis(e).
Fiquei colado na (cadeira).	Je suis resté collé(e) au siège.
É ação o tempo todo.	C'est de l'action du début jusqu'á la fin.
Não conseguia parar de rir.	Je n'ai pas arrêté de rire./J'ai ri sans arrêt.

Filmes (cont.)	Films (suite)
Chorei de tanto rir.	J'ai ri à en pleurer.
Ri até doer.	J'avais mal au ventre de rire.
O começo é meio devagar.	Le début est un peu lent.
Chorei no final.	J'ai pleuré à la fin.
Não vou contar o final (senão estraga).	Je ne vais pas vous raconter la fin (pour ne pas vous gâcher le plaisir).
O (Robert de Niro) estava muito bom.	(Robert de Niro) était très bon.
(Michelle Pfeiffer) estava muito boa como...	(Michelle Pffeifer) était très bien en tant que...
Ele/Ela fez um ótimo papel.	Il/elle a très bien joué.
Tinha uma trama meio fraca.	Le scénario était un peu faible.

Livros	Livres
Você gosta de ler?	Vous aimez lire?
Você já leu...?	Vous avez déjà lu...?
O que você achou?	Qu'est-ce que vous avez pensé de...?
Gostou?	Vous avez aimé?
Não conseguia parar de ler.	Je n'arrive pas à laisser le livre.
Achei meio devagar.	Je l'ai trouvé un peu lent.
Acho difícil ler (Nabokov).	Je trouve (Nabokov) difficile.
Achei uma leitura difícil.	J'ai eu du mal à lire.
Agora estou lendo...	En ce moment je lis...

Música	Musique
De que tipo de música você gosta?	Quel type de musique vous aimez?
Você gosta de (Tom Jobim)?	Vous aimez (Tom Jobim)?
Você já tem o novo CD dos (Raimundos)?	Vous avez le dernier CD de ...?
Você já ouviu o novo CD dos (Raimundos)?	Vous avez déjà entendu le dernier CD de ...?
Eles têm um som legal.	Ils ont un son super.
Eu gosto das coisas antigas dele(a)/deles(as).	J'aime beaucoup leurs anciens morceaux.
É o máximo.	C'est super.
É um pouco fraco.	C'est pas terrible.
Não sou muito chegado a (rock).	Je n'aime pas trop le (rock).
Sou mais chegado a (jazz).	Je préfère le (jazz).
É legal para dançar.	C'est super pour danser.
Só dá para aguentar uns (30) minutos disso.	C'est supportable au maximum 30 minutes.

Esporte	Sport
Você torce para que time?	Vous êtes supporter de quelle équipe?
Como está o placar?	Quel est le résultat?
Quem está ganhando?	Qui gagne?
Está (3) a (2) para o (Atlético).	C'est (3) à (2) pour (PSG).
Por enquanto está empatado: (2) a (2)	Pour le moment , ils sont à égalité (2X2).
Ô, juiz!	Eh, l'arbitre!
Quem ganhou?	Qui a gagné?
Você perdeu um ótimo jogo!	Vous avez raté un excellent match!
(Roberto) jogou muito bem.	(Roberto) a très bien joué.
Ninguém esperava que ganhássemos.	Personne ne s'attendait à notre victoire.
Ganhamos de (4).	Nous avons gagné par 4 buts à 3.
Foi um jogo apertado.	Ça a été un match difficile.
Teve prorrogação.	Ils ont joué les prolongations.
Ganharam no pênalti.	Ils ont gagné grâce au penalty.
Eles empataram.	Ils ont fait match nul.
Estamos disputando a vaga do primeiro lugar com o (Flamengo).	Nous disputons la première place avec (Flamengo).
Para chegar à final, eles têm que ganhar do (Corinthians).	Pour arriver en finale il faut qu'ils gagnent contre le (Coríntians).
Perdemos.	On a perdu.
Nós deveríamos ter ganhado.	On aurait dû gagner.
Eles mereceram ganhar.	Ils ont bien mérité leur victoire.
Eles mereceram perder.	Ils ont bien mérité leur défaite.
Jogaram muito mal.	Ils ont très mal joué.
Fomos roubados.	On s'est fait avoir.
O juiz apitou muito mal.	L'arbitre a été très mauvais.
O juiz foi um ladrão.	L'arbitre leur a donné le match.[3]
Eles são nossos arqui-inimigos.	Ce sont nos pires ennemis /adversaires.
Você joga alguma coisa?	Vous pratiquez un sport?
Podemos marcar para jogar alguma coisa.	On pourrait se rencontrer pour jouer à quelque chose.
Eu me junto a alguns amigos para jogar alguma coisa no final de semana.	Je rencontre des amis pour jouer à quelque chose les week-ends.

[3] L'arbitre était vendu. (muito coloquial).

Descrevendo uma noite romântica	Décrire une soirée romantique
Me produzi todo(a).	Je me suis mis sur mon trente et un.
Fui buscá-la em casa.	Je suis allé la chercher.
Levei flores.	Je lui ai apporté des fleurs.
Ele me trouxe flores.	Il m'a apporté des fleurs.
Ele abriu a porta para mim.	Il m'a ouvert la porte .
Ela estava linda/maravilhosa.	Elle était ravissante.
Ele estava lindo.	Il était très beau.
Ele falou que eu estava linda.	Il m'a dit que j'étais très belle.
Ela/Ele estava tão cheirosa(o).	Il/elle sentait si bon.
Não conseguia tirar os olhos dela.	Je ne pouvais pas détacher mes yeux d'elle.
Queria que fosse uma noite especial.	Je voulais que ce soit une soirée spéciale.
Fomos para um restaurante (italiano) ótimo.	Nous sommes allés dans un excellent restaurant (italien).
Jantamos à luz de velas.	Nous avons dîné aux chandelles.
Ficamos olhos nos olhos.	Nous sommes restés yeux dans les yeux.
Estava com muita vontade de beijá-la(o).	J'avais très envie de l'embrasser.
Me senti um(a) adolescente.	J'étais comme un(e) adolescent(e).
Ela bancou/se fez de difícil.	Elle a fait la difficile.
Ela/Ele me dava a entender que também queria.	Il/elle a laissé entendre qu'il/elle était d'accord.
Ele pôs o braço por cima do meu ombro.	Il a mis son bras autour de mes épaules.
Ficamos de mãos dadas.	Nous sommes restés la main dans la main.
Nos beijamos.	Nous nous sommes embrassés.
Senti uma coisa especial.	J'ai ressenti quelque chose de spécial.
Fomos dar uma volta a pé/de carro (pela praia).	Nous sommes allés faire un tour à pied/en voiture (sur la plage).
Dançamos de rosto colado.	Nous avons dansé joue contre joue.
Acompanhei-a até a porta (de casa).	Je l'ai raccompagné(e) jusqu'à à sa porte.
Ficamos em frente à lareira.	Nous sommes restés devant un feu de cheminée.
Passamos a noite abraçadinhos.	Nous avons passé la nuit dans les bras l'un de l'autre.
Eu a abracei a noite toda.	Je l'ai serrée dans mes bras toute la nuit.
Passei a noite abraçada a ele.	J'ai passé la nuit dans ses bras.
Não vejo a hora de vê-la de novo.	J'ai hâte de la/le revoir.

Chamadas telefônicas de uso pessoal	Appels téléphoniques personnels

Ligando	Donner un coup de fil
Oi, gostaria de falar com (Sílvia), por favor.	Bonjour, je voudrais parler à..., s'il vous plaît.
Oi, (a Sílvia) está?	Bonjour, est-ce que (Silvia) est là?
Aqui é (o Pedro).	Ici c'est (Pedro).
Sou um amigo dela/dele.	Je suis un(e) ami(e) à lui/à elle.
Trabalho com ela/ele.	Je travaille avec elle/lui.
Oi, é o (Pedro).	Salut, c'est (Pedro).
Você está ocupado?	Vous êtes occupé(e)?
Você está podendo falar?	Vous pouvez parler?
Tentei ligar antes, mas...	J'ai essayé de vous appeler avant mais...
...ninguém atendeu.	...personne n'a répondu.
...mas acho que você não estava.	...je crois que vous n'étiez pas là.
...estava ocupado.	...la ligne était occupée.
...só dava ocupado.	...c'était toujours occupé.
...caiu na secretária eletrônica.	...je suis tombé sur le répondeur.
...caiu na caixa postal.	...je suis tombé sur la messagerie.
Você recebeu meu recado?	Vous avez reçu mon message?

Atendendo	Répondre au télephone
Alô?	Allo?
Quem está falando?	Qui est à l'appareil?/C'est de la part de qui?
É ela.	C'est moi.

Durante a chamada	Au cours d'un appel
Oi (Pedro). Que bom que você ligou.	Bonjour (Pedro). Je suis content(e) de vous avoir.
Recebi seu recado, obrigado.	J'ai bien reçu votre message, merci.
Ah, que bom. Estava esperando sua ligação.	Ah, c'est bien, j'attendais votre appel.
Me aguarda um segundinho? Eu tenho que...	Ne quittez pas, je dois...
Só um segundo. Tem alguém na outra linha.	Une minute, il y a quelqu'un sur l'autre ligne.

Durante a chamada (cont.)	Au cours d'un appel (suite)
Dá para me ouvir bem?	Vous m'entendez bien?
Posso ligar para você de volta?	Je peux vous rappeler?
Quer que eu te ligue de volta?	Vous voulez que je vous rappelle?
Esta ligação vai sair muito cara para você.	Cet appel va vous coûter très cher.
Estou no meio de um negócio aqui. Posso ligar para você mais tarde?	Je suis occupé(e) en ce moment. Je pourrais/peux vous rappeler plus tard?
Olha, eu tenho que ir agora. Eu...	Je dois vous quitter maintenant, je...
Eu já ligo para você.	Je vous rappelle tout de suite.
Qual é seu número mesmo?	C'est quoi/Quel est votre numéro déjà?

Problemas durante a ligação	Problèmes pendant l'appel
Desculpe-me, caiu a linha.	Excusez-moi, la ligne a été coupée.
Esta ligação está péssima.	Je vous entends très mal.
Eu estou ouvindo você muito mal.	Je vous entends à peine.
Estou ouvindo um eco.	Il y a de l'écho.

Terminando	Finir une conversation téléphonique
Preciso desligar.	Excusez-moi, il faut que je raccroche./ Je dois raccrocher.
Gostei de falar com você.	Ça m'a fait plaisir de vous parler.
Vamos marcar alguma coisa.	Il faut qu'on se voit.
Um beijo./Um abraço.	Je t'embrasse.
Até mais.	A bientôt./ Au revoir.
Tchau.	Ciao.

Deixando recado	Laisser un message
Você pode pedir para ele/ela ligar para (Pedro)?	Vous pourriez lui demander de rappeler (Pedro)?
Você pode avisá-lo/la de que...	Vous pourriez le prévenir que...
(Ele) pode me encontrar...	Il/elle peut me joindre à...
Se eu não estiver, é para tentar no...	Si je ne suis pas là, essayez le...
Acho que ele/ela tem meu telefone, (mas em todo caso é...)	Je crois qu'il/elle a mon numéro (mais de toute façon, c'est le...)

Deixando um recado na secretária eletrônica	Laisser un message sur le répondeur
Oi, aqui é o (Pedro).	Salut, ici c'est...
Estou só retornando	Je réponds à votre appel...
Que pena que eu não o encontrei.	Dommage que je n'aie pas réussi à vous joindre.
Que desencontro!	On n'arrive pas à se joindre.
Você está fugindo de mim.	Je crois que vous m'évitez.
Que difícil falar com você!	Que c'est difficile de vous joindre!
Bom, acho que você ainda está (no trabalho).	Bon, je crois que vous êtes toujours (au boulot).
Só liguei para...	Je vous appelle juste pour...
Bom, enfim...	Bon, enfin,...
Me ligue quando você puder.	Appelez-moi quand vous pouvez.
Pode me ligar em casa/no trabalho/no celular.	Vous pouvez m'appeler chez moi/au travail/sur mon portable.
Caso você não tenha meu número, é...	Au cas où vous n'auriez pas mon téléphone, c'est le...
Então, espero poder falar com você mais tarde.	Alors, j'espère qu'on se parlera bientôt.
Vou tentar ligar mais tarde.	Je rappellerai plus tard.
Até mais.	A plus tard.
Um abraço./Um beijo.	Je vous embrasse.
Tchau.	Ciao.

Anotando um recado	Prende un message pour quelqu'un
Você quer deixar recado?	Vous voulez laisser un message?
Só um instante. Vou pegar uma caneta.	Un instant. Je prends un stylo.
Pronto. Pode falar.	Ça y est. Vous pouvez parler.
Deixe-me ver se eu entendi...	Voyons si j'ai bien compris...
Tudo bem. Eu dou o recado para ele/ela.	D'accord. Je lui transmets le message.
Tudo bem. Eu digo a ele/ela que você ligou.	D'accord. Je lui dirai que vous avez téléphoné.

Saudações na secretária eletrônica	Messages pour répondeur
Oi, você ligou para (Pedro).	Bonjour, vous êtes bien sur le répondeur de (Pedro).
Infelizmente não posso atender.	Malheureusement je suis occupé en ce moment.

Saudações na secretária eletrônica (cont.)	Messages pour répondeur (suite)
Você pode me bipar no...	Vous pouvez m'appeler au...
Por favor, deixe seu nome e telefone.	S'il vous plaît, laissez votre nom et numéro de téléphone.
Por favor, deixe seu nome, número e hora de chamada.	S'il vous plaît, laissez votre nom, numéro et l'heure de votre appel.
Retornarei a ligação assim que possível.	Je vous rappellerai dès que possible.
Por favor, deixe seu recado ao sinal do bip.	Veuillez laisser votre message après le bip sonore.

Mais expressões sobre ligações	Plus sur les appels télephoniques
Ele/Ela desligou na minha cara.	Il/elle m'a raccroché au nez.
Só dá ocupado.	C'est toujours occupé.
Ele/Ela me deixou aguardando na espera.	Il/elle m'a laissé attendre.
Caiu a linha.	On a été coupés.
Deixei recado.	J'ai laissé un message.
Caiu na secretária/caixa postal.	Je suis tombé sur le répondeur/la messagerie.
Ele/Ela me pôs no viva-voz.	Il/elle a mis le haut parleur.
Eu atendo.	Je prends l'appel/Je réponds.
Deixe tocar.	Laissez sonner.
Não está dando sinal de discagem.	Il n'y a pas de tonalité.

Combinando um lugar	Fixer un rendez-vous
Então, onde a gente se encontra?	Alors, on se retrouve où?
Que tal (seu hotel)?	Ça vous irait (à votre hôtel)?
Posso buscá-lo (no seu hotel).	Je peux vous prendre (à l'hôtel).
Que horas posso buscar você?	A quelle heure je peux passer vous prendre?
Você gostaria de me encontrar (no meu escritório)?	Ça vous dirait de me rencontrer (dans mon bureau)?
Você que sabe.	C'est vous qui décidez.
O que for melhor para você.	Comme vous voulez.
Onde você quiser.	Où vous voulez.
Você conhece...?	Vous connaissez...?
Nós poderíamos nos encontrar aí/lá.	On pourrait se retrouver là bas.
Vamos fazer o seguinte:...	Je vous propose de...
Podemos nos encontrar (no seu hotel) às (8:30).	On pourrait se retrouver (à votre hôtel) à (8h30).

Combinando um lugar (cont.)	Fixer un rendez vous (suite)
Que tal?	D'accord?
Me avise se houver alguma mudança.	Prévenez-moi en cas de changement.
Se por algum motivo você não puder, me dê uma ligada.	S'il y a un empêchement, téléphonez-moi.

Explicando o caminho	Indiquer le chemin
É fácil.	C'est facile.
Saindo do (hotel)...	En sortant de l'hôtel...
Pegue a (marginal Tietê) no sentido...	Prenez (l'avenue Tietê) dans le sens...
Procure as placas indicando...	Cherchez les panneaux qui indiquent...
Saia na...	Sortez à...
Entre à direita/esquerda (na...)	Tournez à droite/gauche...
Suba a (rua Canário)...	Montez la (Rue Canário)...
... até chegar na...	...jusqu'à...
... à (rua Cabral)	...à (Rue Cabral)
E vai embora...	Vous poursuivez...
Continue por (2) quarteirões...	Vous passez (2) pâtés de maisons...
Vá reto...	Vous allez tout droit...
Quando chegar a...	Quand vous arrivez à...
Fique à esquerda/direita...	Continuez à droite/gauche...
Procure (um supermercado)...	Cherchez (un supermarché)...
Você vai passar por um...	Vous allez passer par...
Se chegar num ___, então já passou.	Si vous arrivez à ....c'est parce que vous l'avez dépassé(e).
Fica à sua direita/esquerda.	C'est sur votre droite/gauche.
É bem na esquina.	C'est juste au coin.
Fica na (Paulista) com a (Frei Caneca).	C'est à l'angle de l'avenue(Paulista) et de la rue (Frei Caneca).
É uma travessa da (Getúlio Vargas).	C'est une transversale de la (Getúlio Vargas).
É no meio do quarteirão.	C'est au centre du quartier.
É em frente ao...	C'est en face de...
É bem ao lado do...	C'est à côté du/de la...
Fica entre ___ e ___	C'est entre ....et.........
Não tem erro.	Il n'y a pas à se tromper.
Se tiver qualquer problema, é só me ligar.	Si vous avez un problème, n'hésitez pas à m'appeler.

Dirigindo | Conduire

Falando com passageiros no seu carro | Parler avec les passagers de votre voiture

Entre aí.	Entrez.
Quer sentar na frente?	Vous voulez vous asseoir devant?
Você pode pôr o banco mais para trás se você quiser.	Vous pouvez reculer votre siège si vous voulez.
Está muito apertado aí atrás?	C'est trop serré derrière?
Eu posso pôr o banco mais para a frente se você quiser.	Je peux avancer mon siège si vous voulez.
Você pôs o cinto?	Vous avez mis la ceinture de sécurité?
Estão todos com o cinto de segurança?	Alors vous avez tous bouclé la ceinture?
Veja se a porta está travada.	Vérifiez si la portière est fermée.
Acho que a sua porta está aberta.	Je crois que votre porte est ouverte.
Quer que eu desça o vidro?	Vous voulez que j'ouvre/je ferme la fenêtre?
Quer que eu suba/feche o vidro?	
Quer que eu ligue/desligue o ar-condicionado?	Vous voulez que j'allume/éteigne l'air conditionné[5]?
Você se importa se eu fumar?	Ça vous gêne si je fume?
O que você prefere ouvir?	Qu'est-ce que vous préférez écouter?
Está muito alto aí atrás?	Le son est trop fort derrière?
Você pode encostar a cabeça um pouquinho para trás?	Vous pourriez reculer un peu votre tête?
Este carro não corre.	Cette voiture ne va pas vite.
Dá para sair desse lado?	Vous arrivez à sortir par ici?

Falando de manobras | Parler de manoeuvres

Vou encostar aqui.	Je vais me garer ici.
Preciso encostar/parar por um minuto.	Je dois arrêter un instant.
Eu atravessei o sinal vermelho.	J'ai brûlé le feu rouge.
Me pegaram correndo.	On ma pris en excès de vitesse.
Fui multado.	J'ai eu une amende.
Ele me cortou.	Il m' a coupé la route.
Tenho a preferencial.	J'ai la priorité.
Ele está colado.	Il me colle.
Vamos! Anda logo!	Allez! Roulez!
Tive um acidente.	J'ai eu un accident.

[5] Pode-se dizer também *la clime*, em francês coloquial.

Falando de manobras (cont.)	Parler de manoeuvres (suite)
Ele entrou na minha traseira.	Il m'a heurté à l'arrière./Il est rentré dans l'arrière de ma voiture.
Ele entrou de ré no meu carro.	Il a reculé dans ma voiture.
Entrei de ré num (poste).	J'ai reculé dans un (poteau).
Ele bateu na minha lateral.	Il m'a heurté sur le côté.
Ele apareceu do nada.	Il est apparu tout d'un coup.
Conheço um jeito de cortar o caminho.	Je connais un raccourci.
fazer o retorno	Retourner.
entrar à esquerda/direita	Tourner à droite/à gauche.
fazer uma conversão proibida à esquerda/direita	Tourner à droite/gauche malgré l'interdiction.
acelerar	Accélérer.
diminuir	Ralentir.
costurar	Zigzaguer.
ficar preso no trânsito	Etre pris dans un embouteillage.
dirigir feito louco	Conduire comme un fou.
parar para abastecer	S'arrêter pour mettre de l'essence.
quebrar o carro	La voiture est tombée en panne.
furar um pneu	Avoir un pneu crevé.
se perder	Etre perdu(e).
pegar uma autoestrada	Prendre l'autoroute.
sair de uma autoestrada	Sortir de l'autoroute.
pegar uma estradinha	Faire un détour.
manter-se na faixa da esquerda/meio/direita	Se maintenir dans la file de gauche/du centre/de droite.
mudar de faixa	Changer de file.
dar sinal/sinalizar	Faire signe.
perder o controle da direção	Perdre le contrôle de la voiture.
frear	Freiner.
pisar fundo no freio	Appuyer à fond sur les freins.[6]
envolver-se num acidente	Etre mêlé(e) à un accident.
dar a ré	Reculer.
estacionar	Se garer.
parar em fila dupla	Passer une vitesse.
engatar a marcha	Démarrer.
deixar engatado	Embrayer.
desembaçar o para-brisa	Nettoyer le pare-brise.

[6] Também *freiner à fond* (coloquial).

Falando de manobras (cont.)	Parler de manoeuvres (suite)
ligar o limpador de para-brisa	Mettre les essuie-glaces en marche.
puxar o freio de mão	Mettre le frein à main.
acender os faróis	Allumer les phares.
acender o pisca-alerta	Mettre le clignotant.
deixar os faróis acesos	Laisser les phares allumés.
acender o farol alto	Allumer les feux de route.
piscar os faróis	Clignoter.
fazer uma ligação direta/fazer uma chupeta	Il a fait un branchement direct.
ligar o carro	Mettre le moteur en marche./Démarrer la voiture.
pegar no tranco	Pousser la voiture.

Discutindo a conta	Discuter de l'addition
Ah, não...	Ah, non...
Deixe comigo.	C'est pour moi.
Eu acerto.	Je paye.
Deixe que eu pago essa.	Laissez-moi prendre celle-là.
Não, não. Por favor.	Non, non s'il vous plaît, l'addition est pour moi.
Eu insisto.	J'insiste.
Não, essa é por minha conta.	Non, celle-là c'est pour moi.
Você paga da próxima vez.	Vous m'inviterez la prochaine fois.
Por favor, eu me sinto mal.	S'il vous plaît ça me gêne.
Tá certo, mas da próxima vez eu pago.	D'accord, mais je vous invite la prochaine fois.

Falando sobre o final de semana ou feriado	Parler du week-end ou des congés
Foi bom o fim de semana?	Vous avez passé un bon week-end?
Foi bom o feriado?	Comment ce sont passés vos congés?
Você foi para algum lugar?	Vous êtes allé(e) quelque part?
O que você fez (no fim de semana)?	Qu'est-ce que vous avez fait ce (week-end)?
Só fiquei em casa.	Je suis simplement resté(e) chez moi.
Fiquei em casa e (assisti à televisão).	Je suis resté(e) chez moi et j'ai (regardé la télévision).
Fui a...	Je suis allé(e) à....
... já esteve lá?	Vous y étiez déjà allé(e)?
Fui à praia.	Je suis allé(e) à la plage.
Fiz um churrasco em casa.	J'ai préparé un barbecue chez moi.

Falando sobre o final de semana ou feriado (cont.)	Parler du week-end ou des congés (suite)
Meus pais vieram me visitar.	Mes parents sont venus me rendre visite.
Fui a um churrasco na casa de um amigo.	Je suis allé(e) à un barbecue chez un ami.
Saí para dançar no (sábado).	Je suis allé(e) danser (samedi).
Visitei meus parentes em (Petrópolis).	J'ai été voir de la famille à (Petrópolis).
Tive de trabalhar.	J'ai dû travailler.
Fui comer em um restaurante chamado (Fasano).	Je suis allé(e) dans un restaurant appelé (Fasano).
Já esteve lá?	Vous y êtes(étiez) déjà allé(e)?

Feriados e ocasiões especiais / Fériés et occasions spéciales

Natal	Noël
Feliz Natal!	Joyeux Noël!
O que você pediu para o Papai Noel?	Qu'est que vous avez demandé au Père Noël?
O Papai Noel lhe trouxe tudo que você pediu?	Le Père Noël t'a apporté tout ce que tu lui avais demandé?(à un enfant)

Coisas que as pessoas fazem no Natal	Activités de Noël
montar uma árvore	décorer le sapin
cantar músicas natalinas	chanter des chansons de Noël
fazer compras de Natal	acheter des cadeaux
endividar-se	s'endetter
presentear	offrir des cadeaux
receber presentes	recevoir des cadeaux
abrir presentes	ouvrir des paquets
ir à missa do galo	aller à la messe de minuit
ceiar/ter ceia de Natal	réveillon de Noël

Véspera de Ano-Novo	Veille du Nouvel An
Feliz Ano-Novo!	Bonne Année!/Bonne année, bonne santé!

Coisas que as pessoas fazem no *Réveillon*	Activités de veille du Nouvel An
se reunir com os amigos	se réunir entre amis
ir a festas de Ano-Novo	aller à la fête du Nouvel An
beber champagne	boire du champagne

Coisas que as pessoas fazem no *Réveillon* (cont.)	Activités de veille du Nouvel An (suite)
fazer promessas de Ano-Novo	prendre des résolutions pour le Nouvel An
fazer contagem regressiva	compter à rebours
varar a noite	passer une nuit blanche

Casamentos	Mariages
Parabéns!/Felicidades!	Mes félicitations!
Boa sorte!	Tous mes voeux de bonheur!/Plein de bonheur à tous deux! Bonne chance!
Onde vocês vão passar a lua de mel?	Où allez-vous passer la lune de miel?

Coisas que as pessoas fazem nos/para casamentos	Ce que les gens font pour/pendant un mariage
escolher um vestido de noiva	choisir une robe de mariée
reservar a igreja	réserver l'église[7]
fazer uma lista de convidados	faire une liste d'invités
mandar convites	envoyer les invitations
escolher as alianças	choisir les alliances
gravar o nome na aliança	graver le nom sur l'alliance
escolher as damas de honra	choisir les dames d'honneur
escolher os padrinhos	choisir les témoins[8]
contratar um fotógrafo	engager un photographe
se casar no civil/cartório	se marier à la mairie
ir à igreja	aller à l'église
andar até o altar	marcher vers l'autel
dizer "sim"	dire "oui"
beijar a noiva	embrasser la mariée
sair de lua de mel	partir en lune de miel

Aniversários	Anniversaires
Feliz aniversário!	Joyeux Anniversaire!
Parabéns!	Mes félicitations!

---

[7] Na França, os noivos também têm que se inscrever na prefeitura (*mairie*) para o casamento civil e para a publicação do anúncio de casamento (*ban*).

[8] Na França, não existem padrinhos de casamento e, sim, testemunhas (*témoins*), tanto para o casamento civil, realizado na prefeitura (*mairie*), como no casamento religioso.

Aniversários (cont.)	Anniversaires (suite)
Está fazendo quantos anos hoje?	Ça vous fait combien?
Não aparenta.	Vous n'en avez pas l'air./Vous faites moins.
Está ficando velho!	Vous vieillissez!

Coisas que as pessoas fazem nos aniversários	Ce que les gens font pendant les anniversaires
cantar parabéns	chanter
fazer um desejo	faire des voeux
assoprar as velinhas	souffler les bougies
abrir presentes	ouvrir des paquets
fazer um discurso	faire un discours

Brindes e homenagens	Salutations et hommages
Gostaria de dizer algumas palavras	Je voudrais vous adresser quelques paroles...
Vamos brindar a...	Porter un toast en l'honneur de...
Aos noivos!	A la santé des fiancés/des mariés!

Presentes / Cadeaux

Presenteando	Offrir
Comprei uma coisinha para você.	Je vous ai acheté quelque chose.
É uma surpresa.	C'est une surprise.
Trouxe uma coisa para você.	Je vous ai apporté quelque chose.
Espero que goste.	J'espère que vous aimerez.
Acho que vai gostar.	Je crois que vous aimerez ça.
Que bobagem.	Il ne fallait pas.
Porque eu quis.	Ça me fait plaisir.
Pode abrir.	Ouvrez-le/la/les.
Gostou?	Vous avez aimé?
Espero que sirva.	J'espère que c'est votre taille.
Se você não gostar, eu posso trocar.	Si vous n'aimez pas je peux le changer.
Achei que tinha sua cara.	J'ai pensé que c'était votre style.
Para você não se esquecer de (mim/nós).	Pour que vous gardiez un souvenir de moi/nous./En souvenir de moi/nous.
Que bom que você gostou!	Je suis content(e) que vous ayez aimé.

Recebendo	Recevoir
Adoro/Detesto surpresas.	J'adore/je déteste les surprises.
Posso abrir?	Je peux ouvrir?
Nossa! Obrigado!	Mon Dieu, merci!
Que surpresa!	Quelle surprise!
Que gentil!	C'est gentil./Comme c'est gentil à vous.
Ah! Legal!	Ah, super!
Não precisava.	Ce n'était pas nécessaire./Il ne fallait pas.
Não precisava se importar.	Vous n'auriez pas dû vous déranger.
Sinto-me mal.	Je me sens gêné(e).
Não posso aceitar isso.	Je ne peux pas accepter ça.
Por que você fez isso?	Pourquoi vous avez fait ça?
Adorei o presente. Obrigado.	J'ai beaucoup aimé le cadeau. Merci.

Fé e religião	Foi et religion
Se Deus quiser.	Si Dieu le veut.
Só Deus sabe.	Dieu seul le sait.
Acredito em Deus.	Je crois en Dieu.
Tenho fé em Deus.	J'ai foi en Dieu.
Tenha fé em Deus.	Ayez foi en Dieu.
Peça a Deus para lhe guiar.	Demandez conseil à Dieu.
Agradeço a Deus por...	Je remercie Dieu pour...
Acredito que tudo acontece por um motivo.	Je crois que tout a une raison.
Acredito que há vida depois da morte.	Je crois à la vie après la mort.
Acredito que fazemos parte de um grande plano.	Je crois que nous faisons partie d'un grand projet.
Acredito que nós todos temos uma missão aqui na Terra.	Je crois que nous avons tous une mission sur Terre.
Acredito no destino.	Je crois au destin.
Tudo tem seu motivo.	Tout a une raison.

Desculpas	Se disculper

Numa ligação pessoal	Pendant un appel personnel
A minha bateria está acabando.	Ma batterie se termine.
Tem alguém na outra linha.	Il y a quelqu'un sur l'autre ligne.
Estou com visita.	J'ai une visite.

Numa ligação pessoal (cont.)	Pendant un appel personnel (suite)
Tem alguém na porta.	Quelqu'un frappe à la porte.
Estou no meio de um negócio agora.	Je suis pris en ce moment.
Não estou podendo falar agora.	Je ne peux pas parler en ce moment.

Ao telefone do escritório	Pendant un appel professionnel
Tem alguém me aguardando.	On m'attend.
Estou numa outra ligação.	Je suis sur une autre ligne.
Estava a caminho para uma reunião.	J'allais partir pour une réunion.
Ele está em uma reunião.	Il est en réunion.
Ele está viajando.	Il est en voyage.
Nossos computadores estão/estavam fora do sistema.	Nos ordinateurs n'étaient plus connectés au réseau./On avait une panne de réseau.

Quando não encontramos um arquivo/documento	Quand on ne trouve pas un document/ un dossier
Tenho certeza de que está por aqui em algum lugar.	Je suis sûr(e) qu'il est quelque part par là.
Deve estar fora do lugar.	Il ne doit pas être à sa place.
Ainda não caiu no sistema.	Ça n'a pas encore été mis sur le réseau.
Deve estar no meio desta papelada aqui.	Ça doit être caché dans toute cette paperasse.
Estamos fora de sistema.	Nous ne sommes pas sur le réseau en ce moment.

Por não ter feito algo	Pour ne pas avoir fait quelque chose
Andei muito ocupado.	J'ai été très occupé.
Estava muito ocupado.	J'étais surchargé(e).
Não deu tempo.	Je n'ai pas eu le temps.
Surgiu um imprevisto.	J'ai eu un empêchement.

Por chegar tarde	Pour arriver en retard
Tinha muito trânsito.	La circulation était terrible.
O trânsito está péssimo agora de manhã.	La circulation est terrible ce matin.
Fiquei preso no trânsito.	J'ai été pris dans un embouteillage.
Fiquei preso em uma reunião.	J'ai été retenu dans une réunion.

Por chegar tarde (cont.)	Pour arriver en retard (suite)
Meu voo atrasou.	Mol vol était en retard.
Surgiu um imprevisto.	J'ai eu un empêchement.
Perdi a noção do tempo.	Je ne me suis pas rendu(e) compte de l'heure.
Meu despertador não tocou.	Mon réveil n'a pas sonné.

Por ir embora cedo	Pour partir avant l'heure
Tenho que acordar cedo amanhã.	Je dois me lever tôt demain.
(3:15!) Já?	(3:15)! Déjà?
Tenho de buscar as crianças.	Je dois aller chercher les enfants.
Tenho de buscar um amigo no aeroporto.	Il faut que j'aille chercher un ami à l'aéroport.
Marquei com um amigo meu.	J'ai un rendez-vous avec un ami.
Tenho que estar num lugar às (7:00).	J'ai un rendez-vous à (7:00).
Já estou atrasado.	Je suis déjà en retard.

Pela maneira de fazer algo	Pour la façon dont on a procédé pour faire quelquer chose
Sempre fiz assim.	J'ai toujours fait comme ça.
Sempre foi feito assim.	Ça a toujours été fait comme ça.
Fui criado assim.	J'ai été élevé(e) comme ça.
É de família.	C'est comme ça dans la famille.

Por não entrar em contato	Pour ne pas avoir contacté quelqu'un
Ando tendo problemas com meu e-mail.	J'ai des problèmes avec ma messagerie électronique.
Estava fora do escritório.	Je n'étais pas dans mon bureau.
Estava viajando.	J'étais en voyage.
Estava numa reunião.	J'étais en réunion.
Desculpe-me, mas perdi seu telefone.	Excusez-moi, mais j'ai perdu votre numéro de téléphone.
Não consegui ligar.	Je n'ai pas pu vous rappeler.
Ando ocupadíssimo(a).	Je suis débordé(e) en ce moment.

Pelo francês imperfeito	Pour son mauvais français
Meu francês está um pouco enferrujado.	Mon français est un peu rouillé.
Eu falava bem melhor.	Je parlais beaucoup mieux (avant).
Eu entendo mais do que falo.	Je comprends mieux que je ne parle.
Não estou acostumado(a) com seu sotaque.	Je ne suis pas habitué(e) à votre accent.
Ainda estou estudando.	J'étudie encore.

Por não ter dinheiro	Pour ne pas avoir d'argent
Esqueci de passar por um caixa eletrônico.	J'ai oublié de retirer de l'argent à un distributeur.
Acabei de pagar (o apartamento).	Je viens de régler (le loyer de l'appartement).
Tive uma série de imprevistos (mês passado).	J'ai eu beaucoup d'imprévus (le mois passé).

Por comer muito	Pour manger trop
Vou malhar amanhã.	Je vais à la gym demain.
Vou começar meu regime (amanhã).	Je commence mon régime demain.
Um só não faz mal.	Juste un, ça ne fera pas de mal.
Não tomei café da manhã.	Je n'ai pas pris mon petit déjeuner.
Pulei o almoço.	J'ai sauté le déjeuner.
Bom, é uma ocasião especial.	Bon, c'est une occasion spéciale.
Temos que aproveitar as coisas boas da vida.	Il faut profiter de la vie/des plaisirs de la vie.
Estou com uma fome de leão.	J'ai une faim de loup.

Por não comer	Pour ne pas manger
Já comi.	J'ai déjà mangé.
Acabei de comer.	Je viens de manger.
Estou fazendo regime.	Je fais un régime.
Estou meio mal do estômago.	J'ai un peu mal à l'estomac.
Costumo comer pouco	J'ai un appétit d'oiseau.

Por não beber	Pour ne pas boire
Estou dirigindo.	Je conduis.
Sou fraco para bebida.	Je ne suis pas résistant(e) à l'alcool.
Parei.	J'ai arrêté.
Estou tentando diminuir.	J'essaie de boire moins.

Por beber	Pour boire
Ah, um só não faz mal.	Un seul verre c'est pas grave.
Tá bom, só um pinguinho/dedinho.	D'accord, mais juste un doigt.
Tá bom, só um então.	D'accord, un seul alors.
Por que não? É uma ocasião especial.	Pourquoi pas, c'est pour une occasion spéciale.

Por ficar bêbado	Pour son ivresse
Sou fraco(a) para bebida.	Je ne suis pas résistant(e) à l'alcool.
Não estou acostumado a beber tanto.	Je ne suis pas habitué à boire autant.
Quase nunca bebo.	Je ne bois presque jamais.
Só bebo socialmente.	Je ne bois qu'en société.
Foi por uma boa razão.	C'était pour la bonne cause.

Por fumar	Pour fumer
Estou tentando diminuir.	J'essaie de diminuer.
Vou parar.	Je vais arrêter.
Agora só fumo (4) cigarros por dia.	Maintenant je ne fume que (4) cigarettes par jour.
Fumava (2) maços por dia.	Je fumais (2) paquets par jour.
É o único vício que tenho agora.	C'est mon seul vice.

Pela bagunça da casa	Pour le désordre de la maison
É a folga da empregada hoje.	C'est le jour de congé de la bonne.
Ando tão ocupado que nem dá tempo de limpar nada.	Je suis tellement prise que je n'ai pas le temps de nettoyer.
É geralmente mais em ordem.	Normalement c'est plus rangé que ça.
Não sou muito boa(m) dona(o) de casa.	Je ne suis pas très ordonnée./Je ne suis pas une fée du logis.

Pelo carro sujo	Pour la saleté de la voiture
Não deu tempo de mandar lavar.	Je n'ai pas eu le temps de la faire laver.
Estou querendo deixar para lavar.	Je vais la faire laver.
Não tive tempo.	Je n'ai pas eu le temps.
Nunca deixo meu carro assim.	Ma voiture n'est jamais comme ça.

Por algo quebrado	Pour avoir cassé quelque chose
Estou querendo arrumar.	J'essaie de la/le réparer.
Estou juntando um dinheiro para consertar.	Je fais des économies pour la/le réparer.
Não vale a pena consertar.	Ça ne vaut pas la peine de réparer.
Vou vender mesmo.	Je vais la vendre de toute façon.
Sou desastrado(a).	Je suis très maladroit(e)./J'ai deux mains gauches.

Por guardar algo velho	Pour garder quelque chose de vieux
Não consigo jogar fora.	Je n'arrive pas à la/le jeter./ Je n'arrive pas à m'en séparer.
Tem (muito) valor sentimental.	J'y suis très attaché(e).
Pode valer alguma coisa um dia.	Ça peut valoir quelque chose un jour.
Traz muitas lembranças.	Ça me rappelle beaucoup de souvenirs.
Era do (meu avô).	C'était à mon grand-père.
A moda pode voltar.	Ça peut revenir à la mode.

Por se esquecer do nome de alguém	Pour avoir oublié le nom de quelqu'un
Sou péssimo com nomes.	Je n'ai pas la mémoire des noms.
Nunca fui bom para guardar nomes.	J'ai du mal à me souvenir des noms.
Às vezes até me esqueço do meu nome.	Parfois j'oublie mon propre nom.
Estou perdendo a memória.	Je perds ma mémoire.
Mas nunca me esqueço de um rosto.	Mais je n'oublie jamais un visage.

Por dizer algo insensível	Pour avoir dit quelque chose de maladroit
Saiu errado, não é isso.	Ce n'est pas ça.
Não foi isso que eu quis dizer.	Ce n'est pas ce que j'ai voulu dire.
Não é nada pessoal.	Ce n'est pas personnel.
Desculpe-me. Estou tendo um dia péssimo.	Excusez-moi, j'ai eu une journée terrible.
Não quis descontar em você.	Je ne voulais pas vous blesser.
Estou naqueles dias.	C'est ma TPM./C'est ma mauvaise période.

Por recusar um convite	**Pour refuser une invitation**
	Para ser mais gentil, é interessante começar a frase com "Désolé(e), mais..."
Tenho outro compromisso.	J'ai déjà un engagement./Je suis déjà pris.
Vou estar fora.	Je ne serai pas là.
Não vou poder a essa hora.	Je serai pris à cette heure-là.
Agora não é uma boa hora.	Maintenant ce n'est pas le bon moment.

Por cancelar um compromisso	**Pour annuler un engagement**
Surgiu um imprevisto.	J'ai eu un empêchement.
Algo surgiu no último minuto.	J'ai dû faire autre chose au dernier moment.
Me esqueci de outro compromisso que eu tinha.	J'avais oublié un autre engagement.
Surgiu um problema no trabalho e não dá para escapar, infelizmente.	Il y a un problème au travail et malheureusement je ne pourrai pas me libérer.

Por comprar algo caro	**Pour acheter quelque chose de cher**
Estava em promoção/liquidação.	C'était en solde./Il y avait une liquidation.
Foi uma pechincha.	C'était très bon marché.
Não resisti.	J'ai craqué.
É um investimento.	C'est un investissement.
Eu vejo como um investimento.	Je le/la considère comme un investissement.
Valeu a pena.	Ça valait la peine.
Gosto de coisas caras.	J'aime tout ce qui est cher.

Por não gastar	**Pour ne pas dépenser**
Estou me controlando agora.	J'essaie de me contrôler en ce moment.
Tudo vai se somando.	Tout compte.
Estou com o orçamento apertado.	Mon budget est très serré.
Estou economizando para...	Je fais des économies pour...

Por não comprar alguma coisa para alguém	**Pour ne pas acheter quelque chose à quelqu'un**
Não sabia seu tamanho.	Je ne savais pas votre taille.
Seu presente está em casa.	Votre cadeau est chez moi.
Estou guardando para lhe dar no seu aniversário.	J'attends de vous l'offrir pour votre anniversaire.

Por ser infiel	Pour être infidèle
Ele/Ela é só um amigo.	Ce n'est qu'un(e) ami(e).
Estamos numa fase muito difícil agora.	Nous traversons une période difficile en ce moment.
Não deixo a coisa ficar séria.	Je ne prends pas ça au sérieux.
Vou terminar tudo. (Eu só preciso de um pouco de tempo.)	Je vais en terminer. (Il me faut juste un peu de temps)
Só estou me divertindo.	C'est juste pour m'amuser.
Eu sou humano.	C'est humain./Je ne suis qu'un(e) homme/femme.
Estou casado, mas não estou morto.	Je suis marié mais je ne suis pas en prison.

Por fazer algo que não deveria	Pour faire quelque chose qu'on ne devrait pas faire
Sei lá. A vida é uma só.	On n'a qu'une vie...
Quem vai descobrir?	Qui le saura?
Não deu para evitar.	Je n'ai pas pu m'en empêcher.
Não tive escolha.	Je n'ai pas eu le choix.
Uma coisa levou a outra...	Une chose entraîne l'autre...
Aqui (no Brasil) todo mundo faz.	Ici au (Brésil) tout le monde le fait.
Até parece que você nunca fez nada errado na vida.	Parce que vous, vous ne vous êtes jamais trompé?/Tout le monde peut se tromper.

Doença / Maladies

Antes	Avant
Acho que estou pegando alguma coisa.	Je crois que je suis en train d'attraper quelque chose.
Está todo mundo pegando.	Tout le monde est en train de l'attraper.
Acho que estou pegando um resfriado.	Je crois que je suis en train de m'enrhumer.
Estou tentando não pegar um resfriado.	J'essaie de ne pas attraper un rhume.
Você está bem?	Vous allez bien?
Você não está com uma cara muito boa.	Vos n'avez pas l'air très en forme.
Você está um pouco pálido.	Vous êtes un peu pâle.
Acho melhor você ir para casa.	Vous feriez mieux de rentrer chez vous.
Vá para casa e descanse.	Rentrez chez vous et reposez-vous.

Durante	Pendant
Estou doente.	Je suis malade.
Não estou me sentindo muito bem.	Je ne me sens pas très bien.
Estou com...	J'ai...
Não estou muito católico.	Je ne suis pas très en forme.
Estou péssimo.	Ça va très mal.
Soube que você não se está sentindo muito bem.	J'ai appris que vous n'étiez pas très bien.
Fiquei sabendo que você tem...	J'ai appris que vous aviez...
O que você tem?	Qu'est-ce que vous avez?
Posso fazer alguma coisa?	Je peux vous aider?
O que você tem de fazer é...	Vous devriez...
A melhor coisa é...	La meilleure solution est...
Como é que você está?	Comment allez-vous?
Eu sei como você está se sentindo.	Je sais ce que c'est.
Odeio isso.	Je déteste ça./ J'ai horreur de ça.
Posso imaginar como você está se sentindo.	Je sais bien comment vous vous sentez.
Pegue leve.	Reposez-vous.
Só precisa descansar.	Il vous faut du repos.
Espero que se sinta melhor.	J'espère que vous allez mieux.
Estimo suas melhoras.	Je vous souhaite un prompt rétablissement.
Se precisar de alguma coisa, é só me ligar.	Si vous avez besoin de quelque chose, n'hésitez pas à me téléphoner.

Depois	Après
Estou saindo de um resfriado.	Je sors d'un rhume.
Você está se sentindo melhor?	Vous allez mieux?
Você está com uma cara melhor.	Vous avez meilleure mine.
Que bom que você está se sentindo melhor.	Je suis content(e) que vous alliez mieux.

Novidades / Nouvelles

Querendo saber de novidades	S'informer de ce qui se passe
Então, alguma novidade?	Alors, quelles sont les nouvelles?
Você tem notícias de...?	Vous avez des nouvelles de...?
Alguma novidade sobre...?	Des nouvelles de...?
Alguma notícia boa?	Les nouvelles sont bonnes?

Dando boas notícias (geral)	**Donner de bonnes nouvelles**
Tenho boas notícias.	J'ai de bonnes nouvelles.
Tenho ótimas notícias.	J'ai de très bonnes nouvelles.
Ah, adivinhe!	Devinez!

Reagindo a boas notícias (geral)	**Réagir aux bonnes nouvelles (général)**
Nossa, que ótimo!	Ça c'est super!
Fico contente.	Je suis content(e) de le savoir./J'en suis vraiment heureux(se).
Parabéns!	Mes félicitations!

Dando más notícias (geral)	**Donner de mauvaises nouvelles (général)**
Tenho más notícias.	J'ai de mauvaises nouvelles.
Lamento dizer...	J'ai le regret de vous dire que.../Je suis au regret de vous annoncer que...
Sinto muito em lhe dizer, mas...	J'ai le plus grand regret de vous le dire, mais...
Gostaria de poder lhe dar notícias melhores.	Je voudrais pouvoir vous annoncer de meilleures nouvelles, mais...
Odeio ter de lhe dizer isso.	Je déteste avoir à vous dire ça, mais...

Reagindo a más notícias	**Réagir à de mauvaises nouvelles**
Ah, não.	Ah non!/C'est pas vrai!
Você está brincando!	C'est pas possible!
Sinto muito.	Je suis désolé(e).

Dando boas e más notícias	**Donner de bonnes et de mauvaises nouvelles**
Eu tenho duas notícias: uma boa e uma má.	J'ai deux nouvelles: une bonne et une mauvaise.
Qual você quer primeiro? (a boa ou a má)	Par laquelle voulez-vous que je commence? (la bonne ou la mauvaise)
A boa notícia é que.../A má notícia é que...	La bonne nouvelle c'est que... La mauvaise c'est que...

Reagindo a notícias sobre um novo relacionamento	**Réagir à l'annonce d'une nouvelle liaison amoureuse**
Qual é o nome dele/dela?	Comment il/elle s'appelle?
Como ele/ela é?	Comment il/elle est?
Ele é bonito? Ela é bonita?	Il est beau? Elle est belle?
Onde você o/a conheceu?	Vous l'avez rencontré(e) où?
O que ele/ela faz?	Qu'est-ce qu'il/elle fait?
Está ficando sério?	C'est sérieux?

Reagindo a notícias sobre um noivado	**Réagir à l'annonce de fiançailles**
Quando é o grande dia?	C'est quand le grand jour?
Quem é o/a felizardo/a?	Qui est le chanceux? la chanceuse?
Como ele/você lhe/o pediu em casamento?	Comment il vous a demandé en mariage? Comment l'avez-vous demandé(e) en mariage?
Já estava na hora!	Il était temps!
Já estão pensando em filhos?	Vous pensez à avoir des enfants?
Para onde vocês vão na lua de mel?	Où irez-vous pour la lune de miel?

Reagindo a notícias sobre uma gravidez	**Réagir à l'annonce d'une grossesse**
Quando você ficou sabendo?	Quand l'avez-vous su?
Você está de quantos meses?	Combien de mois?
Nossa, não está nem aparecendo!	Mon Dieu, ça ne se voit pas!
Para quando é?	C'est pour quand?
É um menino ou uma menina?	C'est un garçon ou une fille?
Já pensou em algum nome?	Vous avez déjà réfléchi à un prénom?
É seu primeiro filho?	C'est votre premier enfant?

Reagindo a notícias sobre um novo emprego	**Réagir à l'annonce d'un nouvel emploi**
Quando você começa?	Vous commencez quand?
Você está animado(a)?	Vous êtes content?
Você vai ganhar bem?	Vous aurez un bon salaire?
Você está progredindo!	Vous réussissez!

Reagindo a notícias sobre uma nova casa	Réagir à l'annonce d'un enménagement dans une nouvelle maison
Onde fica?	C'est où?
Quantos dormitórios?	Combien de chambres?
Tem (piscina)?	Il y a une (piscine)?
Você vai dar uma festinha?	Vous allez pendre la crémaillère?

Reagindo a notícias sobre um falecimento na família	Réagir à l'annonce d'un décès dans la famille
Sinto muito.	Je suis désolé(e).
Fiquei triste com a notícia.	Je suis triste d'apprendre ça.
Como aconteceu?	Comment est-ce arrivé?
Se precisar de alguma coisa, pode contar comigo.	Si vous avez besoin de quelque chose vous pouvez compter sur moi.
Me avise se houver algo que possa fazer.	Prévenez-moi si vous avez besoin de quelque chose.
Vou/Vamos sentir muita falta dele/dela.	Il/elle va nous manquer.
Está em um lugar bem melhor.	Là où il/elle est il/elle doit être plus heureux/heureuse.
Meus pêsames.	Mes condoléances.

Reagindo a notícias sobre a perda de um emprego	Réagir à l'annonce d'une perte d'emploi
Não se preocupe. Vai aparecer outra coisa bem melhor.	Ne vous inquiétez pas. Vous trouverez quelque chose de mieux.
É só por um tempo.	Ce n'est que temporaire.
Isso acontece a toda hora.	Ça arrive à tout le monde
Eles perderam um ótimo funcionário.	Ils viennent de perdre un excellent employé.
Eles não mereciam você.	Ils ne vous méritaient pas.
Fecha-se uma porta, abrem-se duas.	Un de perdu, dix de retrouvé.

Reagindo a notícias sobre um divórcio ou fim de um relacionamento	Réagir à l'annonce d'un divorce ou rupture
Estou aqui se precisar de mim.	Vous pouvez compter sur moi.
Vai ser bem melhor para você.	Ça ne peut que vous être profitable.
Talvez seja bem melhor assim.	Peut-être que c'est mieux comme ça.
Ele/Ela não merecia você.	Il/elle ne vous méritait pas.
Você merece coisa bem melhor.	Vous méritez quelqu'un de mieux.

Reagindo a notícias sobre um divórcio ou fim de um relacionamento (cont.)	Réagir à un divorce ou rupture (suite)
Dava para perceber que tinha alguma coisa errada.	C'était évident que quelque chose n'allait pas.
Você vai superar isso.	Vous allez vous en sortir.

O estado de sua situação financeira	Votre situation financière
Bom	**Bonne**
Estou indo bem (em termos de dinheiro).	Ça marche bien (en ce qui concerne l'argent).
Não estou tão mal (em termos de dinheiro).	Ça ne va pas si mal.
Acho que estou até bem.	Je pense que je n'ai pas à me plaindre.
Estou bem satisfeito com a minha situação financeira agora.	Je suis très content(e) de ma situation financière en ce moment.
As coisas vão bem financeiramente.	Tout va bien côté argent.
Financeiramente, vou bem.	Côté argent, ça va.
Não posso reclamar.	Je ne peux pas me plaindre.
Eu estou bem de vida.	Je suis à l'aise.
Tenho tido sorte.	J'ai eu de la chance.
Ruim	**Mauvaise**
Poderia estar melhor.	Ça pourrait aller mieux.
Não estou indo muito bem, financeiramente.	Les affaires ne marchent pas très bien.
Estou tendo problemas com dinheiro.	J'ai des soucis d'argent.
Estou totalmente quebrado(a).	Je suis complètement sans le sous.
Nunca tive jeito com dinheiro.	Je n'ai jamais été bon en affaires.
As coisas andam meio apertadas agora.	La situation est un peu difficile en ce moment.
Tenho muita conta para pagar.	J'ai beaucoup de dettes.
Quero quitar minha dívida com meu(s) cartão(ões) de crédito.	Je veux régler les dettes que j'ai faites avec ma carte de crédit.
Tudo que entra sai.	Je dépense tout ce que gagne./Je suis un vrai panier percé.
Antes mesmo de receber, já gastei tudo.	Avant même de toucher mon salaire, j'ai déjà tout dépensé.
Estou endividado(a).	Je suis endetté(e).
Estou atolado(a) em dívidas.	Je suis couvert de dettes.

2

Francês Geral 2
A Linguagem da Conversação

Français Général 2
Le Language de la Conversation

Contando histórias	Raconter des histoires
Já contei para você o que aconteceu...	Je vous ai déjà raconté ce qui s'est passé...
Nunca vou me esquecer de quando...	Je n'oublierai jamais quand...
Você não vai acreditar no que aconteceu...	Vous ne croirez pas ce qui s'est passé...
Você deveria ter (visto)...	Si vous aviez vu...
Quer dizer...	C'est-à-dire...
Um dia desses...	Un de ces jours...
Isso foi (em 1998)...	Ça s'est passé en (1998)...
Eu estava em...	J'étais à...
Estava a caminho de...	J'allais à...
Estava voltando de...	Je venais de...
Tinham me pedido para...	On m'avait demandé de...
Havia um...	Il y avait un...
Percebi...	Je me suis rendu(e) compte...
Estava percebendo...	Je me rendais compte que...
Então eu...	Alors je...
E então...	Et alors...

Contando histórias (cont.)	Raconter des histoires (suite)
Então eu disse...	Alors j'ai dit...
Aí o cara/a mulher disse...	Alors il/elle a dit...
Nisso...	A ce moment...
E de repente...	Tout à coup...
Bem, quando isso aconteceu...	Justement à ce moment-là...
Do nada...	Comme ça...
Aconteceu tão rápido...	Tout s'est passé si rapidement...
Na época eu... Naquele momento...	A cette époque-là je... En ce moment-là je...
E, então, me toquei (de que as chaves estavam no carro).	Et alors je me suis rendu(e) compte (que les clés étaient dans la voiture).
Fiquei chocado(a).	Ça m'a choqué(e).
E pensei comigo...	Je me suis dit que...
E, por algum motivo,...	Et pour une raison quelconque...
E você sabe como é quando...	Vous savez comment ça se passe quand...
Dá para acreditar?	Incroyable, n'est-ce pas?
Dá para imaginar?	Vous imaginez ça?
Você pode imaginar como eu me senti?	Vous imaginez ce que je ressentais?
Na hora, me pareceu uma boa ideia.	Sur le coup ça me semblait être une bonne idée.
Como é que eu iria saber...?	Comment j'aurais pu imaginer ça?
Então, lá estou eu, no meio do(a)...	Alors, me voilà, au beau milieu...
Não, (espera). Tem mais...	Attendez. Ce n'est pas fini.
A pior parte foi..	Le pire ça été quand...
E para piorar...	Et pour empirer les choses...
E, além disso,...	En plus,...
Não teria sido tão ruim, mas...	Ça n'aurait pas été si mauvais que ça mais...
Então, finalmente,...	Enfin,...
Por sorte...	Par chance,...
Estava começando a me sentir...	Je commençais à me sentir... ...
...o que, por sinal, ...	ce qui, par ailleurs,...
É claro que eu...	Bien sûr que je...
Felizmente,...	Heureusement,...
Por uma mera coincidência...	Par pure coïncidence...
E, então, como num passe de mágica...	Et alors, comme par un coup de baguette magique,...
E, então, por um milagre...	Et alors, comme par miracle,...
E, quando eu pensei que...	Et quand j'ai crû que...
Se não fosse por ____, eu teria...	Si ce n'était grâce à ______, j'aurais....

Contando histórias (cont.)	Raconter des histoires (suite)
Eu não acreditei.	Je n'en ai pas cru mes oreilles.
Eu juro por Deus...	Je vous jure...
Se eu não tivesse visto com meus próprios olhos, não teria acreditado.	Si je ne l'avais pas vu de mes propres yeux, je n'y aurais jamais cru.
Parecia uma cena de filme/novela.	C'était comme une scène de film ou de feuilleton.
Hoje é engraçado, mas na época...	Aujourd'hui on en rit, mais à l'époque...
Aprendi a lição.	Ça m'a servi de lesson.
Moral da história...	La morale de tout ça est...

Fazendo um parêntese	Ouvrir une parenthèse
Só um detalhe: ...	Juste un détail: ...
Mudando de assunto só um instantinho...	Passant du coq à l'âne pour un instant...
Primeiro tenho que dizer que...	D'abord je dois vous dire que...
Ah, eu me esqueci de dizer...	Ah, j'oubliais de vous dire que...
Só para situar você no assunto...	Juste pour vous situer.
Então, onde estávamos?	Alors, on en était où?
Então, voltando à história...	Revenons à nos moutons.

Criando expectativa	Susciter l'intérêt
Você vai ver.	Vous allez voir.
Isso não é nada.	Ça c'est rien.
Você não pode imaginar.	Vous ne pouvez pas imaginer.
Se você soubesse.	Si vous saviez.
Você não sabe nem a metade da história.	Vous ne savez même pas que la moitié de l'histoire.
Tenho história para contar.	J'ai beaucoup de choses à raconter.
O que eu posso dizer é que...	Ce que je peux dire c'est que...
Você não tem ideia.	Vous n'avez aucune idée.
Só para você ter uma ideia...	Juste pour vous donner une idée...
Digamos assim: ...	Disons que...
Vamos só dizer que...	Disons seulement que...

Quando faltam as palavras	Quand les mots nous manquent
Deixe-me ver...	Voyons..
Deixe-me pensar...	Laissez-moi réfléchir...
É difícil falar...	C'est difficile à dire...
Como é que eu posso explicar?	Comment pourrais-je expliquer ça?/ Comment dire...
Não dá muito para explicar.	C'est difficile à expliquer.
É meio...	C'est un peu...
Sabe...	Vous savez...
É tipo...	C'est comme...
Sei lá...	Qui sait?
Não sei bem a palavra/expressão em francês.	Je ne sais pas quel est le mot/l'expression exact(e) en français.
Acho que não tem equivalente em francês.	Je crois qu'il n'y a pas d'équivalent en français.
...na falta de outra palavra.	...à défaut d'autre mot.
...mais ou menos isso.	...à peu près ça.
Algo tipo...	Quelque chose du genre...
Qual é a palavra mesmo...	Quel est le mot déjà...
Não sei como descrever isso...	Je ne sais pas comment décrire ça...
É uma história meio longa.	C'est une longue histoire.
...ou sei lá.	...ou quelque chose comme ça.
Isso me lembra (mais ou menos)...	Ça me fait penser (plus au moins) à...

Sendo vago — Etre flou

Sendo vago sobre quantidade	A propos de quantité
Cerca de...	Environ...
Tipo...	Quelque chose comme...
Alguns/algumas	Quelques uns (unes).
Só um pouco.	Juste un peu.
Sim, bastante.	Oui, beaucoup.
Bastante...	Beaucoup.
Muito/Muitos	Beaucoup de...
Uma quantidade enorme de...	Une énorme quantité de....
Um monte de...	Un tas de...
Todo tipo de...	Toute sorte de...
Uma grande quantidade de (dinheiro).	Une grande quantité d'(argent).

Sendo vago sobre tempo	A propos du temps
Um tempo	Quelque temps
Um tempão	Longtemps
Por algum tempo	Pour un certain temps
Já faz um tempo	Ça fait longtemps
Muito tempo	Longtemps
Algum tempo atrás	Il y a quelque temps
Faz muito tempo que...	Ça fait longtemps que...
Outro dia	L'autre jour
Não faz muito tempo...	Ça ne fait pas longtemps
Há alguns dias...	Ça fait quelques jours...
Recentemente...	Récemment...
Mais para frente / Daqui a algum tempo	Dans peu de temps
A qualquer momento	A tout moment
A qualquer hora	A n'importe quelle heure/quel moment
A qualquer dia	N'importe quel jour
Esses dias	Ces jours-ci
Algum dia	Un jour
Um dia desses...	Un de ces jours
Qualquer dia (na semana que vem)	N'importe quel jour de (la semaine prochaine)
Uma hora dessas	Un de ces jours.
Às vezes	Parfois
De vez em quando	De temps en temps
O tempo todo	Tout le temps

Sendo vago sobre localização	A propos de localisation
Lá	Là-bas
Bem lá	Exactement de ce côté là
Por aqui	Par ici
Perto	Près de...
Longe	Loin de...
Em algum lugar	Quelque part
Bem aí	Exactement.

Sendo vago sobre fala de alguém	Au sujet des propos de quelqu'un
Algo como...	Quelque chose comme...
Não me lembro o que ele falou exatamente.	Je ne me souviens pas exactement de ce qu'il a dit.

Sendo vago sobre fala de alguém (cont.)	Pour rapporter les paroles de quelqu'un (suite)
... algo assim./... mais ou menos isso.	quelque chose comme ça. ... plus au moins ça. ... à peu près ça.
Ele disse o seguinte:	Il a dit ceci:

Sobre motivo	Sur les raisons de quelque chose
Por algum motivo.	Pour une raison quelconque.
É aquela coisa...	C'est comme ça.

Sobre algo	Sur quelque chose
Alguma coisa assim.	Quelque chose comme ça.
Esse tipo de coisa.	Ce genre de chose.
Coisas desse tipo.	Des choses de ce genre.
Certas coisas	Certaines choses

Sobre uma pessoa	A propos d'une persone
Um cara (aí).	Un type.
Uma mulher (aí).	Une fille/dame.

Sobre atividade	A propos d'une activité
Nada demais.	Rien de spécial.
Nada em particular.	Rien de particulier.
Nada de novo.	Rien de nouveau.

Sobre sua opinião	A propos d'une opinion
Sei lá...	Qui sait?
Mais ou menos.	Plus au moins.
Não sei não.	Je ne sais pas.

Brincando	Plaisanter
Estou brincando	Je rigole.
Brincadeira.	C'est une blague.
Não me leve muito a sério.	Ne me prenez pas au sérieux.
Estou querendo encher (você).	Je me moque de vous.
Estou querendo provocar (você).	Je vous taquine.

Falando sério	Parler sérieusement
Agora é sério...	Maintenant c'est sérieux...
Estou falando sério.	Je parle sérieusement.
Eu não estou brincando.	Je ne rigole pas.
Mas, falando sério...	Mais, sérieusement...
Não é bem brincadeira.	Ce n'est pas tout à fait une blague.

Mostrando que está ouvindo	Montrer que vous écoutez
Hum, hum.	Hm-hmm.
Isso.	C'est ça.
Sei.	Je vois.
É verdade.	C'est vrai.
Certo.	D'accord.
Tá bom.	Ok.
Claro.	Bien sûr.
É mesmo?	Vraiment?
Ah, é?	Ah, oui?
Interessante.	Intéressant
Hum.	Hmm.

Expressando interesse	Montrer son intérêt
Ah, é?	Ah, oui?
É mesmo?	Vraiment?
Interessante.	Intéressant.
Que ótimo!	Très bien.
Legal!	Super!
De verdade?	C'est vrai?
Sério?	Sans blague!
Jura?	Non, c'est pas vrai!

Compreendendo / Comprendre

Mostrando compreensão / Montrer qu'on comprend

Mostrando compreensão	Montrer qu'on comprend
Entendi.	J'ai compris.
Entendo o que está dizendo.	Je comprends ce que vous dites.
Entendo perfeitamente.	Je comprends parfaitement.
Tá. Agora entendi.	D'accord. Maintenant je comprends.
Ah, entendi.	Ah, j'ai compris.

Falta de compreensão / Montrer qu'on ne comprend pas

Falta de compreensão	Montrer qu'on ne comprend pas
Desculpe, não entendi.	Désolé(e), je n'ai pas compris.
Não sei se entendi.	Je ne sais pas si j'ai bien compris.
Como assim?	Comment ça?
(Ainda) não entendi direito.	Je n'ai pas (encore) compris.
Ah, desculpe. Eu entendi (tudo) errado.	Pardon. J'avais tout compris de travers.
Ah, tá! Eu tinha entendido...	Ah, d'accord! J'avais compris que...
Desculpe-me. Você me confundiu.	Excusez-moi. Vous m'avez confondu(e).
Desculpe-me. Estou devagar hoje.	Excusez-moi. J'ai l'esprit un peu lent aujourd'hui.
Desculpe-me. Sou meio devagar.	Excusez-moi. J'ai du mal à comprendre./ Je suis un peu long à comprendre.

Confirmando se entendeu / Confirmer qu'on a compris

Confirmando se entendeu	Confirmer qu'on a compris
Tá, então...	D'accord, alors...
Ou seja...	C'est-à-dire....
Você quer dizer que...?	Vous voulez dire que...?
Deixe-me ver se eu entendi...	Voyons si j'ai bien compris...
É isso?	C'est ça?

Confirmando se o ouvinte entendeu / Confirmer que l'autre a bien compris

Confirmando se o ouvinte entendeu	Confirmer que l'autre a bien compris
Sabe?/Entende?	Vous comprenez?
Você está me entendendo?	Vous voyez ce que je veux dire?
Você me entendeu? Você me entende?	Vous m'avez compris?
Você entendeu o que eu quis dizer?	Vous avez bien compris ce que j'ai voulu dire?
Acho que eu não estou sendo muito claro.	Je ne sais pas si je suis bien clair.

O previsível	Ce qui est prévisible
Tinha que ser.	Ça devait être comme ça.
Tinha certeza.	J'en étais sûr(e).
Eu sabia.	Je le savais.
Claro.	Bien sûr.
Típico.	Typique.
É sempre assim.	C'est toujours comme ça.
Já era de se esperar.	Il fallait s'y attendre.
Não me surpreende.	Ça ne m'étonne pas.
Quem mais?	Qui encore?
Como sempre. / Para variar.	Comme d'habitude.
Eu já deveria saber, né?	J'aurais dû m'en douter.
Era disso que eu tinha medo.	C'est ça que je craignais.
...e não é que (ela estava lá).	... et bien sûr (elle était là).
Não é sempre assim?	Ce n'est pas toujours comme ça?

Mudando de assunto	Pour changer de sujet
Por falar em...	A propos de...
Por falar nisso...	A ce sujet...
Mudando um pouco de assunto...	Pour changer de sujet...
Isso não tem nada a ver com o que nós estamos falando agora, mas...	Ça n'a rien à voir avec ce dont nous parlions tout à l'heure, mais...
Antes que eu me esqueça...	Avant que je n'oublie...
Vamos mudar de assunto.	Changeons de sujet.
Vamos falar sobre outra coisa.	Parlons d'autre chose./Passons à autre chose.
Esta conversa está ficando um pouco (deprimente).	Cette conversation devient un peu (déprimante).
Acho melhor mudarmos de assunto.	Il vaut mieux changer de sujet./Passons.

Lembrando — Se rappeler

Tentando se lembrar	Faire un effort pour se rappeler
Não me lembro.	Je ne me souviens pas.
Me lembro vagamente.	Je m'en souviens vaguement.
Assim de cabeça, não.	Comme ça de mémoire, non.
Que eu me lembre, não.	Que je me souvienne, non.

Tentando se lembrar (cont.)	Faire un effort pour se rappeler (suite)
Deixe-me ver...	Voyons...
Ah, sim! / Agora lembrei!	Ah, oui! Maintenant je me souviens!
Como pude me esquecer.	Comment j'ai pu l'oublier.
Está fresco na memória	C'est tout frais dans ma mémoire.
Está na ponta da língua.	Je l'ai sur le bout de la langue.
Bom, agora que você falou...	Bon, maintenant que vous en avez parlé...
Um momento que já me lembrarei.	Attends un peu que je me souvienne.

Lembrando uma pessoa de algo	Rappelant quelque chose à quelqu'un
Você se lembra?	Vous vous souvenez?
Você não se lembra?	Vous ne vous souvenez pas?

Coisas que fazem você se lembrar	Souvenir
Isso me lembra (de)...	Ça me fait penser à...
Toda vez que eu... eu penso em...	A chaque fois que je... je pense à...
Isso me traz tantas lembranças.	Ça me rappelle tellement de souvenirs.
Nunca vou me esquecer quando...	Je ne vais jamais oublier quand...
Você me lembra (de) um amigo....	Vous me rappelez un ami...
Aliás! (Eu tenho de...)	A propos, (je dois...)
Isso me lembra tanta coisa.	Ça m'évoque (tant de chose).

Fofoca	Faire des cancans
Você soube o que aconteceu?	Vous êtes au courant de ce qui s'est passé?
Você não vai acreditar no que aconteceu...	Vous n'allez pas croire ce qui s'est passé...
Você pode guardar um segredo?	Vous pouvez garder un secret?
Cá entre nós...	Entre nous...
Ninguém pode saber.	Personne ne peut savoir.
Não se preocupe. Não vou abrir a boca.	Ne vous inquiétez pas. Je n'ouvrirai pas la bouche.
Pelo que ouvi...	D'après ce que j'ai entendu dire...
Não sei. Foi o que disseram.	Je ne sais pas. C'est ce qu'on raconte.
Estão falando que...	On dit que...
Desculpe, não deu para não ouvir a conversa...	Excusez-moi, je n'ai pas pu m'empêcher d'entendre la conversation...
Olha, isso é meio em "off"...	Ecoutez, c'est plutôt confidentiel.
Olha, não falei nada...	Je ne vous ai rien dit...

Expressões sobre fofoca	Quelques expressions
espalhar um boato	faire des cancans/répandre une rumeur/ faire courir un bruit
falar pelas costas de alguém	parler dans le dos de quelqu'un
contar um segredo	raconter un secret/dévoiler un secret
ser intrometido	être indiscret (ète).
não conseguir se segurar para não contar algo	ne pas savoir tenir sa langue

Chegando ao assunto	Arriver au vif du sujet
Bem, ...	Ben,...
Bom, enfim....	Alors,...
A questão é...	Le point est...
O mais importante é...	Le plus important est...
A questão principal é...	La question principale est...
Esse é o "x" da questão.	Voilà le fond du problème.
O que interessa é...	Ce qui est important c'est que...
O que interessa é o seguinte: ...	Ce qui compte c'est le suivant...
No final...	En fin de compte...
A questão é...	Le problème c'est...
O que importa mesmo aqui é...	Ce qui compte vraiment c'est...
A questão aqui é...	Le problème dans ce cas est...
O que eu sei é que...	Ce que je sais est...
O que estou dizendo é que...	Ce que je dis c'est que...
O que estou querendo dizer é que...	Ce que je veux dire est....
Eu só estou querendo dizer que...	Je veux seulement dire que....
Não importa como você enxerga isto...	Peu importe ce que vous en pensez.

Concordando	Etre d'accord
É verdade.	C'est vrai.
Eu concordo.	Je suis d'accord.
Eu também acho.	Je suis du même avis.
Eu também.	Moi aussi.
Eu também não. / Nem eu.	Moi non plus. Pas moi.
Eu concordo plenamente.	Je suis tout à fait d'accord.
Concordo 100%.	100% d'accord.
Com certeza.	Bien sûr.
Claro.	Evidemment.
Sem dúvida.	Tout à fait.

Discordando	Etre en désaccord
Eu não concordo.	Je ne suis pas d'accord.
Eu não acho.	Je ne suis pas de cet avis.
Eu não vejo assim.	Je ne vois pas les choses comme ça.
Eu entendo o que você está tentando dizer, mas...	Je comprends ce que vous voulez dire mais...
Concordo que..., mas...	Je suis d'accord avec..., mais....
Concordo até certo ponto.	Je suis d'accord jusqu'à un certain niveau/point.

Em cima do muro	Etre sans opinion
Não estou dizendo que concordo ou não.	Je ne dis pas si je suis d'accord ou pas.
Entendo (isso).	Je comprends ça.
Sei o que está dizendo.	Je comprends ce que vous voulez dire.
Entendo o que está dizendo.	Je comprends ce que vous voulez dire.
É uma maneira interessante de ver (isso).	C'est une façon intéressante de voir les choses.
Nunca pensei nisso dessa forma.	Je n'ai jamais considéré la question sur cet angle là.
Bem, sim e não.	Et bien, oui et non.

Perguntando se as pessoas concordam	Demander aux autres s'ils sont d'accord
Você não acha?	Vous ne trouvez pas?
Você não acha que...?	Vous ne pensez pas que...
Concorda comigo?	Vous êtes d'accord avec moi?

Surpresa	Surprise
Nossa!	Bon sang!/Dis-donc!
Meu Deus!	Mon Dieu!
Jura?	Sans blague!
	Você pode acrescentar "Tiens!" no início das próximas expressões.

Surpresa (cont.)	Surprise (suite)
Não acredito!	Je n'en crois pas (mes yeux/mes oreilles)!
Está falando sério?	Ce n'est pas possible!/J'y crois pas!
Está brincando!	Vous plaisantez!
Não dá para acreditar!	Je n'en reviens pas!
Mesmo?	Vraiment?
Quem diria?	Qui aurait cru!
Tem certeza?	Vous êtes sûr(e)?

Descrevendo uma surpresa	Décrire une surprise
Foi uma total surpresa.	Ça a été complètement inattendu(e).
Não estava (mesmo) esperando isso.	Je ne m'attendais pas à cela.
Me pegou de surpresa.	J'ai été pris(e) au dépourvu.
Nunca teria imaginado...	Je n'aurais jamais imaginé...
Essa é a última coisa que eu imaginaria.	C'est la dernière chose que j'aurais imaginé.
Nunca sonhei...	Je n'aurais jamais imaginé...
Levei um susto.	Ça m'a fait un coup au coeur.
Demorou para eu aceitar.	Ça a été difficile à avaler.
Fiquei chocado.	J'ai été choqué(e).
Sempre acontece quando você menos espera.	Ça arrive toujours au moment où on s'y attends le moins.
Veio do nada.	Ça a été si soudain.

Aceitando um acontecimento ou notícia desagradável	Accepter un événement désagréable
Pois é!	Eh, oui!
Grande coisa!	Tu parles!
Faz parte.	C'est comme ça.
É a vida.	C'est la vie.
Fazer o que, né?	Qu'est-ce qu'on va faire?
Não dá para ter tudo perfeito.	Rien n'est parfait.
Não é o fim do mundo.	Ce n'est pas la mer à boire./Ce n'est pas la fin du monde.
Acontece.	Ça arrive.

Tranquilizando	Calmer quelqu'un
Não se preocupe.	Ne vous inquiétez pas.
Vai dar tudo certo./Tudo vai dar certo.	Tout va s'arranger.
Isso não é nada.	C'est pas grave./C'est rien.
Não deixe isso lhe afetar.	Ne vous laissez pas abattre.
Estas coisas sempre acontecem.	Ça arrive tous les jours.
Se eu fosse você, não me preocuparia.	A votre place je ne me ferais pas de soucis.
Tenho certeza de que não é nada.	Ce n'est pas grave, j'en suis sûr(e).
Se serve de consolo...	Si ça peut aider...
Quando você menos imagina...	Quand vous ne vous y attendez pas...
As coisas sempre acabam se resolvendo.	Tout finit par s'arranger.
No final, dá tudo certo.	A la fin, tout s'arrange.
Nós vamos dar um jeito nisso.	On va s'occuper de ça.
Poderia ser bem pior.	Ça aurait pu être pire.
Eu sei exatamente o que você está passando.	Je comprends exactement ce que vous passez.
Já passei por isso.	Je suis déjà passé(e) par là.
Bom, pelo menos...	Bon, au moins...
Ainda bem que você...	Encore heureux que vous...

Emoções / Emotions

Necessidades físicas	Besoins physiques
Está com fome?	Vous avez faim?
Estou com fome.	J'ai faim.
Estou morrendo de fome.	Je suis affamé(e).
Está com sede?	Vous avez soif?
Estou com sede.	J'ai soif.
Preciso ir ao banheiro.	Il faut que j'aille aux toilettes.
Tenho que fazer xixi.	Je dois aller faire pipi.
Está com frio/calor?	Vous avez froid/chaud?
Está com (malha)?	Vous portez (une petite laine)?
Estou com frio/calor.	J'ai froid/chaud.
Estou congelando.	Je gèle.
Estou derretendo.	Je suis dégoulinant de sueur.
Você não está com calor?	Vous n'avez pas chaud?
Por que não tira a (malha)?	Pourquoi vous n'enlevez pas (votre pull)?
Por que não coloca a (malha)?	Pourquoi vous ne portez pas (un pull)?

Alegria	Joie
Que ótimo!	Super!
Que bom que você (gostou).	Je suis content(e) que vous ayez (aimé).
Que bom que deu tudo certo.	Heureusement que tout a bien marché.
Estou indo bem.	Ça marche bien.
Nunca estive tão feliz na minha vida.	Je n'ai jamais été aussi heureux(se) de ma vie!

Tristeza	Tristesse
Você está bem?	Vous allez bien?
Parece meio desanimado.	Vous avez l'air un peu triste.
Que pena!	Quel dommage.
Fiquei arrasado(a).	J'ai été accablé(e).
Estou-me sentindo meio desanimado.	Je n'ai pas trop de moral.
Não estou me sentindo muito bem.	Je ne me sens pas très bien.
Estou passando por uma fase meio difícil agora.	Je traverse une période difficile en ce moment.
Ando meio esquisito esses dias.	Je ne suis pas bien dans ma peau ces jours-ci.

Nojo	Dégoût
Que nojo!	Dégoûtant!
Credo!	Quel horreur!
Não quero nem ouvir isso.	Je ne veux même pas y penser.

Saudades	Nostalgie
	A palavra saudade *não existe em francês.*
Que saudades!	Qu'il/elle/mon pays me manque!
Sinto (tantas) saudades dela/dele/disso.	Il/elle/mon pays me manque tellement.
Faz tanto tempo que eu não...	Ça fait tellement longtemps que je ne...

Tédio	Ennui
Estou sem assunto.	J'ai le goût à rien.
Você está entediado/cansado?	Vous vous ennuyez?/Vous êtes fatigué?
Estou cansando você?	Je vous ennuie?
É terrivelmente chato!	C'est ennuyeux à mourir.

Emoção	Emotion
Está animado(a)?	Vous êtes content(e)?
Não vejo a hora!	Vivement...
Que emocionante!	Comme j'aimerais être à votre place!/ Quel pied! (fam.)

Decepção	Déception
Estou um pouco decepcionado(a).	Je suis un peu déçu(e).
Não é o que eu imaginei.	Ce n'est pas ce que j'avais imaginé.
Fazer o quê?	Qu'est-ce qu'on peut y faire...
Eu esperava mais de...	J'attendais plus de...

Gostar	Aimer
Você gosta?	Vous aimez?
Gosto muito.	J'aime beaucoup.
Adoro.	J'adore.
Acho ótimo.	Je trouve ça super./C'est super.

Não gostar	Ne pas aimer
Não acho grande coisa.	Ce n'est pas grand chose.
Não sou (muito) chegado(a) a...	Je ne suis pas très amateur de...
Não gosto muito.	Je n'aime pas beaucoup ça.
Não suporto (isso).	Je déteste ça.
Não faz falta nenhuma.	Je peux m'en passer.

Culpa	Culpabilité
Não se sinta mal.	Ne le prenez pas mal.
Sinto-me mal.	Je me sens très mal./J'ai mauvaise conscience.
Sinto-me péssimo.	Je me sens très mal dans ma peau./ J'ai le moral à zéro.
Sinto-me tão culpado.	Je me sens tellement fautif/fautive.
Não é culpa sua.	Ce n'est pas de votre faute.

Amor	Amour
Eu te amo tanto!	Je t'aime tellement.
Você é tudo para mim.	Tu es tout pour moi.
Você não sabe o que eu sinto por você.	Tu ne peux pas imaginer ce que je ressens pour toi.
Daria minha vida por ti.	Je donnerais ma vie pour toi.

Lealdade	Loyauté
Posso confiar em você?	Je peux vous faire confiance? Je peux compter sur vous?
Sua confiança significa muito para mim.	Votre confiance a beaucoup d'importance pour moi.
Pode contar comigo.	Vous pouvez compter sur moi.
Faria qualquer coisa para (você).	Je ferais n'importe quoi pour vous.
Nunca vou abandonar (você).	Je ne vous abandonnerai jamais.

Indiferença	Indifférence
Não estou nem aí.	Ce n'est pas mon problème.
Tanto faz.	Ça m'est égal.
Não faz a mínima diferença para mim.	Ça ne fait aucune différence pour moi.

Desespero	Désespoir
(A essa altura) eu faço qualquer negócio.	(Vu la situation) je ferais n'importe quoi.
Não tenho muita escolha.	Je n'ai pas le choix.
Por favor. O que você puder fazer.	S'il vous plaît, tout ce que vous pourrez faire sera bienvenu.

Pena	Pitié
Sinto pena dele/dela/deles.	Je le/la plains. Je les plains.
Eu entendo você.	Je vous comprends.
Coitado!	Le pauvre!
Queria poder ajudar você.	Je voudrais être en mesure de vous aider.

Autopiedade	Auto-commisération
Pare de sentir pena de si mesmo.	Arrêtez de t'appitoyer sur toi-même.
Por que comigo?	Pourquoi moi?
O que eu fiz para merecer isso?	Qu'est-ce que j'ai fait pour mériter cela?
Que foi que eu fiz de errado?	Qu'est-ce que j'ai fait de mal?

Otimismo	Optimisme
Não se preocupe. As coisas vão melhorar.	Ne vous inquiétez pas. Tout finira par s'arranger.
Tenho certeza de que vai dar tudo certo no final.	Je suis sûr(e) que tout va s'arranger à la fin.
Estou certo de que as coisas vão melhorar.	Je suis sûr(e) et certain(e) que tout va s'arranger.
Tem coisa pior.	Il y a pire.
Temos que ver o lado bom das coisas.	Il faut prendre les choses du bon côté.

Pessimismo	Pessimisme
(Na verdade) não está nada bem.	(En fait) ça ne va pas du tout.
Não teria muita esperança, não.	A ta place je ne me ferais pas beaucoup d'idées.
(Na verdade) não estou muito otimista sobre isso.	(En fait) je ne suis pas très optimiste pour la suite.

Raiva	Rage
Isso é um absurdo!	C'est absurde!
Não estou nada feliz com isso!	Je ne suis pas du tout content(e) de ça!
Estou com muita raiva agora!	Je suis très en colère en ce moment!
Isso me irrita.	Ça m'énerve.

Convicção	Conviction
Eu acredito firmemente...	Je crois vraiment que...
De uma coisa tenho certeza...	Je suis sûr(e) d'une chose...
Estou convencido de que...	Je suis convaincu(e) que...

Inveja	Jalousie
Você/Ele/Ela tem tanta sorte!	Il/elle a vraiment de la chance! Vous avez vraiment de la chance!
Odeio ele/ela/você.	Je le/la hais. Je vous haïs.
Por que ele/ela/você e eu não?	Pourquoi lui/elle/vous et pas moi?
Tem gente que tem sorte, né?	Il y a des gens qui ont de la chance!

Ambição	Ambition
Não exagere!	N'exagérez pas quand même!
Isso é só o começo.	Ce n'est que le début.
Estou só começando.	Je commence à peine.
Para que ficar só no...?	Pourquoi s'arrêter à...
Hoje é ____, amanhã o mundo!	Aujourd'hui c'est..., demain qu'est que ce sera?

Vergonha	Honte
Estou tão envergonhado!	J'ai tellement honte.
Eu fico sem jeito.	Je ne sais pas quoi faire.
Não acredito que fiz isso!	Je ne peux pas croire que j'ai pu faire ça.
Eu não faço essas coisas.	Je ne fais pas ce genre de choses normalement.
Onde eu enfio minha cara?	Je voudrais me cacher quelque part.

Modéstia	Modestie
Não é grande coisa.	Ce n'est pas grand chose.
Não sou ninguém.	Je ne suis personne./Je ne suis pas important(e)./Je ne suis qu'un grain de sable.
Sou uma pessoa como qualquer outra.	Je suis comme tout le monde.
Eu me acho uma pessoa normal.	Je me considère comme une personne normale.

Arrependimento	Remord
Eu (acho que) eu deveria ter...	Je (pense que) j'aurais dû...
Eu (acho que) eu não deveria ter...	Je (pense que) je n'aurais pas dû...
Não acredito que eu (fiz isso).	Je ne peux pas croire que (j'ai fait ça).
Já deveria saber.	J'aurais dû savoir.

Arrependimento (cont.)	Regret (suite)
Não costumo fazer isso.	Je n'ai pas l'habitude de faire ça.
Sinto-me muito mal (com...)	Ça me gêne de...
Nunca vou me perdoar (por...)	Je ne me pardonnerai pas pour...
Eu tinha que falar, né?	Forcément il fallait que je le dise!
O que é que deu em mim?	Qu'est-ce qui m'a pris?
É isso que dá...	Voilà le résultat de...
Se eu pudesse voltar atrás, eu...	Si je pouvais revenir en arrière, je...
Se eu tivesse outra chance, faria tudo diferente.	Si je pouvais recommencer je ferais autrement.
Queria poder voltar atrás e tentar tudo de novo.	Je voudrais pouvoir revenir en arrière et tout recommencer.
Agora eu sei.	Maintenant je le sais.
Se eu soubesse naquela época o que eu sei hoje...	Si j'avais su ce que je sais maintenant.
Que pena que eu...	Dommage que je...
É uma pena eu...	C'est dommage que je...
Olhando para trás...	Quand je regarde en arrière,...
Gostaria de ter (estado aí)...	J'aurais bien aimé avoir (été là)...
Se eu tivesse sabido...	Si j'avais su.

Empatia	Empathie
Eu odeio isso.	Je déteste ça.
Odeio quando isso acontece.	Je déteste quand ça arrive.
Eu sei o que você quer dizer.	Je sais ce que vous voulez dire.
Posso imaginar.	J'imagine.
Eu sei o que é isso.	Je sais ce que c'est.
Eu sei o que você está passando.	Je sais ce qui vous arrive.
Sei que não deve estar sendo fácil.	Je sais que ce n'est pas facile.
Não é horrível isso?	C'est pas horrible ça?
Deve ter sido (horrível).	Ça a dû être (terrible).
Eu sei, pode acreditar.	Je le sais, vous pouvez me croire.
Somos dois.	Alors ça fait deux.
Você não está sozinho(a).	Vous n'êtes pas seul(e) dans ce cas.
Não esquente a cabeça.	Ne vous en faites pas.

Desejos e sonhos	Souhaits et rêves
Bem que eu gostaria de (ir...)	J'aimerais bien (aller)...
Bem que eu gostaria de ter (visto...)	J'aimerais bien avoir (vu)...
Queria (ser...)	Je voudrais (être)...
Você não gostaria de poder...?	Vous n'aimeriez pas pouvoir...?
Seria ótimo se pudéssemos..., não é?	Ça serait super si on pouvait...., n'est-ce pas?
Quem me dera ao menos uma vez...	Ah! Si je pouvais au moins une fois...
Quem me dera!	Ah! Si je pouvais!
Só sonhando mesmo!	Ça n'arrine que dans les rêves!
Quem sabe um dia?	Un jour peut-être.
Se ao menos...	Si au moins...
O que eu gostaria mesmo de fazer é...	Ce que j'aimerais vraiment faire est...
Uma coisa que eu sempre quis fazer é...	Une chose que j'ai toujours voulu faire est..
Sempre sonhei (poder...)	J'ai toujours rêvé de (pouvoir...)
Um dia ainda (vou...)	Un jour je...
Vou torcer.	Je vais persévérer.
É só torcer.	Il suffit de persévérer.

Parabenizando	Féliciter quelqu'un
Parabéns!	Mes félicitations!
Parabéns por...	Mes félicitations pour...
Fiquei sabendo (da promoção...)	J'ai appris que (vous avez été promu).
Me disseram que você...	On m'a dit que vous...
Que ótimo!	C'est super!
Deve estar orgulhoso(a).	Vous devez en être fièr(e) de vous.
Você merece.	Vous le méritez.
Sabia que iria conseguir.	Je savais que vous réussiriez.
Fico muito contente por você.	Je suis très content(e) pour vous.
Bem, já estava na hora!	Il était temps!

Pedindo desculpas — S'excuser

Desculpas em geral	Excuses en général
Opa!	Hops! Aïe!
Desculpe-me.	Excusez-moi.
Foi sem querer.	Je n'ai pas fait exprès.
Perdoe-me.	Pardon./Pardonnez-moi.

Desculpas em geral (cont.)	Excuses en général (suite)
Peço desculpas (por...)	Excusez-moi de...
Por favor, aceite minhas desculpas (por...)	S'il vous plaît acceptez mes excuses pour...
Não tem perdão.	Il n'y a pas d'excuse.
Eu não sei o que deu em mim.	Je ne sais pas ce qui m'a pris.
Não sei o que dizer.	Je ne sais pas quoi dire.
Não costumo...	Je n'ai pas l'habitude de...
Vou te compensar (por isso).	Je vais vous dédommager (de ça).
Isso não vai se repetir.	Ça n'arrivera plus.
Sinto-me muito mal com isso.	Ça me gêne.

Perdoando	Pardonner
Esquece.	Oubliez ça.
Tudo bem.	Ça va.
Sem problemas.	Pas de problème.
Já até esqueci.	J'avais déjà oublié.
Acontece.	Ça arrive à tout le monde.
Isso não é nada.	Ce n'est rien.
Não foi nada.	Je vous en prie.

Incentivando	Stimuler quelqu'un
Vai fundo!	Allez-y!
Você não tem nada a perder.	Vous n'avez rien à perdre.
O que você tem a perder?	Qu'est-ce que vous avez à perdre?
Você vai conseguir.	Vous allez y arriver.
Vale a pena tentar.	Ça vaut la peine d'essayer.
O momento é agora.	C'est le bon moment.
É agora ou nunca.	C'est maintenant ou jamais.
É moleza.	C'est facile.
Faça o melhor possível. / Dê o melhor de si.	Faites au mieux./Donnez le meilleur de vous-même.
Se você não tentar, você nunca vai saber.	Si vous n'essayez pas vous ne saurez jamais.
Só existe uma maneira de saber.	Il n'y a qu'une façon de savoir.
Você tem a mesma chance que eles.	Vous avez les mêmes chances qu'eux.
Você tem meu apoio.	Vous avez mon soutien.
Eu lhe dou total apoio nisso.	Je vous soutiens entièrement.

Desencorajando / Décourager

Desencorajando	Décourager
Acho que não deve...	Je crois que vous ne devriez pas...
Não acho que seja uma boa ideia.	Je ne crois pas que ce soit une bonne idée.
Eu pensaria bem se fosse você.	A votre places j'y réfléchirais à deux fois.
Imploro para você repensar isso.	Je vous supplie de réfléchir à nouveau sur ça./ Je vous demande d'y penser encore un peu.
Não vai ser uma boa ideia.	Ça ne me paraît pas une bonne idée.
Isto não está me cheirando muito bem.	Ça ne me dit rien de bon.
Estou lhe dizendo isso como um amigo...	Je vous parle en tant qu'ami(e)...

Conselhos / Conseils

Dando um conselho / Donner un conseil

Dando um conselho	Donner un conseil
Por que você não...?	Pourquoi ne pas...?
Talvez você deva/possa...	Vous pourriez peut-être...
Você deveria...	Vous devriez...
É melhor (ir a...)	Ce serait mieux (d'aller à...)
Você poderia...	Vous pourriez...
Sabe o que você poderia fazer?	Vous savez ce que vous pourriez faire?
Talvez seja uma boa ideia (ir...)	Ça serait une bonne idée (d'aller...)
Se eu fosse você, eu...	A votre place je...
Eu acho que você deve...	A mon avis vous devriez...
Acho que seria interessante você (fazer...)	Je crois qu'il serait intéressant que vous (fassiez...)
Sabe o que eu acho...	Vous savez, je crois que...
Bom, o que eu faço é...	Bon, ce que je ferais c'est...
Bom, eu tenho um amigo que...	J'ai un ami qui...
Meu pai sempre fala/falava...	Mon père me disait/me dit toujours...
Você tem de fazer o que for melhor para você.	Il faut faire ce qui vous semble le mieux.
Só você pode decidir isso.	Il n'y a que vous qui puisse prendre cette décision.
Ninguém pode decidir por você.	Personne ne peut décider à votre place.

Recebendo um conselho	Recevoir un conseil
Talvez você tenha razão.	Vous avez peut-être raison.
Talvez seja interessante isso.	C'est peut-être intéressant.
Boa ideia.	Bonne idée.
Eu sei.	Je sais.
Não sei...	Je ne sais pas trop...
Vou pensar.	Je vais y réfléchir.
É, talvez.	Oui, peut-être.
Vamos ver.	On verra.
Eu vou dar um jeito.	Je vais me débrouiller.

Avisos	Avertissements
Você não deveria...	Vous ne devriez pas...
Se eu fosse você, não...	A votre place je ne....
Talvez não seja bom...	Il n'est peut-être pas souhaitable...
Talvez não deva...	Peut-être que vous ne devriez pas.../ Peut-être qu'il/serait plus sage de ne pas...
Confie em mim, não...	Faites-moi confiance, ne...
Um conselho:...	Un conseil:...

Conselhos tardios	Conseils tardifs
Que pena que não...	Dommage que vous n'ayez pas...
Você deveria ter...	Vous auriez dû...
Por que não (foi...)?	Pourquoi vous n'avez pas...?
Olhando para trás, você/eu lhe deveria ter (dito...)	Vous auriez dû (dire)...
Da próxima vez, você tem de...	La prochaine fois il faudrait que vous...
Por que não me disse? Eu teria (falado para você...)	Pourquoi vous ne m'avez rien dit? Je vous aurais (dit) ...
Eu avisei.	Je vous avais prévenu.

Convites	Invitations

Convidando	Inviter
Vou dar (uma festa)...	Je vais organiser (une fête)...
Vai ter (uma festa)...	Il y aura (une fête)...
Tem um...	Il y a un...
Vou...	Je vais...
Você gostaria de vir?	Vous aimeriez venir?
Adoraria que viesse.	J'aimerais beaucoup que vous veniez.
Por que não vem?	Pourquoi ne viendrez-vous pas pour...?
Por que não vem para ...?	Pourquoi vous ne viendriez...
Você pode trazer alguém, se quiser.	Vous pouvez amener quelqu'un si vous voulez.
Traga o (John).	Amenez (John).
... ou também nós poderíamos...	...où alors on pourrait peut-être...
Você que sabe.	C'est à vous de décider.

Aceitando um convite	Accepter une invitation
Parece legal.	Ça me paraît bien.
Não perderia isso por nada.	Je ne raterais ça pour rien au monde.
A que horas?	A quelle heure?
O que eu devo trazer?	Qu'est-ce que je dois apporter?
Que roupa devo usar?	On s'habille comment?
Posso trazer um amigo?	Je peux amener un(e) ami(e)?

Recusando um convite	Refuser une invitation
Me desculpe, mas não dá. Tenho que...	Désolé(e), mais ce n'est pas possible. Il faut que je...
Adoraria, mas (tenho que...)	J'aimerais bien mais (il faut que je...)
Bem que eu queria.	Dommage, j'aimerais bien.
Quem sabe na próxima?	Peut-être la prochaine fois.
Deixa para a próxima.	La prochaine fois alors.
Se tivesse me dito antes...	Si vous m'aviez prévenu avant...
Se fosse outra hora eu iria, mas...	Si c'était un autre horaire j'irais, mais...
Vamos deixar marcado para a próxima?	On se fixe rendez-vous pour la prochaine fois?

Horas e Datas	Heures et dates
Que horas são?	Quelle heure est-il?
Você tem horas?	Vous avez l'heure?
Desculpe-me, estou sem relógio.	Excusez-moi, je ne porte pas de montre.
Meu relógio está um pouco (atrasado/adiantado).	Ma montre est un peu (en retard/en avance).
De acordo com meu relógio, são...	D'après ma montre il est...
São (dez) horas.	Il est dix heures.
São (dez) e quinze.	Il est dix heures quinze (et quart).
São (dez) e meia.	Il est dix heures trente (et demi).
São (dez) horas em ponto.	Il est dix heures pile.
Mais ou menos (dez) horas.	Environ dix heures.
São quase (dez) horas.	Il est presque dix heures.
Passou um pouquinho das (dez) horas.	Un peu après dix heures.
Às (dez) horas.	A dix heures.
Às (dez) e pouco.	A dix heures et quelques.
Por volta das (dez).	Environ dix heures.
Daqui a (uma hora).	D'ici (une heure).
Das dez às onze.	De dix à onze heures.
Faz (uma hora)./(Uma hora) atrás.	Ça fait (une heure).
O dia todo./A noite toda.	Toute la journée./ Toute la soirée.
Bem cedo/tarde.	Très tôt/tard.
Logo cedinho.	De très bonne heure.
Logo de manhã.	Tôt le matin.
No meio da manhã.	Au milieu de la matinée.
De manhã.	Le matin.
No final da manhã.	En fin de matinée.
Ao meio-dia.	A midi.
No começo da tarde.	Au début de l'après-midi.
No meio da tarde.	Au milieu de l'après-midi.
No final da tarde.	À la fin de l'après-midi.
No comecinho da noite.	En début de soirée.
De/à noite.	Le soir.
Tarde da noite.	Tard le soir.
À meia-noite.	A minuit.
Quando o sol nascer.	Au lever du soleil.
Quando o sol se pôr.	Au coucher du soleil
Ao amanhecer.	A l'aube
Ao nascer do sol.	Au petit jour.
Ao crepúsculo.	Au crépuscule
Ao pôr do sol.	Au coucher du soleil

Horas e Datas (cont.)	Heures et dates (suite)
Em plena luz do dia.	En pleine lumière
De madrugada/No meio da noite.	Au petit matin./Au milieu de la nuit.
Que dia é hoje?	Quel jour c'est aujourd'hui?/Quel jour on est?
Hoje é dia (24).	Aujourd'hui c'est le (24).
Todo dia.	Tous les jours.
Dia sim, dia não.	Un jour sur l'autre.
De (doze) em (doze) horas.	Toutes les (12) heures.
Hoje de manhã.	Ce matin.
Hoje à tarde.	Cette après-midi.
Hoje à noite.	Ce soir.
Amanhã de manhã/à tarde/à noite.	Demain matin/après-midi/soir
Anteontem.	Avant hier.
Ontem de manhã.	Hier matin.
Ontem à tarde.	Hier après-midi.
Ontem à noite.	Hier soir.
Depois de amanhã.	Après demain.
Toda (quinta-feira).	Tous les (jeudis).
Às (quintas).	Les (jeudis).
De (segunda) a (sexta).	De (lundi) à (vendredi).
Na (sexta-feira).	Le (vendredi).
Nesta (sexta-feira).	Ce (vendredi).
Esta (sexta-feira) que vem.	(vendredi) prochain.
Não esta (sexta-feira), a outra.	Pas ce (vendredi), l'autre.
Nos dias de semana.	Les jours utiles/ouvrés.
No finais de semana.	Les week-ends. Les fins de semaine.
Este final de semana.	Ce week-end. Cette fin de semaine.
A semana que vem.	La semaine prochaine.
A semana passada.	La semaine passée.
O mês/ano/verão passado.	Le mois/été dernier. L'année dernière.
Faz uma semana.	Ça fait une semaine.
No fim do mês.	A la fin du mois.
Ao longo de/No decorrer de...	Pendant...
(3 dias) seguidos	(3 jours) d'affilée.
Às vezes sim, às vezes não.	Parfois oui, parfois non.
Agora mesmo.	Maintenant./En ce moment.
Imediatamente.	Immédiatement.
Assim que possível.	Dès que possible.
Até (as dez horas).	Jusqu'à (dix heures).
Não mais tarde do que...	Pas plus tard que...

Etapas	Etapes
Anterior a isso...	Avant ça...
Antes de começar...	Avant de commencer...
Primeiro...	D'abord...
No começo...	Au début...
No início...	Au commencent...
Demorou um pouco para começar, mas...	Ça a pris un peu de temps pour démarrer mais...
... assim que pegamos o ritmo...	... dès qu'on aura pris le rythme...
Começou...	Ça a commencé le/la...
Depois...	Après...
Com o passar do tempo...	Au fur et à mesure que le temps passe...
Mais tarde...	Plus tard...
Depois de um tempo...	Après un certain temps...
Um tempo mais tarde...	Un peu plus tard...
No final...	A la fin...
No meio...	Au milieu du...
Finalmente...	Enfin...
Depois deslanchou...	Après ça a démarré...
Lá pelo final...	Vers la fin...
Nas fases finais...	Pendants les étapes finales...
No final de tudo...	A la fin de tout...
Depois disso...	Après ça...
Já progredimos muito.	On a beaucoup progressé.
Está chegando lá.	On y arrive.
Falta muito ainda.	C'est loin d'être fini.

Tendências	Tendances

Tendências positivas	Tendances positives
Não poderia ser melhor.	Ça ne pourrait pas être mieux.
As coisas vão bem.	Tout marche bien.
Melhorou/Melhoramos bastante.	Ça va mieux./Ça va beaucoup mieux.
Fez/Fizemos grandes progressos.	On a beaucoup progressé.
Está/Estamos no caminho certo.	On est sur la bonne voie.
Está/Estamos chegando lá.	On y arrive.
Ainda não chegou/chegamos lá, mas...	On n'y est pas encore arrivé, mais...

Tendências positivas (cont.)	Tendances positives (suite)
Está a meio caminho andado.	C'est à mi-chemin.
Já dá para ver uma luz no final do túnel.	On voit le bout du tunnel.
Houve progresso (significativo) nos últimos (2 anos).	On a beaucoup progressé ces (2) dernières années.

Tendências negativas	Tendances négatives
Chegamos/Chegou no fim do poço.	On y est, on est arrivé au bout de nos peines.
As coisas não poderiam ser piores.	Les choses ne pourraient pas être pires.
As coisas não vão indo muito bem.	Les affaires ne marchent pas très bien.
Vejo uma leve queda (em...)	Je vois une légère baisse (dans)...
Ainda temos/tem muito o que fazer.	Il y a encore beaucoup à faire.
É uma coisa atrás de outra.	Une chose entraîne l'autre.
Chegamos/Cheguei/Chegou a um ponto que...	Nous sommes arrivés au point que.../ Je suis arrivé(e) à un...
Está chegando a um ponto que...	Ça arrive au point que...
Do jeito que as coisas vão...	Si ça continue comme ça...
Está tudo desmoronando.	Tout s'écroule./C'est la chute libre.

Supondo	Suppositions
Bom, não tenho certeza, mas...	Je ne suis pas sûr(e), mais...
O que poderia ser é...	Ça pourrait être...
Imagino que...	Je suppose que...
É só um chute/palpite/suposição.	Ce n'est qu'une supposition.
Por experiência...	D'après mon expérience...
É difícil dizer, mas...	C'est difficile à dire mais...
É só um palpite, mas...	Ce n'est qu'une supposition, mais...
Talvez...	Peut-être...
Eu acho que...	Je crois que... Je trouve que...
Eu diria...	Je dirais...
Mais ou menos...	Plus au moins...
Na faixa de...	Autour de...

Solicitações	Requêtes
Você poderia...?	Est-ce que vous pourriez...?
Você pode...?	Vous pouvez...?
Você me (traria...)?	Vous m'apporteriez...?
Deixe-me lhe perguntar uma coisa...	Laissez-moi vous poser une question...
Você poderia por acaso...?	Est-ce que vous pourriez par hasard...?
Sabe do que eu preciso...	Vous savez ce dont j'ai besoin...
Você se importaria se eu...?	Ça vous gênerait si je...?
Você se importa se eu...?	Ça vous gêne si je...?
Tudo bem se eu...?	Ça ne vous dérange pas si je...?
Eu gostaria...	J'aimerais...
Talvez se você pudesse...	Peut-être que si vous pouviez...
...agradeceria (muito).	... je vous en remercierais beaucoup/je ne vous remercierai jamais assez
Será que seria possível...?	Serait-il possible de...?

Pedindo um favor — Demander un service

Pedindo	Demander
Você poderia por acaso...?	Est-ce que vous pourriez...?
Preciso pedir-lhe um favorzinho/ um grande favor.	Je dois vous demander un petit service/ un grand service.
Seria demais pedir para você...?	Est-ce que ça serait trop vous demander de...?
Se não puder, tudo bem.	Si vous ne pouvez pas, c'est pas grave.
Não quero incomodar./Não quero atrapalhar.	Je ne veux pas vous déranger.
Você tem certeza de que não tem problema?	Vous êtes sûr(e) que ça ne pose pas de problème?
Se não for incômodo, você poderia...	Si ça ne vous dérange pas, vous pourriez...

Aceitando fazer um favor	Accepter de rendre un service
Ah, claro.	Ah, bien sûr.
Sem problemas.	Pas de problème.
É um prazer.	Avec plaisir.
Para que servem os amigos?	Les amis sont faits pour ça.
Que é isso? É o mínimo que eu posso fazer.	C'est la moindre des choses.
Não se preocupe com isso.	Ne vous inquiétez pas.
Não é incômodo algum.	Ça ne pose aucun problème.
Seria um prazer para mim.	Ça sera un plaisir pour moi.

Recusando fazer um favor	Refuser de rendre un service
Olha, sabe...	Vous savez...
É que...	C'est que...
Infelizmente...	Malheureusement...
Se fosse (outra hora), eu poderia (mas amanhã)	Si ça avait été (un autre jour) j'aurais pu mais (demain)
Me desculpe, mas eu não posso.	Désolé(e), mais je ne peux pas.
Eu tenho de...	Je dois...
Bem que gostaria de ajudar.	J'aimerais bien pouvoir vous aider./ J'aurais bien aimé vous aider, mais...
Desculpe-me mesmo.	Désolé(e).

Confissões	Aveux
Tem uma coisa que estou querendo lhe dizer...	Il y a une chose que je voudrais vous dire...
Estava esperando a hora certa de lhe dizer isto: ...	J'attendais le bon moment pour vous dire que...
Faz tempo que estou querendo lhe dizer isto.	Ça fait longtemps que je veux vous dire ça.
Acho que é a melhor hora para lhe dizer isso: ...	Je crois que c'est le bon moment de vous dire que...
Tem uma coisa que está me incomodando.	Il y a une chose qui me gêne.
Tenho uma coisa que preciso lhe dizer.	Je dois vous dire une chose/Il y a une chose que je voudrais vous dire.
Tenho de confessar uma coisa.	Il faut que je vous avoue une chose.
Tem uma coisa que preciso lhe dizer.	Il y a une chose qu'il faut que je vous dise.

Disfarçando ignorância	Eviter d'avouer son ignorance
Não estou familiarizado com (isso).	Je ne suis pas au courant de ça.
Não sei se estou familiarizado com (isso).	Je ne sais pas si je suis au courant de ça.
Não me lembro de ter (ouvido) disso/dele/dela.	Je ne me souviens pas d'avoir entendu parler de ça/de lui/d'elle.
Tenho uma vaga memória disso.	Je me souviens vaguement de ça.
Não estou muito por dentro de...	Je ne suis pas très au courant de...
Acho que já ouvi falar (nele/nela) em algum lugar.	Je crois avoir déjà entendu parler de lui/d'elle quelque part.

Analisando	Analyser
Por um lado.../Por outro...	D'une part...d'autre part...
A vantagem é.../A desvantagem é...	L'avantage c'est.../ Le désavantage c'est...
Se você analisar...	Si vous analysez...
Aparentemente parece...	A première vue il semble que...
Se você for fundo no negócio...	Si vous allez au fond de la question...
Se você considerar...	Si vous prenez en considération...
Levando em consideração...	
Do ponto de vista de...	Du point de vue de...
Estatisticamente falando...	Statistiquement parlant...
Do ponto de vista puramente (científico)...	D'un point de vue purement (scientifique)...
Acho que tem (2) lados: ...	Je crois qu'il y a deux aspects...

Questionando a análise de alguém	Remettre une analyse en question
Mas você já pensou em...?	Vous avez déjà songé à...?
Você já considerou...?	Vous avez déjà considéré...?
Você já levou em consideração...?	Vous avez déjà pris en considération...?
É, mas, por outro lado...	Oui, mais en revanche,...
Eu acho que você tem que também levar em consideração...	Je crois que vous devez aussi prendre en considération...

Decidindo	Prendre une décision
É difícil decidir.	C'est difficile de prendre une décision.
Não consigo me decidir.	Je n'arrive pas à me décider.
Já me decidi.	Je me suis déjà décidé(e).
Não me decidi (ainda).	Je ne me suis pas encore décidé(e).
Ainda estou decidindo.	Je suis en train de prendre.
Estou (caindo) mais para...	Je m'incline vers...
É uma decisão difícil.	C'est une décision difficile.
Tanto faz na verdade.	Ça n'a pas d'importance.
Estava querendo ficar com...	Mon coeur irait pour...
Qual você escolheria?	Lequel (laquelle) vous choisiriez?
Se fosse escolher um, ficaria com...	Si je devrais en choisir un(e), ce serait...
Para mim, tanto faz.	Pour moi, c'est égal.
Você é quem sabe.	C'est à vous de décider.
Por que você não decide?	Pourquoi vous ne choisissez pas?
Confio no seu bom senso.	J'ai confiance en votre bon sens.
Escolha à vontade.	Soyez à l'aise pour choisir.
Escolha o que quiser.	Choisissez en toute liberté.
Pode escolher qualquer um destes (três).	Vous pouvez choisir n'importe lequel (laquelle) parmi ces (3).
O que você quiser.	Ce que vous voulez.
Você decide.	C'est vous qui décidez.
Posso fazer uma sugestão?	Je peux vous suggérer quelque chose?

Comparando	Comparer
São (exatamente) iguais.	Ils/elles sont (exactement) identiques.
São muito parecidos.	Ils/elles se ressemblent beaucoup.
São mais ou menos iguais.	Ils/elles sont à peu près pareils.
A diferença é muito pequena.	Ce n'est qu'une légère différence.
Quase não tem diferença (entre os dois).	Il n'y a presque aucune différence (entre les deux).
Só mesmo um "expert" saberia distingui-los.	Seul un spécialiste pourrait les distinguer.
Eu não vejo diferença.	Je ne vois aucune différence.
Eu não sei distingui-los.	Je ne pourrais pas les distinguer.
São um pouco diferentes.	Ils/elles sont un peu différents/différentes.
São bastante diferentes.	Ils/elles sont très différents/différentes.
São totalmente diferentes.	Ils/elles sont complètement différents/différentes.

Comparando (cont.)	Comparer (suite)
Uma coisa não tem nada a ver com a outra.	Ça n'a rien à voir l'un avec l'autre.
Eu os separo em duas categorias bem diferentes.	Je les classe en deux catégories bien différentes.
Um é (barato) e o outro é (mais útil).	L'un est (bon marché), l'autre est (plus utile).
(X) é maior que (Y).	(x) est plus grand que (y).
(X) é mais (caro) do que (Y).	(x) est plus (cher) que (y).
(X) é bem (mais barato) do que (Y).	(x) est bien meilleur marché que (y).
(X) tem mais (espaço).	(x) offre plus (d'espace).
(X) tem uma (infraestrutura) melhor.	(x) possède une (infrastructure) meilleure.
(X) não é tão (interessante) quanto (Y).	(x) n'est pas si (intéressant) que (y).
(X) é (bonito), mas (Y) é (mais bonito) ainda.	(x) est (beau) mais (y) est encore plus (beau).
(X) é o (mais bonito).	(x) est le plus (beau).
(X) é o mais (comum).	(x) est le plus (commun).
(X) é o menos (caro).	(x) est le moins (cher).
(X) é de longe o (mais interessante).	(x) est de loin le plus (intéressant).
...e (Y) é (melhor) ainda.	... (y) est encore meilleur.
Não tem comparação: (X) é o (melhor).	Il n'y a pas de comparaison: (x) est le meilleur.

Querendo saber mais em uma entrevista	Vouloir en savoir plus lors d'une interview
Poderia me dizer mais sobre...?	Est-ce que vous pourriez m'en dire plus au sujet de...?
Gostaria de saber mais sobre...	Je voudrais en savoir plus sur...
Será que você poderia discorrer mais sobre...?	Vous pourriez en parler davantage?
Você poderia discorrer um pouco mais sobre (isso)?	Est-ce que vous pourriez en parler davantage?
O que você quer dizer exatamente com ("privilegiado")?	Qu'est-ce que vous voulez dire exactement par ("privilégié")?
Qual é sua opinião sobre...?	Quelle est votre opinion sur...?
Você mencionou... O que você quis dizer exatamente com isso?	Vous avez mentionné... Qu'est-ce que vous avez voulu dire par ça exactement?
Será que você poderia dizer mais sobre...	Pourriez-vous nous en dire plus sur...
Ainda não ficou bem claro...	Ce n'est pas encore très clair...
Você poderia me esclarecer sobre...	Pourriez-vous m'éclairer sur...
Você poderia falar um pouco sobre...?	Pourriez-vous parler un peu de...?

Tendo cuidado com o que diz	Faire attention à ce qu'on dit
Se não estiver errado...	Si je ne me trompe pas...
Eu posso estar errado.	Il se peut que j'aie tort.
Não tenho certeza, mas...	Je ne suis pas sûr(e), mais...
Não sou muito entendido.	Je ne m'y connais pas beaucoup.
Até onde eu sei...	D'après ce que je sais...
Pelo que eu me lembro...	D'après mes souvenirs...
Pelo que eu sei...	Selon ce que j'ai appris...
Tudo o que eu sei é...	Tout ce que je sais c'est que...
É o que as pessoas dizem.	On dit ça.
Aparentemente.../Pelo jeito...	Apparemment...
Olha, eu não falei nada...	Je n'ai rien dit.
Não sei com certeza...	Je ne suis pas certain que...
Não dá para dizer com certeza...	On ne peut rien affirmer avec certitude...

Provérbios e citações / Proverbes e citations

Usando provérbios e citações	Utiliser des proverbes et des citations
Como diz o ditado...	Comme dit le proverbe...
É como as pessoas dizem: ...	Comme on dit toujours: ...
Você sabe o que dizem: ...	Vous savez ce que les gens disent: ...
Eu sempre digo: ...	Je dis toujours:...
Isso mostra que...	Ça montre que...
Tem um velho ditado:...	Il y a un vieux dicton qui dit: "..."
Tem um ditado em português: ...	Il y a un dicton en portugais:...
Meu (pai) sempre dizia: ...	Mon (père) disait toujours:...
Acho que foi (Sócrates) quem disse que...	Je crois que c'est (Socrates) qui a dit que....
Tem uma frase famosa: ...	Il y a une phrase célèbre qui dit que:...
Alguém disse uma vez que...	Quelqu'un a dit une fois que...
Não me lembro quem foi que disse: ...	Je ne me souviens pas exactement qui a dit que...

Alguns ditados que existem tanto em francês como em português	Quelques dictons qui existent autant en français comme en portugais
As aparências enganam.	L'habit ne fait pas le moine. ...
Quem ri por último ri melhor.	Rira bien qui rira le dernier.
Antes tarde do que nunca.	Mieux vaut tard que jamais.
Dos males, o menor.	De deux maux il faut choisir le moindre.
Um por todos e todos por um.	Chacun pour soi et Dieu pour tous.
Há males que vêm para o bem.	A quelque chose malheur est bon.
Não faça com os outros o que não quer que façam a você.	Ne fais pas à autrui ce qui tu ne voudrais pas qu'on te fasse.
Duas cabeças pensam melhor do que uma.	Deux avis valent mieux qu'un.
É melhor prevenir do que remediar.	Mieux vaut prévenir que guérir.
Quem espera sempre alcança.	Tout vient à point à qui sait attendre.
Quando o gato sai, o rato faz a festa.	Le chat parti, les souris dansent.
Não ponha o carro na frente dos bois.	Ne mettez pas la charrue devant(avant) les boeufs.
Não ponha todos os seus ovos num único cesto.	Ne mettez pas tous vos oeufs dans le même panier.
Longe dos olhos, perto do coração.	Loin des yeux, loin du coeur.
Quem vai ao ar perde o lugar.	Qui va à la chasse perd sa place.
Sorte no jogo, azar no amor.	Heureux au jeu malheureux en amour.
Tempo é dinheiro.	Le temps c'est de l'argent.
Quem semeia vento colhe tempestade.	Qui sème le vent récolte la tempête.
O fim justifica os meios.	La fin justifie les moyens.
A união faz a força.	L'union fait la force.
Quem rouba um tostão rouba um milhão.	Qui vole un oeuf vole un boeuf.
Faz a fama e se deita na cama.	Comme on fait son lit on se couche.
Onde há fumaça há fogo.	Il n`y a pas de fumée sans feu.
Não se faz omelete sem quebrar os ovos.	On ne fait pas d'omelette sans casser des oeufs.
Santo de casa não faz milagre.	Nul n'est prophète en son pays.

3

Francês Comercial e Profissional
Français Commercial et Professionnel

Seu currículo	Votre curriculum
Eu estudei na...	J'ai fait mes études à...
Me formei em (economia) pela (USP).	Je suis diplômé(e) en (économie) à (USP).
Me especializei em...	Je me suis spécialisé(e) en...
Eu me formei em...	Je suis diplômé(e) en...
Também fiz cursos em/de...	J'ai aussi suivi des cours à/de...
Acabei fazendo vários cursos em/de...	J'ai fait plusieurs cours à/de...
Enquanto estava na (USP), tive a oportunidade de trabalhar para/com...	Pendant mes études à (USP), j'ai eu l'occasion de travailler avec...
Eu fiz um estágio na (Compaq) como (assistente de marketing).	J'ai fait un stage à (Compaq) comme (assistant de marketing).
Também fiz trabalho voluntário como...	J'ai aussi fait du bénévolat a comme...
Eu fiz meu mestrado em... na (Universidade de California).	J'ai fait mon D.E.A. en... à (Université de Californie).

Seu currículo (cont.)	Votre curriculum (suite)
Quase todo o meu estudo de pós-graduação consistia em...	Presque tout mon travail du troisième cycle était sur...
Defendi tese em...	J'ai soutenu une thèse sur...
Minha tese consistia em...	Ma thèse portait sur...
Já publiquei trabalhos em...	J'ai déjà publié des travaux sur...
Meu trabalho já foi publicado em...	Mon travail a déjà été publié dans...
Já morei fora por (dois anos).	J'ai déjà habité à l'étranger pendant (deux ans).
Eu morei em...	J'ai habité à...
Eu trabalhei/estudei em (Boston).	J'ai travaillé/habité à (Boston).
Em (1997) comecei a trabalhar para...	En (1997) j'ai commencé à travailler pour...
Fui contratado para...	J'ai été engagé pour...
Fui contratado como...	J'ai été engagé comme...
Era o (diretor comercial).	J'étais le (directeur commercial).
Na descrição do meu trabalho incluía...	Les responsabilités inhérentes à mon travail étaient...
Era encarregado(a) de...	J'étais chargé(e) de...
Era responsável pelo desenvolvimento de...	J'étais chargé(e) du développement de...
... que envolvia...	... qui consistait à...
Colaborei com a implementação de um novo...	J'ai aidé à mettre en place un nouveau...
Tinha que trabalhar com...	Je devais travailler avec...
Adquiri muita experiência com...	J'ai acquis beaucoup d'expérience avec...
Fiquei muito bom em (comunicação em inglês).	Je maîtrise (l'anglais).
Quase diariamente tinha que...	Presque tous les jours je devais...
Fui logo/afinal promovido a...	J'ai été tout de suite/enfin promu à...
Eu saí da... porque...	J'ai quitté... parce que...
Não fosse pela (mudança), eu teria ficado na...	Si ce n'était en raison des changements, je serais resté(e) à...
Senti que tinha chegado a um ponto que...	J'avais atteint un seuil où...
Tinha chegado a hora de crescer.	C'était le moment d'avancer.
Aí, então fui trabalhar para...	Alors, je suis allé(e) travailler pour...
Minha experiência mais recente tem sido...	Ma dernière expérience professionnelle c'est...
Tenho larga experiência em quase todas as áreas de...	J'ai une grande expérience dans presque tous les domaines de...

A entrevista de trabalho	L'entretien d'embauche
Perguntas e comentários do entrevistador	**Questions et commentaires du responsable de l'entretien**
Obrigado(a) por ter vindo.	Merci d'être venu(e).
Deixe-me falar um pouco sobre nós.	Je vais vous parler un peu de nous.
Deixe-me dizer um pouco sobre o que fazemos aqui.	Je vais vous raconter un peu ce que nous faisons ici.
Queremos alguém que...	Nous voulons quelqu'un qui...
De preferência alguém com experiência em (administração)...	De préférence quelqu'un avec de l'expérience en (gestion)...
Oferecemos...	Nous offrons...
O cargo requer...	Le poste requiert...
Estamos dispostos a...	Nous sommes disposés à...
Por que não me fala um pouco sobre sua formação?	Parlez-moi un peu de votre formation.
Me fale sobre sua experiência na/em...	Parlez-moi de votre expérience à/en...
Por que você saiu da...?	Pourquoi vous avez quitté...?
O que foi que o/a atraiu a este cargo?	Qu'est qui vous a attiré dans ce poste?
Fez algum curso de... na faculdade?	Avez-vous suivi une formation en... à la fac?
Você precisava (trabalhar com estrangeiros) na...?	Avez-vous (eu l'occasion de travailler avec des étrangers) à...?
Você conhece (HTML)?	Avez-vous des connaissances en (HTML)?
Você tem conhecimentos de...?	Vous connaissez...?
Você tem experiência em...?	Avez-vous de l'expérience en...?
Como você se sente em relação a (trabalhar em equipe)?	Etes-vous à l'aise avec (le travail en équipe)?
Estaria disposto a...?	Seriez-vous disposé(e) à...?
Qual era sua faixa salarial na...?	Quel était votre salaire à...?
Que faixa salarial você tem em mente?	Quelles sont vos prétentions salariales?
Isso está dentro...	C'est acceptable.
Acho que é mais do que podemos oferecer no momento.	Je crois que c'est au-dessus de ce que nous pouvons vous offrir en ce moment.
Bom, tivemos uma boa impressão sua e de sua experiência.	Nous avons eu une bonne impression de vous et de votre expérience.
Você aceita trabalhar conosco?	Accepteriez-vous de travailler avec nous?
Gostaríamos de oferecer um cargo aqui.	Nous aimerions vous offrir un poste ici.
Quando pode começar?	Quand est-ce que vous pouvez commencer?

Perguntas e comentários do entrevistador (cont.)	Questions et commentaires de l'interviewer (suite)
Bem, obrigado por nos incluir.	Merci de nous avoir pris en considération.
Agradecemos seu interesse. Entramos em contato.	Nous vous remercions de votre intérêt. Nous vous appellerons.
Não estamos precisando de ninguém em... no momento.	Nous n'avons besoin de personne dans... en ce moment.
Vamos manter seu currículo em nossos arquivos caso apareça algo.	Nous garderons votre CV dans nos fichiers au cas où il y aurait quelque chose pour vous.
Infelizmente a vaga para... já foi preenchida.	Malheureusement la place pour .... est déjà pourvue.

Perguntas e comentários do entrevistado	Questions et commentaires du candidat
Senti-me atraído por esta companhia porque acho...	Je suis interessé(e) par cette entreprise parce que je crois que...
Estou no momento procurando um cargo em...	En ce moment je cherche un poste dans...
De preferência, gostaria de um cargo que envolvesse...	De préférence, j'aimerais un travail qui soit en relation avec...
Acredito que me enquadro bem nesse cargo porque...	Je crois être un bon candidat pour ce poste parce que...
Sou (dedicado(a))...	Je suis (dédié(e)).
Acho que meus pontos fortes são...	Je crois que mes points forts sont...
Você pode ver no meu currículo que eu...	Vous pouvez constater par mon CV que je...
Tenho larga experiência em...	J'ai une grande expérience dans...
Tenho alguma experiência em...	J'ai quelque expérience dans...
Acho que me saio bem em situações que envolvem...	Je crois que je me débrouille bien dans des situations qui demandent...
Você verá que eu...	Vous verrez que je....
Anexei algumas referências de empregadores anteriores em meu currículo.	J'ai attaché/je joins à mon CV quelques références d'employeurs précédents.
Aprendi muito com minha experiência na... porque...	J'ai beaucoup appris avec mon expérience à... parce que...
Já trabalhei com...	J'ai déjà travaillé avec...

Perguntas e comentários do entrevistado (cont.)	Questions et commentaires de l'interviewé (suite)
No meu cargo anterior estava recebendo... mas...	Dans mon emploi précédent je recevais ... mais...
É uma proposta interessante.	C'est une proposition intéressante.
É na verdade menos do que estava esperando.	En fait, c'est moins que ce à quoi je m'attendais.
Posso dar uma resposta (no começo da semana)?	Je pourrais vous répondre au (début de la semaine)?
Posso começar (já).	Je peux commencer (tout de suite).

Falando do seu francês e de outros idiomas	Parler de son français et d'autres langues
Eu falo... fluentemente.	Je parle... couramment.
Peço desculpas pelo meu francês.	Excusez mon français.
Meu francês está um pouco enferrujado.	Mon français est un peu rouillé.
Eu sou bilíngue em... e...	Je suis bilingue en... et en...
Tenho alguns conhecimentos de...	Je possède des connaissances en...
Eu falo um pouco de...	Je parle un peu de...
Eu me viro em...	Je me débrouille en...
Francês eu praticamente só falo.	Je ne domine que le français parlé.
Eu sei... em francês.	Je sais... en français.
Eu sei usar francês na maioria das situações (comerciais).	Je sais employer le français dans la plupart des situations (commerciales).
Falo bem francês.	Je parle bien français.
Já me falaram que tenho um sotaque bom.	On m'a déjà dit que j'avais un bon accent.
Eu entendo mais do que falo.	Je comprends plus que je ne parle.
Não sou exatamente fluente, mas sei...	Je ne parle pas couramment mais je suis capable de...
Sei que tenho sotaque.	Je sais que j'ai un accent.

Networking	Relations publiques
Então, soube que você mexe com (computadores).	Alors, j'ai appris que vous travaillez dans (l'informatique).
Então, você mexe com (computadores).	Alors, vous travaillez dans...
Então, como está o mercado de...?	Comment va le marché de...?
E então, está gostando de trabalhar para...?	Alors, vous êtes content de travailler pour...?

Networking (cont.)	Relations publiques (suite)
E que tal?	Et alors?
Você está gostando?	Vous aimez ça?
Você conhece o (John Hoffsis)?	Vous connaissez (John Hoffsis)?
Deixe-me dar meu cartão...	Je vous donne ma carte.
Eu trabalho com...	Je travaille avec...
Quem sabe eu/você não queira...	Ça pourrait vous intéresser, le...
Você tem um cartão?	Vous avez une carte?
Vamos (tomar um café) uma hora dessas...	Allons prendre un café un de ces jours.
Se for ao Brasil, dê um alô.	Si vous venez au Brésil, appelez-moi.

Falando do seu trabalho	Parler de son travail
Eu sou... na...	Je suis... à ...
Você conhece?	Vous connaissez?
Eu trabalho na...	Je travaille à...
Você já ouviu falar?	Vous en avez déjà entendu parler?
É uma pequena/grande companhia de...	C'est une petite/grande entreprise de...
Minha companhia está sediada em....	Le siège de mon entreprise se trouve à...
Temos filiais em/por todo....	Nous avons des filiales à/partout au...
Eu trabalho de ...	Je travaille comme...
Sou uma espécie de...	Je suis une sorte de...
Acho que você pode dizer que sou uma espécie de...	On pourrait dire que je suis une sorte de...
Basicamente, eu...	En somme, je...
Eu trabalho em...	Je travaille dans...
Eu trabalho com...	Je travaille avec...
No geral, o que eu faço é...	En général, ce que je fais est...
Meu trabalho consiste basicamente em...	Mon travail se résume à...
Eu gosto muito.	J'aime beaucoup.
É bem (interessante).	C'est (très) intéressant.
É um pouco estressante às vezes.	C'est parfois un peu stressant.
Nunca é chato.	Ce n'est jamais ennuyant.
Comecei a trabalhar lá em (1998).	J'ai commencé à y travailler en (1998).
Eu tenho (9) anos lá.	J'ai (9) ans d'entreprise.
Comecei a trabalhar lá por...	J'ai commencé à y travailler en...
Gosto das pessoas com que trabalho.	J'aime les gens avec qui je travaille.
As pessoas com quem trabalho são bem...	Les gens avec qui je travaille sont bien...

Fazendo perguntas sobre o trabalho de alguém	Poser des questions sur le travail de quelqu'un
O que você faz?	Qu'est-ce que vous faites?
O que você faz exatamente?	Qu'est-ce que vous faites exactement?
Você está em que área de trabalho?	Vous travaillez dans quoi?
Onde você trabalha?	Où travaillez-vous?
Onde (isso) fica?	C'est où?
É uma companhia grande/pequena?	C'est une PME ou PMI?
Como você começou a trabalhar lá?	Comment avez-vous commencé à y travailler?
Você está gostando?	Vous aimez votre travail?
Trabalha muito?	Vous travaillez beaucoup?
Está ganhando bem?	Vous touchez un bon salaire?
Quanto tempo você tem lá?	Vous y êtes depuis combien de temps?
Faz quanto tempo que você está fazendo isto?	Ça fait combien de temps que vous faites ça?
Sempre foi...?	Ça a toujours été...?
É bastante (competitivo)?	C'est très (compétitif)?
Precisa (viajar muito)?	Il vous faut (voyager beaucoup)?

Descrevendo o estado da sua empresa	Parler de la situation de votre entreprise
Bom	**Bonne**
As coisas vão muito bem.	Les affaires marchent bien.
A companhia está deslanchando.	L'entreprise va le vent en poupe.
Tivemos um ano muito bom (no ano passado).	On a eu une très bonne année (l'année dernière).
Este ano tem sido muito bom.	Cette année est très bonne.
As vendas estão se aquecendo.	Les ventes sont en hausse.
Percebemos um crescimento constante.	Nous remarquons une croissance constante.
Estamos melhores do que esperávamos.	Nous allons mieux que prévu.
Estamos muito satisfeitos.	Nous sommes très satisfaits.

Ruim	Mauvaise
As coisas não vão muito bem.	Les affaires ne marchent pas très bien.
Não tão bem como esperávamos.	Pas aussi bien qu'on espérait.
As coisas estão um pouco devagar agora.	Les affaires stagnent en ce moment.
Os negócios estão um pouco devagar.	Les affaires stagnent.
As vendas estão abaixo do esperado.	Les ventes sont au-dessous des prévisions.
Tem sido um ano bem difícil.	C'est une année très difficile.
Na verdade, um pouco decepcionante.	En fait, nous sommes un peu déçus.
Bem, as coisas devem melhorar.	Les choses doivent s'améliorer.

Destacando pontos positivos de sua empresa/companhia	Souligner les points positifs de votre entreprise
Lideramos o mercado de...	Nous sommes leaders dans...
No ano passado fomos votados...	L'année passée nous avons été choisis...
Somos (a provedora de internet) número um no Brasil.	Nous sommes (le serveur internet) numéro 1 au Brésil.
Somos o número um em (satisfação do cliente).	Nous sommes numéro 1 en (satisfaction du client).
Temos o melhor... em termos de...	Nous avons le meilleur.... en termes de...
Fomos o primeiro no Brasil em...	Nous avons été les pionniers au Brésil en...
Desde 1997,...	Depuis (1997)...
Ninguém mais no Brasil tem...	Personne au Brésil n'a...
Somos os... exclusivos de... no Brasil.	Nous sommes les seuls de... au Brésil.
Somos o maior...	Nous sommes le plus grand...
Temos a maior rede de...	Nous avons la plus grande chaîne de...
O nome... é conhecido e respeitado em todo o Brasil como o... em...	Le nom... est connu et respecté dans tout le Brésil comme le... en...

Como dizer um endereço de e-mail em francês	Comment donner une adresse électronique en français
É *ricardo*	C'est *ricardo*. ...
...uma palavra só	un seul mot.
...tudo minúscula	...tout en lettres minuscules.
...tudo maiúscula	...tout en lettres majuscules.
arroba...	Arobas
...*commerce* ponto/com	...*commerce* point/*com*

Como dizer um endereço de e-mail em francês (cont.)	Comment dire une adresse électronique en français (suite)
...*commerce* barra *department* ponto/com	*commerce* barre *département* point/com
...*commerce* underscore *department* ponto/com	*commerce* underligne *département* point/com
...*commerce* traço *department* ponto/com	*commerce* trait d'union *département* point/com
...ponto br	... point br

Primeiro contato	Premier contact
Oi, eu sou...	Bonjour, je suis...
Trabalho na... do Brasil.	Je travaille à ... du Brésil.
Peguei seu nome de...	J'ai eu votre nom par...
Você me foi indicado(a) pelo(a)...	Vous m'aviez été indiqué par...
Estou entrando em contato porque...	Je m'adresse à vous parce que...
Estou lhe escrevendo porque...	Je vous écris parce que...
Eu trabalho na...	Je travaille à...

Procurando um contato	Chercher un contact
Oi, aqui é... da...	Bonjour, ici c'est .... de ...
Talvez você não se lembre de mim...	Peut-être ne vous souvenez-vous pas de moi...
A gente chegou a se conhecer...	Nous avons fait connaissance...
A gente se conheceu em/na...	Nous nous sommes rencontrés à/au...
Sou eu que...	C'est moi qui...
Você me foi recomendado pelo (Sérgio).	Vous m'avez été recommandé(e) par (Sérgio).
O (Sérgio) me recomendou a você.	(Sérgio) vous a recommandé(e) auprès de moi./(Sérgio) m'a recommandé de vous parler.

Agendando um horário	Fixer un rendez-vous

Propondo um horário ou lugar	Proposer un horaire ou un lieu
Que dia é bom para você?	Quel jour vous va le mieux?
Posso marcar para (sexta-feira)?	Je peux fixer ça pour (vendredi)?

Propondo um horário ou lugar (cont.)	Proposer un horaire ou lieu (suite)
Que tal (a sexta-feira)?	C'est possible (vendredi)?
E (a segunda-feira)?	Et (lundi)?
Que tal um almoço?	Qu'est-ce que vous pensez d'un déjeuner?
Por que não nos encontramos (no hall)?	On se retrouve (dans le hall)?
Umas (8:00)?	Environ (8:00)?
Se por algum motivo não der é só me ligar (no celular).	Si vous avez un empêchement, n'hésitez pas à m'appeler (sur mon portable).

Dizendo que não pode	Dire que vous n'êtes pas libre
Acho que está um pouco apertado. Que tal...?	Je crois que c'est un peu juste. Et si on faisait...?
Não posso./Não dá.	Je ne peux pas. Ce n'est pas possible.
Eu tenho que...	Je dois...
Eu tenho... na (sexta-feira).	Il faut que je ... (vendredi).
Eu estou lotado(a) (esta semana).	Je suis complètement pris(e) (cette semaine).
Tenho mil coisas para fazer.	J'ai un tas de choses à faire.
Tenho que checar minha agenda.	Je dois vérifier mon agenda.
Posso ligar para você?	Je peux vous rappeler?

Aceitando	Accepter
Está ótimo.	D'accord.
Ótimo./Perfeito, até lá então.	D'accord, au revoir.
Sem problema.	Pas de problème.

Cancelando	Décommander
Escuta, eu vou precisar cancelar nosso encontro na (sexta-feira).	Il faut que je décommande notre rendez-vous (vendredi).
Surgiu um imprevisto.	Il y a eu un empêchement.
Desculpe-me.	Excusez-moi.
Não tive como escapar.	Je n'ai pas pu me désister.
Espero que você entenda.	J'espère que vous comprendrez.
Vamos marcar para (semana que vem)?	On se fixe rendez-vous pour (la semaine prochaine)?

Marcando um horário	Fixer un horaire
A telefonista/recepcionista	**La standardiste/réceptionniste**
O senhor gostaria de marcar um horário?	Vous souhaiteriez prendre rendez-vous?
(Esta semana) está muito corrida.	(cette semaine) est très chargée.
Sinto muito mas (a quarta-feira) já está cheia.	Désolée, mais (le mercredi) tout est déjà pris.
Pode ser na (quinta-feira)?	C'est possible (jeudi)?
Que tal (na sexta-feira)?	Et (vendredi)?
(Sexta-feira) fica melhor para você?	(vendredi) ça vous va?
Se houver algum cancelamento, eu entro em contato.	S'il y a une annulation je vous préviens.
Posso fazer um encaixe para (hoje à tarde).	Je peux vous intercaler (cet après-midi).
Qual horário seria melhor para o senhor: a parte da manhã ou a parte da tarde?	Quel horaire vous conviendrait le mieux, le matin ou l'après-midi?
Tudo bem às (10:00)?	C'est bon à (10:00)?
Então posso marcar para as (10:00)?	Je peux marquer (10:00)?
Então fica para (sexta-feira) às (10:00).	Donc, (vendredi) à (10:00).
Mais alguma coisa?	Autre chose?
Então até (sexta-feira).	A (vendredi).

Quem marca um horário	Celui ou celle qui marque un horaire
Oi, gostaria de marcar um horário (com...).	Bonjour, je voudrais prendre un rendez-vous avec ...
Você tem algum horário na (sexta-feira) às (10:00)?	Vous auriez disponibilité (vendredi) à (10:00)?/Ça serait possible (vendredi) à (10:00)?
(Quinta) é um dia ruim.	(jeudi) c'est un mauvais jour pour moi.
Será que teria um encaixe para hoje?	Est-ce que vous pourriez me trouver un petit moment aujourd'hui?

O telefone	Le téléphone
Atendendo	**Répondre**
Pois não?	Allo?
Quem está falando? / Quem desejaria?	Qui est à l'appareil?/ C'est de la part de qui?
Sobre o que seria? / A respeito do que seria?	C'est à propos de quoi?

Atendendo (cont.)	Répondre (suite)
É ele/ela.	C'est moi.
O senhor pode aguardar?	Ne quittez pas.
Por favor, aguarde só um minuto.	Attendez un moment, s'il vous plaît.
Estou transferindo.	Je vous le/la passe.

Problemas e explicações	Problèmes et explications
O senhor Oliveira não se encontra. Ele...	M. Oliveira n'est pas là. Il...
Posso ajudá-lo em alguma coisa?	Est-ce que je pourrais vous être utile?/Que puis-je pour vous?
Gostaria de deixar um recado?	Vous voulez laisser un message?
A pessoa com quem você deve falar não se encontra.	La personne indiquée n'est pas là.
A pessoa com quem você precisa falar só volta (amanhã).	La personne indiquée ne revient que (demain).
Infelizmente não posso lhe informar.	Malheureusement je ne peux pas vous le dire.
Vou transferi-lo para alguém que possa ajudá-lo.	Je vais vous passer quelqu'un qui pourra vous aider.
Não estou conseguindo achar o seu (formulário/pedido) neste momento. Me deixe seu telefone que eu ligo para o senhor assim que puder.	Je n'arrive pas à trouver votre (formulaire/demande) en ce moment. Laissez votre numéro de téléphone et je vous rappellerai dès que possible.
Vou transferi-lo para (atendimento ao cliente). Só um instante, por favor.	Je vous passe le (service client). Un instant, s'il vous plaît.
Vou tentar localizar a pessoa que poderia ajudar o senhor nesse assunto. O senhor aguarda?	Je vais essayer de trouver la personne qui pourrait vous aider à ce sujet. Vous patientez?
Desculpe-me. O sistema caiu. / Estou sem sistema.	Désolé(e). J'ai une panne de réseau.
Se você me deixar seu telefone eu retorno assim que o sistema voltar/estiver no ar.	Si vous me laissez votre numéro de téléphone je vous rappellerai dès que le réseau sera rétabli.
Deixe-me seu telefone que eu encaminho (alguém do Marketing) para entrar em contato assim que possível.	Laissez-moi votre numéro pour que quelqu'un du (marketing) vous rappelle dès que possible.

A fala da pessoa que está ligando	Ce que la personne qui appelle dit
Por gentileza, o(a) senhor(a) Oliveira.	S'il vous plaît, je voudrais parler à M. Oliveira.
Recebi um recado para ligar para...	J'ai reçu un message me demandant de rappeler...
Aqui é... da (Comunicações TGV) do Brasil.	Ici c'est... de (Communications TGV) du Brésil.
Ele está aguardando minha ligação.	Il attend mon appel.
Ramal (226), por gentileza.	Poste (226), s'il vous plaît.
Por favor, (Contabilidade).	S'il vous plaît, (le service comptable).
Estou ligando a respeito de (seu novo programa de contabilidade).	J'appelle à propos de (votre nouveau programme de comptabilité).
Com quem eu falo, mesmo?	A qui ai-je l'honneur?
Com quem eu falei?	A qui ai-je l'honneur?
Você tem alguns minutos?	Vous avez quelques minutes à m'accorder?
Você está podendo falar?	Vous pouvez parler?

Terminando	Terminer une conversation
Obrigado.	Merci, au revoir.
Um bom dia para você.	Bonne journée.

Indo direto ao assunto	Aller directement au sujet
Bom, enfim...	Bon, enfin...
Então, vamos direto ao assunto?	Bon, venons au vif du sujet?
Vamos ao que interessa?	Alors, commençons.
O motivo de nos reunirmos aqui hoje é...	La raison de notre réunion d'aujourd'hui est...
Tenho uma proposta para você.	J'ai une proposition à vous faire.
Tenho uma proposta de negócio para você.	J'ai une affaire à vous proposer.
O que você acharia de...?	Que penseriez-vous de...?

Atualização | Mise à jour

Pondo uma pessoa em dia | Mettre quelqu'un à jour

Português	Français
Bom, o que está acontecendo com ____ é o seguinte...	Bon, ce qui se passe avec ... est la chose suivante...
Só para você saber o que está acontecendo...	Juste pour que vous sachiez ce qui se passe...
A posição atual sobre ____ é o seguinte...	La position du moment est la suivante...
Quero atualizar você(s) sobre...	Je voudrais vous mettre au courant de/du/des...
É o que sabemos até agora.	C'est tout ce que nous savons jusqu'à présent.
Infelizmente é tudo o que sabemos no momento.	Malheureusement c'est tout ce que nous savons en ce moment.
Assim que eu/nós souber(mos) de qualquer coisa eu/nós te falo(amos).	Dès que j'aurai/ nous aurons plus de renseignements je/ nous vous les transmettrai/transmettrons.
É tudo o que podemos lhe dizer.	C'est tout ce que nous sommes en mesure de vous dire.

Pedindo uma atualização | Demander à être mis au courant

Português	Français
Você pode me dar uma posição sobre...?	Où en sommes-nous de...?
E aí? Qual é a posição (sobre...)?	Et alors? Où en sommes-nous de...?/ Quoi de neuf au sujet de..?
Você pode me dar a situação do...?	Vous pourriez me dire où on en est...?
Você ouviu alguma coisa sobre...?	Vous avez entendu quelque chose au sujet de...?
O que está havendo com...?	Qu'est-ce qui se passe avec...?

Falando do andamento de um projeto | Parler du déroulement d'un projet

Português	Français
Está em andamento.	Ça suit son cours.
Está se sucedendo/progredindo bem.	Ça progresse bien.
Está começando a deslanchar.	Ça commence à démarrer.
Estou/Estamos progredindo.	Je progresse./Nous progressons.
Estou/Estamos adiantado(s).	Je suis/ nous sommes en avance.
Estou/Estamos um pouco atrasado(s).	Je suis/ nous sommes un peu en retard.
Está meio caminho andado.	Nous sommes à moitié chemin.
Vai acabar a qualquer momento.	C'est presque fini.
Acho que não vai demorar.	Ça ne prendra pas longtemps.

Falando do andamento de um projeto (cont.)	Parler du déroulement d'un projet (suite)
Estamos quase chegando lá.	Nous y sommes presque.
Só faltam alguns detalhes finais e já acabei/acabamos.	Il ne manque que quelques derniers détails et ça y est.
Estou/Estamos na reta final agora.	Je suis/ nous sommes dans la dernière ligne droite.
Estou/Estamos trabalhando nisso ainda.	Je travaille/ nous travaillons encore sur ça.
Está chegando lá.	C'est presque la fin.
Está demorando um pouco mais do que esperávamos.	Ça prend un peu plus de temps que prévu.
Pode demorar (mais um pouco).	Ça pourrait prendre (encore un peu plus de temps).
Já andamos bastante.	On a beaucoup progressé.
Ainda tenho/temos muito o que fazer.	J'ai/nous avons encore beaucoup à faire.
Estamos atingindo nossas metas.	Nous atteignons nos buts.
Acho que vamos conseguir fechar abaixo do orçamento.	On va être en dessous du budget.

Falando de problemas / Parler de problèmes

Minimizando a importância de um problema	Minimiser l'importance d'un problème
Tá bom, não tem problema.	D'accord, c'est pas grave.
Tudo bem, não faz mal.	Ça ne fait rien.
Bem, não é nada que não esteja ao nosso alcance.	Ce n'est pas impossible à résoudre.
Podemos encarar isso.	On peut faire face à ça.
É apenas um contratempo.	Ce n'est qu'un contretemps.
Essas coisas acontecem.	Ça arrive.

Ressaltando a importância de um problema	Souligner l'importance d'un problème
Isso é sério/complicado.	C'est sérieux /compliqué.
Temos que fazer alguma coisa.	Il faut qu'on fasse quelque chose.
Isso exige nossa atenção imediata.	Ça demande notre attention immédiate./ C'est prioritaire.
Isso é assunto sério.	C'est grave.
Não podemos tratar disso de maneira superficial.	Nous ne pouvons pas traiter ça à la légère.

Decisões de negócios — Décisions en affaires

Resolvendo entrar em negócios — Décider de faire affaire

Resolvendo entrar em negócios	Décider de faire affaire
Pensei/Pensamos nisso, e...	J'y ai réfléchi /nous y avons réfléchi et...
Decidi/Decidimos ir adiante.	J'ai décidé /nous avons décidé de le faire.
Gostei/Gostamos da proposta/contrato/ideia.	J'ai apprécié/nous avons apprécié la proposition/ le contrat/l'idée.
Parece interessante/legal.	Ça nous semble intéressant.
Ainda temos que falar sobre detalhes...	Il nous faut encore parler des détails...
Precisamos ainda discutir os termos...	Il nous faut encore discuter les conditions...
Precisamos ainda resolver algumas coisas, mas...	Il nous faut encore résoudre certaines choses, mais...
Acredito que seja uma coisa boa.	Je crois que cela vaut la peine.
Estamos contentes de poder negociar com vocês.	Nous sommes contents de négocier avec vous.

Resolvendo não entrar em negócios — Décider de ne pas faire affaire

Resolvendo não entrar em negócios	Décider de ne pas faire affaire
Pensei/Pensamos bem e...	J'ai /nous avons bien réfléchi et...
Achei/Achamos que agora não é o momento certo.	Je trouve/nous trouvons que maintenant ce n'est pas le bon moment.
Tenho/Temos alguns receios.	J'ai/ nous avons quelques craintes.
Preciso/Precisamos pensar mais a respeito.	Il me faut/ il nous faut y réfléchir plus.
Ainda tenho/temos algumas questões/ receios/dúvidas.	J'ai/nous avons encore quelques questions/ craintes/ doutes.
Gostaria/Gostaríamos de ver mais valores.	J'aimerais/ nous aimerions voir d'autres chiffres.
Isso não é nada relacionado com você e sua companhia, apenas...	Ça n'a rien à voir avec vous et votre entreprise, c'est seulement...
Quem sabe mais para frente...	Peut-être plus tard...
No momento, teremos que dizer "não", infelizmente.	En ce moment nous sommes obligés de dire "non", malheureusement.
Mas agradecemos sua atenção e esperamos poder fazer algo no futuro.	Mais nous vous remercions de votre attention et espérons faire quelque chose avec vous dans le futur.

Pesquisando preços	S'informer sur les conditions de vente
Estou pesquisando preços de...	Je fais une recherche sur les tarifs de...
Gostaria de saber o preço e disponibilidade do seu...	Je voudrais savoir le prix et la disponibilité de votre...
Você pode me dar uma previsão de tempo sobre isto?	Vous pourriez me donner une estimation de temps pour ça?
Quanto você(s) cobra(m) para...?	Combien vous demandez pour...?
Quanto você(s) cobraria(m) para...?	Combien vous prendriez pour...?
Você poderia me dar uma ideia aproximada?	Pourriez-vous me donner une estimation?
Tem uma taxa a mais para...?	Est-ce qu'il y a un surtaxe pour...?
Tá, e isso inclui...?	Oui et ça comprend...?
Você tem isso em estoque?	Vous avez ça en stock?
Em quanto tempo vocês podem entregar?	Dans combien de temps vous pouvez me livrer ça?
Quais são as condições de pagamento?	Quelles sont les conditions de règlement?
Dá para parcelar isso?	Est-ce qu'on peut payer en plusieurs fois?
Vocês fazem em quantas vezes?	Vous faites en combien de fois?/On peut régler en combien de fois?
Tá ótimo. Só estou checando preços.	D'accord. Je m'en informe des tarifs.
Caso nos interesse, devo falar com você ou...?	Au cas où cela nous intéresse, je m'adresse à vous où à quelqu'un d'autre?
Tá, e com quem eu falei?	OK et vous vous appelez comment déjà?

Falando de dinheiro — Parler d'argent

Solicitando valores	Demander le montant
De quanto estamos falando aqui?	On parle de combien?
Em termos de (dólares), estamos falando de quanto?	En (dollars) on parle de combien?
Você poderia me dar um valor aproximado de...?	Pourriez-vous me donner un montant approximatif pour...
Você tem um valor exato?	Est-ce que vous auriez un montant exact?
Como você chegou a esse valor?	Comment êtes-vous arrivé à ce montant?
Isso inclui...?	Ça comprend...?/... c'est inclus?
Isso leva em conta...?	Ça prend en charge...?
Você concordaria que...?	Vous ne croyez pas que...?

Dando números	Donner le montant
Por cima, uns...	Environ...
Na faixa de... / Por volta de...	Autour de...
Em dólares, mais ou menos...	En dollars, environ...
Estamos falando de (pelo menos)...	Nous parlons de(au moins)...
..., para ser preciso.	... exactement.
Este valor é baseado em...	Ce montant est basé sur...
Este valor não inclui...	Ce montant ne comprend pas...

Comprando e vendendo / Acheter et vendre

Comprando	Acheter
Como poderia comparar seu... com... em termos de...?	Comment pourriez-vous comparer votre...avec... en termes de...?
Na sua opinião, quais são as principais vantagens do seu...?	A votre avis, quels sont les principaux atouts de votre...?
Você(s) seria(m) flexíveis para...?	Il y aurait la possibilité de...?
Qual é a pegadinha?	Où est le piège?
Podemos contar com você(s) para...?	Nous pouvons compter sur vous pour...?
Em quanto tempo você(s) poderia(m)...?	Dans combien de temps vous pourriez...?
Que termos vocês oferecem?	Quelles conditions vous offrez?
Que garantia vocês nos dão de que...?	Quelles assurance nous aurons que...?
Você(s) poderia(m) garantir...?	Pourriez-vous garantir que...?
Você(s) poderia(m)...?	Est-ce que vous pourriez...?
Se quiséssemos..., seria possível....?	Si on voulait..., ce serait possible de...?

Vendendo	Vendre
O que você acha de...?	Comment vous trouvez...?
O que impede você?	Qu'est-ce qui vous empêche?
Eu lhe dou um... de brinde.	Je vous offre un... en cadeau.
Se você..., eu...	Si vous...., je...
É o melhor... que poderia...	C'est le meilleur .... que vous pourriez...
Você está perdendo um ótimo negócio.	Vous ratez une excellente affaire.

Vendendo (cont.)	Vendre (suite)
O momento é agora.	C'est maintenant ou jamais./C'est le bon moment.
Se esperar, não posso garantir...	Si vous attendez encore, je ne pourrai pas garantir...
É uma oportunidade única.	C'est une opportunité unique.
Se eu fosse você, eu...	Si j'étais vous, je...
Já mencionei...?	Je vous ai déjà parlé de ...?
Sou flexível.	Je suis ouvert à d'autres propositions.
Estaria disposto a...	Seriez-vous disposé à...?
Que tal você me fazer uma proposta?	Et si vous me faisiez une proposition?
Não posso oferecer mais do que ($50.000).	Je ne peux pas vous en offrir plus de ($50.000).
Isto está fora de questão.	C'est hors question.
Parece razoável.	Ça semble raisonnable.
É uma promoção por tempo limitado.	C'est une promotion à durée limitée.
Eu não quero pressionar nem nada disso.	Je ne veux pas vous contraindre.
Dê uma pensada e aí você me dá um alô.	Réfléchissez et téléphonez-moi.
O que você acha?/O que lhe parece?	Qu'est-ce que vous en pensez?
Por que você não tira uns dias para pensar um pouco sobre o assunto?	Prenez quelques jours pour y réfléchir.
Não tem pressa.	Je ne suis pas pressé.
Tome todo o tempo que precisar.	Prenez le temps qu'il vous faut.

Negociando uma ideia / Négocier une idée

Vendendo a ideia	Vendre l'idée
Eu realmente acho que esta ideia é ótima.	Je pense sincèrement que c'est une bonne idée.
Eu sinceramente acho que pode dar certo.	Je crois que ça pourrait marcher.
Faz todo o sentido do mundo.	Cela est sensé.
Pense bem!	Pensez-y!
Estou muito entusiasmado com isso.	Ça me plaît vraiment.

Compreendendo uma ideia	Comprendre une idée
Deixe-me só ver se eu entendi...	Voyons si j'ai bien compris...
Então, o que você estaria propondo é...	Alors, ce que vous proposeriez c'est de...
Certo, então você está dizendo que...	Alors, vous me dites que...
E como você (faria)...?	Et comment feriez-vous...?
E quanto a...?	Et en ce qui concerne..?
Certo, acho que estou entendendo seu raciocínio.	Je crois que je comprends votre logique.

"Comprando" uma ideia	"Acheter" une idée
Interessante.	Intéressant.
Me interessei por isso.	Ça m'intéresse.
Acho que teve uma sacada.	Je trouve que vous avez eu une bonne idée.
Eu gosto./Gostei.	J'aime ça./J'ai aimé ça.
Eu acho que daria certo.	Je crois que ça peut marcher.
Isso é brilhante!	C'est brillant!

Expressando reservas sobre uma ideia	Exprimer des réserves sur une idée
Não sei...	Je ne sais pas...
Bom, para ser sincero, eu...	Pour être sincère, je...
Eu acho uma ideia legal, só que...	C'est une bonne idée, mais...
Talvez se você fizesse algumas mudanças.	Peut-être si vous fassiez quelques modifications.

Respondendo a um pedido / Répondre à une demande

Concedendo	Etre d'accord
Claro.	D'accord.
Pode deixar.	Pas de problème.
Já vou fazer.	Je le fais tout de suite.
Estará pronto para você (amanhã).	Ça sera prêt pour vous (demain).
É rapidinho.	C'est vite fait.
Sem problemas.	Ça ne pose pas de problèmes.

Aceitando com reservas	Accepter avec des réserves
Bom, isso depende...	Ça dépend...
Tudo bem, contanto que...	D'accord, pourvu que...
Tudo bem, assim que...	D'accord, aussitôt que...
Tá, e o que eu ganho com isso?	Et qu'est-ce que ça me rapporte?
A troco de quê?	Et pour quoi faire?

"Talvez"	Peut-être
Vou dar um jeito./Vou ver o que dá para fazer.	Je vais voir ce qu'on peut faire.
Não posso garantir nada, mas...	Je ne peux rien vous garantir, mais...
Vou fazer o possível.	Je ferai de mon mieux.

Recusando	Refuser
Infelizmente (agora mesmo) não dá.	Malheureusement ce n'est pas possible (maintenant).
Estou (meio) ocupado agora.	Je suis (un peu) pris en ce moment.
Você se importa se eu fizer mais tarde?	Ça vous gênerait si je faisais ça plus tard?
É para quando?	C'est pour quand?
Estou muito ocupado esses dias.	Je suis très pris ces jours-ci.
Bem que eu queria ajudá-lo.	J'aimerais bien pouvoir vous aider.

Lidando com atrasos	Au sujet de délais
Tem como adiantar isso?	Vous pouvez avancer ça?
Tem previsão de...?	Est-ce que vous auriez une estimation de...?
Eu/nós gostaria/gostaríamos de ter isso antes, se for possível.	J'aimerais/nous aimerions avoir ça avant, si possible.
Se você(s) puder(em) de alguma forma (mandar antes), eu ficaria muito agradecido.	Si vous pouviez envoyer ça avant je vous en serais reconnaissant(e).
Se você(s) puder(em) enviar isso (hoje), seria ótimo.	Si vous pouviez envoyer ça aujourd'hui, ça serait super.
Acho que vou precisar disso antes (que isso).	Je crois que j'aurai besoin de ça avant cette date.
Não gostaria de estar (vendo) isso em outro lugar.	Je n'aimerais pas voir ça quelque part ailleurs.

Pedindo desculpas	Demander des excuses
Nós pedimos imensas desculpas.	Nous sommes vraiment désolés.
Isso não vai se repetir novamente.	Ça n'arrivera plus.
A causa do problema já foi processada.	La cause du problème a déjà été avertie/ résolue.
Queremos continuar sendo seu...	Nous voulons continuer à être votre...

Descrevendo o estado da economia	Décrire la situation de l'économie
Bom	**Bonne**
A economia está crescendo rápido.	L'économie est en croissance rapide.
A economia está forte agora.	L'économie est forte en ce moment.
O futuro desta economia é promissor.	L'avenir de cette économie est prometteur.
Acredito que a economia esteja em ótima fase.	Je crois que l'économie est dans une excellente phase.
É uma economia em crescimento.	C'est une économie en croissance.

Ruim	Mauvaise
A economia está instável no momento.	L'économie est instable en ce moment.
Ninguém pode dizer para onde vai esta economia.	Personne ne peut prévoir où va cette économie.
A economia está começando a cair.	L'économie commence à baisser.
Estou vendo sinais de... na economia.	Je vois des signes de ... dans l'économie.
Há risco de um colapso.	Il y a le risque d'un éfondrement de l'économie.
Na melhor das hipóteses, está incerta.	Dans la meilleure des hypothèses c'est incertain.

Descrevendo o mercado	Décrire le marché
Bom	**Bon**
O mercado está propício para (este tipo de serviço).	Le marché est favorable pour (ce type de service).
É um mercado em expansão.	C'est un marché en expansion.

Bom (cont.)	Bon (suite)
Acredito que exista um mercado em potencial ali.	Je crois qu'il y a un marché potentiellement intéressant à ce niveau.
Nossos estudos demográficos indicam...	Nos études démographiques montrent que...
Temos que agir na hora certa.	Il faut agir au moment précis.
Acredito que agora seja a hora.	Je crois que c'est le moment.
O mercado está perfeito.	Le marché est parfait.
É você quem cria um mercado.	C'est vous qui créez le marché.
Isto agrada ao mercado de....	Ça plaît au marché de....

Ruim	Mauvais
Precisamos estudar mais o mercado.	Nous devons étudier plus le marché.
O mercado está saturado.	Le marché est saturé.
Acho que este mercado vai despencar.	Je crois que le marché va chuter.
Não estou vendo valores ali.	Je ne vois pas de gains là-dessus

4

Francês para Palestras e Reuniões
Français pour Conférences et Réunions

Apresentando um palestrante	Présenter un conférencier
Olá para todos.	Bonjour à tous.
Eu sou (Edna Silvia) da (RSA Enterprises).	Je suis (Edna Silvia) de (RSA Enterprises).
Tenho o prazer de apresentar...	J'ai l'honneur de vous présenter...
Temos a honra de ter aqui conosco hoje...	Nous avons aujourd'hui l'honneur de compter avec la présence de...
Um/Uma homem/mulher que dispensa apresentações.	Un homme/une femme qui n'est pas besoin de présenter.
Um/Uma dos/das mais respeitados(as)... do (Brasil).	Un(e) de plus respecté(e)s ... du Brésil.
Ele/Ela veio lá de (Salvador) para nos falar de...	Il/elle est venu(e) de (Salvador) pour parler de...
...falará conosco sobre...	... il/elle fera un exposé sur...
Como vocês sabem, ele/ela...	Comme vous le savez bien, il/ elle est...
Bom, acho que já falei demais...	Je crois que j'en ai déjà trop dit...
Bom, não vou mais me estender...	Je ne vais pas m'étendre davantage...
É para mim um grande prazer trazer...	C'est un grand plaisir pour mois de vous présenter.
Vamos dar(-lhe) as boas-vindas.	Souhaitons-lui la bienvenue.

Agradecendo um palestrante ao terminar	Remercier un conférencier
Nós esperamos que tenham gostado da apresentação de hoje...	Nous espérons que vous aurez apprécié la conférence d'aujourd'hui...
Nós esperamos que tenham aproveitado a apresentação de hoje...	Nous espérons que vous aurez bien profité de la conférence aujourd'hui...
...ao menos eu sim.	...moi, j'en ai profité.
Agradeço/emos mais uma vez por terem vindo.	Je vous remercie une fois encore d'être venus aussi nombreux.
Vamos dar mais uma salva de palmas a (Daniel McManus).	Nóus applaudirons encore une fois (Daniel MacManus).

Apresentando-se para o público	Se présenter au public
Boa- (tarde) para todos.	Bonjour à tous.
Em nome de...	Au nom de...
Agradeço a presença de todos.	Je vous remercie de votre présence.
Gostaria de me apresentar, eu sou...	Je voudrais d'abord me présenter, je suis.../ Je commencerai par me présenter...
Deixe-me falar só um pouquinho sobre mim...	Je vous parlerai un tout petit peu de moi...
É um prazer estar com vocês...	C'est un plaisir d'être avec vous...
Bem, acho que podemos começar.	On peut commencer.
Bem, vamos começar.	Allons-y.
Meu nome é...	Je m'appelle...
Vejo muitas caras conhecidas na platéia hoje...	Je vois beaucoup de visages connus dans l'audience aujourd'hui...
Para quem não me conhece, sou...	Pour ceux et celles qui ne me connaissent pas, je suis...
Como vocês sabem...	Comme vous le savez,...
Sou responsável por.../Sou encarregado de...	Je suis responsable de...
Hoje gostaria de.../O que eu gostaria de fazer (agora de manhã) é...	Aujourd'hui j'aimerais .../ Ce que j'aimerais faire ce matin est...
e assim espero...	et j'espère...
Fiquem à vontade para fazer qualquer pergunta durante a apresentação.	Je vous en prie, ne vous gênez pas pour me poser des questions pendant mon exposé.
Vou deixar um tempinho ao final para perguntas, se alguém as tiver.	Je vous laisserai du temps à la fin pour vos questions, s'il y en a.
Eu pediria a vocês que deixassem para fazer perguntas somente ao final da apresentação. Obrigado.	Je vous prie de poser vos questions seulement à la fin de l'exposé. Merci.

Expondo o objetivo de sua apresentação	Exposer l'objet de sa conférence
(Bom-dia) a todos.	Bonjour à tous.
Agradeço a presença (de todos).	Je vous remercie d'être venus.
Hoje irei...	Aujourd'hui je vais...
...falar-lhes sobre...	... vous parler de...
...lhes mostrar como...	... vous montrer comment...
...revisar...	... réviser...
...apresentar os resultados de...	...présenter les résultats de...
Vou, então, começar...	Je vais donc commencer par...
...pondo vocês a par de...	...vous mettre au courant de...
...dando uma visão geral de...	...donner un aperçu général de...
...atualizando vocês sobre,...	...vous renseigner sur,...
para depois...	pour après...
...apontar o que eu vejo como...	...signaler ce que je vois comme...
...tirar algumas conclusões com base em...	... en extraire quelques conclusions basées sur...
...fazer algumas recomendações sobre...	...faire des recommandations concernant...
...discutir mais detalhadamente sobre...	...examiner en détail le...
...dividir minhas conclusões com vocês.	...partager mes conclusions avec vous.

Criando empatia com o público	Solliciter le public
Não é (ruim) quando...?	Vous ne pensez pas que c'est mauvais quand...?
Quantos aqui...?	Combien parmi vous...?
Levantem as mãos se...	Levez les mains si...
O que realmente me incomoda é...	Ce qui me gêne vraiment c'est...
Bom, não sei com vocês, mas...	Je ne sais pas quant à vous, mais...
Se vocês são como eu...	Si vous êtes comme moi...
Essa situação nós já conhecemos, não é?	Cette situation nous est familière, n'est-ce pas?
Tenho certeza de que conhecem...	Je suis sûr(e) que vous connaissez...
Vocês já ouviram isso?	Vous avez déjà entendu parler de ça?
Bem, alguns dizem...	On dit que...
Ora, eu sei o que estão pensando.	Je sais ce à quoi vous pensez.
Mas, sabem, ...	Mais, vous savez,...
E nós sabemos o que isso significa.	Et nous savons ce que cela signifie.
Estou errado?	Ai-je tort?

Citando fontes durante sua apresentação	Citer ses sources pendant l'exposé
As pesquisas mostram...	Les recherches montrent que...
De acordo com as últimas pesquisas/os últimos estudos...	Selon les dernières recherches/les dernières études...
Um estudo conduzido em (1996) pela (Western University) revelou que...	Une étude faite en (1996) par la (Western University) a montré que...
Em seu livro (*A Cara da Medicina Moderna*), (Carter) diz que...	Dans son livre ("Le Visage de la Médecine Moderne") (Carter) affirme que...
Um dia desses, li em algum lugar que...	Un jour, j'ai lu quelque part que...
Acredito que tenha sido (Lincoln) a dizer que...	Je crois que c'est Lincoln qui a dit que...

Direcionando a palestra	Animer la conférence
Bem, então...	Bon, alors...
Prosseguindo...	Je poursuis...
Expandindo...	Pour élargir...
Indo para a questão do...	Si on prend en considération la question du/de la...
Gostaria de recapitular, então, os pontos principais...	Je voudrais revoir les points principaux...
Vamos voltar à questão de...	Revenons à la question du/de la...
Desviando um pouco do assunto...	Pour changer un peu de sujet...
Gostaria de ir agora para...	Je voudrais parler maintenant de...
Voltando a...	Revenons à...
Antes de prosseguir, gostaria de expandir mais sobre o assunto.	Avant de poursuivre, je voudrais développer le sujet en discussion.
Para enriquecer o assunto...	Pour enrichir,...
Para quem aqui não conhece...	Pour ceux et celles qui ne sont pas au courant de...
Gostaria de prosseguir para...	Je voudrais continuer pour...
Infelizmente, nosso tempo está curto...	Malheureusement il nous manque du temps...
Infelizmente, meu tempo se acabou.	Malheureusement mon temps est écoulé.
Gostaria de concluir dizendo...	Je voudrais conclure en disant...
Vou então concluir recapitulando sobre os pontos principais.	Je vais donc conclure en recapitulant les points principaux.
Só para concluir, gostaria, então, de repetir...	En guise de conclusion, je voudrais répéter...

Acrescentando e destacando	Ajouter et souligner l'importance
Fora que...	Outre que...
Acima de tudo,...	Par dessus tout,...
Em particular...	En particulier...
Além disso,...	Outre cela,...
O que é muito importante é que...	Ce qui est très important est le fait que...
Gostaria de enfatizar...	Je voudrais signaler...
Nunca é demais ressaltar que...	Ce n'est jamais innutile de...
A questão principal é.../O "x" da questão é...	La question principale est.../Le fond de la question est...
Mas vai além disso...	Mais ça va au-delà de...
É também uma questão de...	C'est aussi une question de...
O ponto principal é...	Le point principal est...
O importante é...	L'important est...
Não se preocupe se...	Ne vous inquiétez pas si...

Usando recursos visuais	Utiliser des ressources visuelles
Deem uma olhada nesse (gráfico).	Regardez ce (graphique).
Como podem ver...	Comme vous pouvez le voir...
Vocês podem ver bem aí no fundo?	Vous arrivez à bien voir du fond de la salle?
Eu sei que está meio difícil para ler...	Je sais qu'il est un peu difficile de lire...
Quero voltar a atenção de vocês para...	Je veux attirer votre attention sur...
Deem uma olhada para...	Jetez un coup d'oeil sur...
Prestem muita atenção no...	Faites très attention au...
Vocês irão notar...	Vous allez remarquer...
Vocês irão notar na folha distribuída...	Vous allez remarquer sur la feuille ...
Gostaria de enfatizar um ponto muito importante...	Je voudrais signaler un point très important...
Se olharem atentamente, irão notar...	Si vous regardez avec attention, vous remarquerez...
Não importa como você olhe, ...	Peu importe comment vous regardez,...
O que isso nos mostra então?	Qu'est-ce que ça nous montre alors?
O que podemos concluir com isso?	Quelle conclusion pouvons-nous tirer de...?
O que isso nos diz, fundamentalmente, é que...	Ce que ça nous dit, au fond, est que...

Causa, efeito e sentido	Cause, effet et sens
...(o que) causou um aumento significativo em...	...ce qui a provoqué une augmentation importante du/de la...
Houve uma queda (brusca) em...	Il y a eu une chute du/de la...
...aumentou (drasticamente) em...	...il y a eu une hausse (subite) du/de la...
Vimos um aumento/uma queda (leve/estável/ repentino/enorme) em...	Nous avons remarqué une augmentation/ une diminution (légère/ constante/ soudaine/énorme) du/de la...
Graças a...	Grâce à...
...explica...	... ce qui explique...
...causou...	... a entraîné...
Devido a...	Dû à...
...resultou/aram em...	...le résultat a été que...
...são consequências de...	...ce sont les conséquences du/de la...
...se remete a...	...est originaire du/de la...
...é atribuível à...	... est attribué(e) à...

Quando o público parece confuso	Quand l'assistance semble perdue
Até aqui, tudo bem?	Vous me suivez?
Alguma pergunta por enquanto?	Vous avez des questions jusqu'ici?
Confundi vocês?	Est-ce que je vous ai mis mal à l'aise?
É melhor explicar isso novamente...	Je crois que ça vaut la peine d'expliquer ça de nouveau...
Basicamente, então, o que estou dizendo é que...	En essence, ce que je dis est que...
Perdão, em outras palavras...	Pardon, en d'autres mots...
Preciso mencionar só uma coisa...	Il faut que je vous parle encore d'une chose...

Terminando	Terminer
Bem, encerrando então...	Pour finir,...
Gostaria só de dizer...	Je voudrais vous dire que...
No geral...	En général...
O principal é que...	Le principal est que...
Foi um prazer...	Ça a été un grand plaisir (que de)...
...estar aqui com vocês hoje...	...d'être ici avec vous aujourd'hui...

Terminando (cont.)	Terminer (suite)
...ter tido a oportunidade de...	...d'avoir eu l'occasion de...
Acredito que consegui...	Je crois que j'ai réussi à...
Muito obrigado.	Merci beaucoup.
Gostaria de abrir espaço agora para perguntas.	Je voudrais que vous posiez vos questions maintenant.
Estarei por aqui...	Je serai ici...
...se quiserem conversar mais comigo	...si vous voulez parlez encore avec moi.
...se quiserem me perguntar algo mais	...si vous voulez me poser encore des questions.
Prometo que não mordo.	Je ne mords pas, promis.

Lidando com perguntas	Répondre aux questions
Perdão, poderia me dizer isso novamente?	Pardon, est-ce que vous pourriez répéter, s'il vous plaît?
Perdão, não entendi. Poderia repetir?	Pardon, je n'ai pas compris. Vous pourriez répéter?
Desculpe-me, não entendi.	Excusez-moi, je n'ai pas compris.
Desculpe-me, não deu para ouvir.	Excusez-moi, je n'ai pas pu entendre.
Desculpe-me, pode falar um pouquinho mais alto?	Excusez-moi, est-ce que vous pourriez parler un peu plus fort?
Desculpe-me, não ficou bem claro o que disse.	Excusez-moi, je n'ai pas bien compris ce que vous avez dit.
...poderia explicar isso um pouco mais.	...est-ce que vous pourriez expliquer un peu plus ça?
Poderia discorrer sobre o assunto?	Pourriez-vous développer ce sujet?
Perdão, o que quer dizer com... exatamente?	Pardon, qu'est-ce que vous voulez dire par .... exactement?
Acho que não percebi a ligação.	Je crois que je ne vois pas le rapport.
Desculpe-me, mas não estou acompanhando.	Excusez-moi, je ne vous suis pas.
Certo, então o que está dizendo é que...	D'accord, alors ce que vous dites c'est que...
Faz sentido.	Ça semble logique.
Boa pergunta.	Bonne question.
Bem, como disse, ...	Comme je vous le disais, ...
Bem, como mencionei anteriormente...	Comme je vous ai déjà dit tout à l'heure, ...
Que bom que tenha me perguntado.	Je suis content que vous m'ayez posé cette question.
Você tocou num ponto muito interessante...	Vous avez touché un point très intéressant...

Lidando com perguntas (cont.)	Répondre aux questions (suite)
Receio que seja uma pergunta muito difícil de responder.	Je crains qu'il ne soit trop difficille de répondre à cette question.
Essa pergunta parece ser daquelas para a qual ninguém acha resposta.	Cette question semble faire partie de celles qui n'ont pas de réponse.
Não tenho esses valores comigo, mas, assim, de cabeça...	Je n'ai pas ces données sur moi, mais de mémoire,...
Mais alguma pergunta?	D'autres questions?
O cavalheiro/senhora de (camisa azul).	Le monsieur/la dame en (chemise bleue).
Acho que (ele/ela) estava na frente.	Je crois qu'elle est la première/il est le premier.
Acho que há uma pergunta vindo do fundo...	Je crois qu'il y a une question du fond de la salle...
Bem, se não há mais perguntas, talvez devamos parar por aqui.	S'il n'y a plus de questions, on pourrait peut-être finir.

Fazendo perguntas depois de uma palestra	Poser des questions après une conférence
Voltando ao que disse sobre...	Reprenant ce que vous avez dit sur...
Tenho uma pergunta sobre...	J'ai une question sur...
Tenho um comentário sobre...	J'ai un commentaire sur...
Você falou sobre (reorganizar)...	Vous avez parlé de (réorganiser)...
Poderia falar um pouco mais sobre isso?	Pourriez-vous parler un peu plus de ça?
Quando você falou sobre (projeção de venda) você mencionou...	Quand vous avez parlé de (prévision de ventes) tout à l'heure, vous avez mentionné...
Poderia especificar sua opinião sobre isso?	Pourriez-vous donner votre opinion sur ça?
Em outras palavras,...	En d'autres mots/ autrement dit...
Quando você falou sobre...	Quand vous avez parlé de...
...você mencionou o valor de ($10.000).	... vous avez mentionné le montant de ($10.000).
Poderia nos dizer como chegou a esse valor?	Pourriez-vous nous expliquer comment vous êtes arrivé à ce chiffre?
...você falou alguma coisa sobre...	...vous avez dit quelque chose sur...
Não sei se concordo (com)...	Je ne sais pas si je suis d'accord avec...
Se eu entendi bem...	Si j'ai bien compris...
Ainda não ficou bem claro...	Ce n'est pas encore tout à fait clair...
Você tem mais folhas/apostilas?	Est-ce que vous auriez plus de feuilles/dépliants?

Uma reunião formal	Une réunion formelle
Vamos começar?	On commence?
Posso começar a ler a ata da última reunião?	Je peux commencer la lecture du compte-rendu de la dernière réunion?
Todos já viram a ata?	Vous avez tous déjà vu le compte-rendu?
Todos já receberam uma cópia da pauta?	Vous avez tous déjà reçu une copie de l'ordre du jour?
O primeiro item da pauta é...	Le premier item de l'ordre du jour est...
Gostaria de acrescentar um item à pauta.	Je voudrais ajouter un item à l'ordre du jour.
Será que podemos riscar o item (5) da agenda?	Est-ce que nous pourrions enlever l'item (5) de l'agenda?
O motivo da reunião de hoje é...	Le motif de la réunion d'aujourd'hui est...
Gostaria de dar a palavra a...	Je voudrais passer la parole à...
(Sr. Smith), o senhor gostaria de dizer algo a respeito disso?	(M. Smith), vous aimeriez nous dire quelque chose à ce sujet?
Com licença, gostaria de fazer um comentário sobre...	Excusez-moi, je voudrais faire un commentaire sur...
Bem, acho que estamos nos desviando um pouco.	Je crois que nous nous éloignons un peu du sujet.
Vamos voltar para a questão.	Revenons à nos moutons.
A questão em discussão aqui é...	Le thème de la discussion est ici le...
Por favor, um de cada vez.	S'il vous plaît, chacun à son tour.
Poderíamos prosseguir para o item (7) da pauta?	Est-ce que nous pourrions poursuivre et voir l'item (7)?
Pulando então para o item (10)...	En sautant alors à l'item (10)...
Se não houver objeções, sugiro que deixemos esse assunto para a próxima reunião.	Si vous ne voyez d'objections, je suggère que nous laissions ce sujet pour la prochaine réunion.
Com a permissão da presidência/mesa, eu proponho que...	Avec la permission du président/du comité, je propose que...
Eu apoio.	Je suis d'accord.
Alguém apoia?	Quelqu'un est d'accord?
Chegamos a um consenso?	On est arrivé à un consensus?
Alguma objeção?	Des objections?
Talvez precisemos de uma votação oficial aqui.	On devrait peut-être faire un vote officiel.
Levante a mão quem apoia.	Levez le bras si vous êtes pour/d'accord.
Vamos pôr em votação.	On vote.
Quem é a favor?	Qui est pour?
Quem é contra?	Qui est contre?

Uma reunião formal (cont.)	Une réunion formelle (suite)
Alguém se abstém?	Quelqu'un s'abstient?
A moção foi aprovada por unanimidade.	La motion a été approuvée à l'unanimité.
A moção foi rejeitada por (8) votos a (7).	La motion a été rejetée par (8) voix contre (7).
Parece que temos um consenso.	Il semble que nous ayons le consensus.
Muito bem, então estamos de acordo?	Très bien, alors nous sommes tous d'accord?
Há algum outro assunto?	Est-ce qu'il y a encore un autre sujet?
Muito bem, então. Com isso, encerramos nossa reunião hoje. Obrigado.	Très bien, nous concluons donc notre réunion d'aujourd'hui. Merci à tous.

Apresentando um argumento	Présenter des arguments
Gostaria de dizer uma coisa sobre...	Je voudrais dire quelque chose sur...
Posso apenas dizer umas coisinhas sobre...	Est-ce que je pourrais dire quelques mots sur...
Em primeiro lugar....	D'abord,...
Em segundo/terceiro lugar...	Puis/ensuite...
Outra coisa que eu gostaria de mencionar é...	Une autre chose que je voudrais mentionner est...
Um bom exemplo é...	Un bon exemple est...
Estou percebendo (que você quer expandir), mas (acho arriscado).	Je me rends compte que (vous voulez développer), mais je (trouve ça risqué).
No geral,...	En général,...
Pessoalmente, eu acho que...	Personnellement, je crois que.../Je suis plutôt d'avis que...
Bom, enfim, basicamente é isso aí.	Enfin, en résumé c'est ça.

Propostas em uma reunião	Propositions dans une réunion
Propondo	**Proposer**
Recomendo (urgentemente) que...	Je recommande (urgemment) que...
Eu proponho...	Je propose...
Posso fazer uma sugestão? Acho que...	Si je peux faire une suggestion je crois que...
Não seria melhor...	Ça serait peut-être mieux si...

Reagindo a uma proposta	Réagir à une proposition
Não vejo objeção alguma.	Je n'ai rien contre.
Em princípio eu gosto, mas ainda preciso...	En principe j'aime ça, mais il me faut encore...
Não, não acredito que isso seja uma boa ideia.	Non, je ne crois pas que ce soit une bonne idée.
Tenho minhas reservas sobre esta proposta.	J'ai des restrictions sur cette proposition.
Em geral eu concordo com essa proposta, mas acho que vejo aí alguns problemas.	En général je suis d'accord, mais j'envisage quelques problèmes.

Interrompendo	Interrompre
Posso só dizer uma coisa?	Est-ce que je pourrais dire un petit mot?
Me desculpe interromper, mas...	Excusez-moi de vous interrompre mais...
Gostaria de dizer uma coisa sobre...	Je voudrais dire un mot sur...
Antes de você continuar, deixe-me só dizer que...	Avant de poursuivre, laissez-moi dire que...
Como eu estava dizendo...	Comme je vous le disais tout à l'heure...
Deixe-me só terminar aqui.	Laissez-moi finir sur ce point.
Eu vou voltar a esse ponto.	Je reviendrai sur ce point.
Rapidinho...	Très vite alors.

5

Francês para Turismo e Hotelaria
Français pour Tourisme et Hotellerie

Sobrevivência	Survie
Você fala (português)?	Vous parlez (portugais)?
Por favor, onde fica o banheiro?	S'il vous plaît, où sont les toilettes?
Bom- (Boa-) dia/tarde/noite.	Bonjour, bonsoir.
Oi./Olá.	Salut.
Tchau.	Au revoir.
Vocês aceitam cartões de crédito?	Vous acceptez les cartes de crédit?
Onde eu posso....?	Où je peux...?
Por favor, eu...	S'il vous plaît, je...
Eu preciso...	J'ai besoin de...
Quanto é?	C'est combien?
Me desculpe, não entendi.	Pardon, je n'ai pas compris.
Você pode escrever isso para mim, por favor?	Vous pourriez m'écrire ça, s'il vous plaît?
Só um segundo, por favor.	Un moment, s'il vous plaît.
Obrigado.	Merci.

Sobrevivência (cont.)	Survie (suite)
De nada.	De rien/je vous en prie.
Eu não falo francês.	Je ne parle pas français.
Eu sou do Brasil./Eu sou brasileiro.	Je viens du Brésil./Je suis brésilien(ne).
Você tem caneta?	Vous avez un stylo?
Quanto é?	C'est combien?
Preciso de um médico.	J'ai besoin d'un médecin.

Falando sobre uma viagem / Parler d'un voyage

Antes – O viajante	Avant – Le voyageur
Vou para a (Califórnia) (no mês que vem).	Je vais en/au (France) (le mois prochain).
Não vejo a hora.	Vivement le voyage!/J'ai hâte d'y être.
Estou muito ansioso(a).	Je suis très angoissé(e).
Estou muito animado(a).	Je suis très enthousiaste.
Faz muito tempo que quero ir para lá.	Ça fait longtemps que je veux y aller.
Sempre foi um sonho poder ir para lá.	J'ai toujours rêvé d'y aller.
Sempre ouvi coisas boas sobre lá.	J'ai toujours entendu de bonnes choses sur cet endroit.
Não vejo a hora de ir ao/ver o...	Je suis impatient(e) d'aller.../de voir...
Eu parto/saio no dia (15).	Je pars/voyage le (15).
Vou ficar em/com...	Je resterai à/avec...
Vou ficar (2 semanas) lá.	J'y reste (2 semaines).
Só vou passar as férias lá.	J'y vais juste pour mes vacances.
Vou estudar lá.	J'y vais pour étudier.
Vou lá a trabalho.	J'y vais en mission.
É uma viagem de negócios.	C'est un voyage d'affaires.
É uma mistura de trabalho e lazer.	C'est un mélange de travail et de loisir.
O que você quer que eu lhe traga?	Qu'est-ce que vous voulez que je vous apporte?

Antes – Conversando com o viajante	Avant – Parler avec le voyageur
Para onde vai?	Vous allez où?
Ah, é muito bom lá.	Ah, c'est très bien là-bas.

Antes – Conversando com o viajante (cont.)	Avant – Parler avec le voyageur (suite)
Ah, sempre quis ir para lá.	J'ai toujours voulu y aller.
Dizem que é legal.	On m'a dit que c'est très bien.
Deve estar muito ansioso(a)!	Vous êtes certainement très excité(e)!
É a primeira vez que vai para lá?	C'est la première fois que vous y allez?
Você vai a passeio/a trabalho?	Vous y allez en vacances/pour le travail?
Onde você vai ficar?	Où vous serez logé?
Por qual companhia você vai?	Vous voyagez avec quelle compagnie aérienne?
Você vai sozinho(a)?	Vous y allez tout(e) seul(e)?
Com quem você vai viajar?	Vous y allez avec qui?
Você vai ficar lá quanto tempo?	Vous y resterez combien de temps?
Você vai se divertir.	Vous allez certainement vous amuser.
Você vai adorar.	Vous allez aimer ça.
Você escolheu a melhor época para ir lá.	Vous avez choisi la meilleure époque pour y aller.
Prepare-se para o calor/frio.	Préparez-vous au froid/à la chaleur.
Tire muitas fotos.	Prenez beaucoup de photos.
Quero ver as fotos quando você voltar.	Je veux voir les photos à votre retour.
Não deixe de ir a...	Il faut absolument que vous alliez à...
Me traga um...	Apportez-moi un/une...
Vai me contar tudo na volta.	Vous me raconterez tout à votre retour!

Durante – O viajante	Pendant – Le voyageur
Estou me divertindo bastante.	Je m'amuse beaucoup.
É exatamente como eu imaginei.	C'est exactement comme je l'avais imaginé.
É ainda melhor do que imaginei.	C'est encore mieux que ce que j'avais imaginé.
Estou gostando muito do...	J'aime beaucoup le/la...
Mal posso esperar para contar aos meus (amigos/familiares) sobre...	J'ai très envie de raconter à mes (amis/ ma famille) le/la...
Estou um pouco decepcionado (com...)	Je suis un peu déçu(e) du/de...
O/a ... não é bem como imaginei que seria.	Le/la ... n'est pas exactement comme je pensais.
É a (primeira) vez que venho aqui.	C'est la (première) fois que je viens ici.

Durante – Conversando com o viajante	Pendant – Parler avec le voyageur
E, então, está se divertindo?	Et alors, vous vous amusez?
O que está achando daqui/daí?	Comment vous trouvez ...?
É a primeira vez que vem?	C'est la première fois que vous venez ici?
Já foi à...?	Vous êtes déjà allé(e) à...?

Depois – As perguntas	Après – Questions
Como foi a viagem?	C'était comment le voyage?
Foi tudo bem com o voo?	Pas de problèmes avec le vol?
Teve algum problema na alfândega?	Est-ce que vous avez eu des ennuis à la douane?
Com quem foi?	Vous êtes parti(e) avec qui?
Gostou da viagem?	Vous avez aimé le voyage?
Tirou fotos?	Vous avez pris des photos?
E então, como foi?	Et alors, comment ça s'est passé?
Você ficou lá quanto tempo mesmo?	Vous y êtes resté(e) combien de temps déjà?
O hotel foi bom?	L'hôtel était bon?
Onde você ficou?	Où vous avez logé?
Foi o que esperava?	C'était ce à quoi vous vous attendiez?
Como estava o tempo?	Le climat était comment?
A comida era boa?	La nourriture vous a plu?
E as pessoas, como eram?	Et les gens du pays, étaient comment?
O que tem para fazer lá?	Qu'est-ce qu'on peut faire là-bas?
E a vida noturna?	Et les soirées?
E as mulheres/homens?	Comment sont les femmes/les hommes?
Ouvi falar que as (praias) são lindas.	J'ai entendu dire que (les plages) sont très belles.
Quero ver as fotos depois.	Je veux regarder les photos après.
Você deve ter um monte de histórias para contar.	Vous avez certainement beaucoup de choses à raconter.
Você recomenda, então?	Vous le recommandez, alors?

Depois – As respostas	Après – Réponses
Estava ótimo.	C'était super.
Foi uma das melhores/piores viagens da minha vida.	Ça a été un des meilleurs/pires voyages de ma vie.
Fomos para todos os lugares.	Nous nous sommes promenés partout.

Depois – As respostas (cont.)	Après – Réponses (suite)
Infelizmente não deu para...	Malheureusement on n'a pas pu...
O ... estava fechado.	Le .... était fermé.
Fiquei surpreso com...	J'ai été surpris de/du...
Não era nada como eu imaginei.	Ce n'était pas du tout ce à quoi je m'attendais.
Foi tudo como eu imaginei.	Tout s'est passé comme prévu.
O (tempo) estava (péssimo/bom/ótimo).	Le (climat) était (horrible/bon/excellent).
Estava muito quente lá.	Il a fait très chaud.
Fez sol o tempo todo.	Il a fait beau tout le temps.
Choveu muito.	Il a plu beaucoup.
As pessoas foram/eram...	Les gens étaient...
Estava tudo muito barato/caro!	Tout était très bon marché/cher.
Eu trouxe um/alguns... para você.	J'ai apporté un/quelques.... pour vous.
Eu procurei em toda parte um/alguns..., mas não achei.	J'ai cherché partout un/quelques... mais je n'en ai pas trouvé.
Você teria adorado/odiado lá.	Vous auriez aimé/détesté .
Não vejo a hora de voltar.	Je veux absolument y retourner.
Jamais voltaria.	Je n'y retournerai jamais.

Voando — Voyage aérien

Reservando um voo – Passageiro	Faire une réservation – Passager
Oi, você tem algum voo para o Rio de Janeiro, partindo no dia 30 de abril, com volta para o dia 5 de maio?	Bonjour, est-ce que vous avez un vol pour Rio de Janeiro, départ le 30 avril et retour le 5 mai?
E saindo dia 29?	Et pour le 29?
Qual companhia aérea?	C'est quelle compagnie aérienne?
Tem algum voo partindo (à noite)?	Vous auriez un vol partant (le soir)?
Quanto é a passagem?	C'est combien le billet?
Você tem algo mais em conta?	Vous auriez un billet meilleur marché?
Tudo bem, vou fazer minha reserva para este vôo.	D'accord, je vais réserver ce vol.
Há ainda lugares para...	Il vous reste des places pour...

Reservando um voo – Agente	Faire une réservation – Agent de voyage
Qual é a data de saída?	Quelle est la date de départ?
Saindo de?	D'où vous partez?
Saindo de (Chicago) mesmo?	Vous partez de (Chicago)?

Reservando um vôo – Agente (cont.)	Faire une réservation – agent de voyage (suite)
E a data de chegada?	Et la date d'arrivée?
Está viajando sozinho(a)?	Vous voyagez seul(e)?
Me desculpe, mas não tenho nada para estes dias.	Excusez-moi, mais je n'ai rien pour ces jours-là.
Você teria uma flexibilidade de dias?	Vous pourriez changer ces dates?
Talvez possa conseguir um lugar num voo que sai dia 29.	Je pourrais peut-être vous trouver une place dans un vol qui part le 29.
Vou checar o sistema.	Je vais vérifier sur l'ordinateur.
Só um momento, por favor.	Un moment, s'il vous plaît.
Você tem preferência de horário?	Vous avez un horaire qui vous conviendrait mieux?
Você prefere de manhã, à tarde ou à noite?	Vous préférez le matin, l'après-midi ou le soir?
Sim, eu tenho um voo às 9 horas, saindo de (Chicago), no dia 30 de abril e retornando no dia 5 de maio.	Oui, j'ai un vol à 9 heures, départ de (Chicago) le 30 avril et retour le 5 mai.
Você quer que eu reserve este para você?	Vous voulez que je vous réserve une place sur ce vol?
Muito bem, estou confirmando você no voo 123 pela ABC Airlines, saindo de (Chicago O'Hare), às 9 horas com escala em (Atlanta) e chegada Rio de Janeiro prevista para às 7 horas da manhã seguinte. Seu retorno é para dia 5 de maio, saindo do Rio de Janeiro, às 14 horas num voo direto para (Chicago) com chegada prevista para as 23:30 do mesmo dia.	Très bien, je vous confirme sur le vol 123 d'ABC Airlines, départ de (Chicago O'Hare) à 9 heures avec correspondance à (Atlanta) et arrivée à Rio de Janeiro prévue pour le lendemain matin à 7 heures. Votre retour est prévu pour le 5 mai, départ de Rio de Janeiro à 14 heures sur un vol direct pour (Chicago) avec arrivée prévue à 23:30 le même jour.
Está tudo correto?	C'est bon?
O senhor vai pagar com cartão?	Vous allez régler avec une carte de crédit?
Certo, qual é o número do cartão?	Quel est le numéro de votre carte?
E a data de validade?	Et la date de validité?
Vou lhe dar o número de sua reserva. É...	Je vous donne le numéro de réservation. C'est le...
Muito bem, posso segurar sua reserva por até 10 dias.	Oui, je peux conserver votre réservation pendant 10 jours maximum.
Em caso de cancelamento, é só ligar.	En cas d'annulation vous me téléphonez.
Obrigado (por voar ABC Airlines).	Merci de voyager avec (ABC Airlines).

Check-in no aeroporto – Agente	Check-in à l'aéroport – Agent
Olá.	Bonjour/bonsoir.
Passagem e passaporte, por favor.	Votre billet et votre passeport, s'il vous plaît.
Sinto muito, mas o voo está lotado.	Désolé(e), mais ce vol est plein.
Seu nome não consta reservado para este voo.	Votre nom n'apparaît pas dans la liste de réservations pour ce vol.
Será que a reserva está com um nome diferente?	Est-ce que la réservation est sous un nom différent?
Posso colocá-lo em espera.	Je peux vous mettre en liste d'attente.
Qual é seu destino final?	Quelle est votre destination?
Quantas malas está levando?	Combien de valises avez-vous?
Pode colocar sua(s) mala(s) na balança, por favor?	Pourriez-vous mettre vos valises sur la balance, s'il vous plaît?
Infelizmente, passou do limite.	Malheureusement vous avez un excédent de bagage.
Será computado como excesso.	Ça sera considéré comme un excédent.
Quantos passageiros estão viajando com você?	Combien de passagers voyagent avec vous?
Algum desconhecido lhe pediu que levasse alguma coisa?	Est-ce qu'un inconnu vous a demandé d'emmener quelque chose?
Você está em controle dos seus itens de viagem desde o momento em que fez as malas?	Est-ce que vous avez surveillé vos bagages depuis que vous avez fermé vos valises?
Foi você mesmo quem fez as malas?	C'est vous même qui avez fait vos valises?
Fumante ou não fumante?	Fumeur ou non-fumeur?
O senhor prefere janela ou corredor?	Vous préférez la fenêtre ou le couloir?
Muito bem, está tudo certo.	D'accord, c'est bon.
Aqui está seu cartão de embarque.	Voici votre carte d'embarquement.
Seu portão de embarque é o (22).	Embarquement porte n° (22).
O embarque tem início às (8:30).	L'embarquement aura lieu à (8:30).
É melhor andar logo.	Vous devriez vous dépêcher.
O embarque já começou.	L'embarquement a déjà commencé.
Boa viagem.	Bon voyage.

Anunciando	Annoncer
Passageiro John Dempsey voando pela ABC Airlines. John Dempsey. Por favor, comparecer ao balcão da companhia. Obrigado.	Monsieur John Dempsey sur le vol... ABC Airlines, est prié de contacter le guichet Air France. Merci.

Check-in no aeroporto – Passageiro	Check-in à l'aéroport – Passager
Olá.	Bonjour/bonsoir.
Você ainda tem algum lugar na janela/corredor?	Est-ce qu'il y a encore de la place côté fenêtre/couloir?
Tem alguma refeição a bordo?	Est-ce qu'il y aura un repas pendant le vol?
A que horas começa o embarque?	A quelle heure commence l'embarquement?
Tenho de fazer outro embarque em (Chicago)?	Est-ce que je dois changer d'avion à (Chicago)?
Minha bagagem teria que passar pelo check-in de novo?	Est-ce que je dois encore faire enregistrer mon bagage?
Qual é o portão?	Quelle est la porte d'embarquement?
Onde fica o portão número (22)?	C'est où la porte d'embarquement numéro (22)?

Durante o voo – Tripulação	Pendant le vol – Équipage
Em nome da ABC Airlines, quero dar as boas-vindas a bordo do voo 123...	Au nom de ABC Airlines soyez les bienvenus sur le vol 123...
...voando direto para São Paulo.	...à destination de São Paulo.
...voando para o Rio e São Paulo.	...pour Rio de Janeiro et São Paulo.
Gostaríamos de lembrá-los de que não é permitido fumar neste voo.	Nous vous rappelons qu'il est interdit de fumer pendant le vol.
Estaremos decolando em instantes.	Nous décollerons dans quelques instants.
Obrigado por voar pela ABC Airlines.	Merci d'avoir choisi ABC Airlines.
Verifiquem se suas bandejas estão fechadas, seus cintos colocados e seus assentos voltados para a posição vertical.	Vérifiez si la tablette qui est devant vous est relevée, la ceinture de sécurité bouclée et le siège en position verticale.
Com licença, senhor/senhora. O seu cinto, por favor.	Excusez-moi, M./Mme. Votre ceinture, s'il vous plaît.
Com licença, senhor/senhora, mas precisa voltar para seu assento. Obrigado(a).	Excusez-moi, M./Mme. Il faut retourner à votre siège. Merci.
Desculpe-me, mas não é permitido fumar.	Excusez-moi, mais il est interdit de fumer.
Serão servidos jantar e café da manhã neste voo.	Pendant ce vol un dîner vous sera servi ainsi qu'un petit déjeuner.
Nosso filme a bordo hoje é *Casablanca*.	Le film de ce vol est Casablanca.
Estaremos distribuindo fones de ouvido em alguns instantes.	Nous vous distribuerons des écouteurs dans quelques instants.

Durante o voo – Tripulação (cont.)	Pendant le vol – Équipe de vol (suite)
Assim que o comandante apagar o sinal "Apertem os cintos", vocês poderão se mover livremente, mas recomendamos que usem os cintos enquanto estiverem sentados até o final do voo.	Dès que le commandant aura éteint le signal "bouclez la ceinture de sécurité" vous pourrez circuler librement, mais nous vous conseillons de conserver les ceintures attachées pendant la durée du vol.
A duração do voo é de aproximadamente 10 horas.	La durée du vol est de10 heures environ.
Se houver qualquer coisa que eu ou qualquer membro da tripulação possa fazer, é só nos chamar.	Au cas où vous aurez besoin de moi ou de n'importe quel autre membre de l'équipage, appelez.
Observem o sinal para manter os cintos apertados. Neste momento, todos precisam estar sentados. Obrigado.	Nous vous prions d'être attentifs au signal et d'attacher votre ceinture lorsque celui-ci est allumé. Nous vous prions de rester assis. Merci
O comandante comunica que estamos nos aproximando de São Paulo. Pedimos que guardem todos os objetos no compartimento acima ou embaixo dos assentos à sua frente. Favor fechar suas bandejas e voltar seus assentos para a posição vertical.	Le commandant dit que nous approchons São Paulo. Veuillez garder tous vos objets dans les coffres à bagages au-dessus ou au-dessous de vos sièges. Veuillez relevez vos tablettes et remettre votre siège en position verticale.
Favor manter seus cintos apertados até a parada total do avião.	Veuillez conserver vos ceintures attachées jusqu'à l'arrêt total de l'avion.
Por favor, senhor, mantenha-se sentado até a parada total do avião. Obrigado.	S'il vous plaît Monsieur, restez assis jusqu'à l'arrêt total de l'avion. Merci.
Tenham cuidado ao retirar seus pertences dos bagageiros.	Faites attention en ouvrant les coffres à bagages.
Bom-dia e bem-vindos a São Paulo, Brasil. Se seu destino é São Paulo, desejamos uma boa estada, se vão prosseguir até o Rio de Janeiro, pediríamos a gentileza de permanecerem no avião; partiremos em 30 minutos.	Bonjour et bienvenus à São Paulo, Brésil. Si votre destination est São Paulo, nous vous souhaitons un bon séjour. Si vous continuez jusqu'à Rio, veuillez s'il vous plaît rester dans l'avion; nous partirons dans 30 minutes. Au nom de ABC Airlines, nous vous remercions d'avoir choisi notre compagnie et souhaitons à tous une bonne journée.
Em nome da ABC Airlines, agradecemos a preferência por voar conosco e desejamos a todos um bom dia.	

Durante o voo – Passageiro	Pendant le vol – Passager
Gostaria de me sentar junto com minha (família).	Je voudrais m'asseoir avec ma (famille).
Com licença, mas acho que este é meu lugar.	Excusez-moi, mais je crois que vous avez pris ma place.
Eu poderia trocar de lugar?	Est-ce que je pourrais changer de place?
Poderia me ver uma (água), por favor.	Est-ce que vous pourriez m'apporter de l'eau, s'il vous plaît?
Estes fones não estão funcionando.	Ces écouteurs ne marchent pas.
Quanto tempo dura o voo?	Combien de temps va durer ce vol?
Quanto tempo falta para chegar em (São Paulo)?	Il nous manque combien de temps pour arriver à (São Paulo)?
Qual é a diferença de fuso horário de São Paulo para (Califórnia)?	Quel est le décalage horaire entre São Paulo et (Californie)?
Qual é a hora local em (San Francisco)?	Quelle est l'heure locale à (São Francisco)?

Alfândega – Perguntas	Douane – Questions
Qual é o motivo de sua estada em (San Francisco)?	Quel est le motif de votre séjour à (San Francisco)?
Qual é o seu ramo de negócios?	Quel est votre secteur d'activité?
Seu (visto de trabalho), por favor?	Votre (permis de travail), s'il vous plaît.
Quanto tempo pretende ficar?	Vous avez l'intention de rester ici pour combien de temps?
Onde vai ficar?	Où allez-vous loger?
Você sabe o endereço?	Vous connaissez l'adresse?

Alfândega – Respostas	Douane – Réponses
Estou aqui a passeio/a trabalho/para uma conferência/visitando um amigo.	Je suis ici en vacances/pour le travai/pour une conférence/pour rendre visite à un ami.
Vou ficar (uma semana).	Je vais y rester (une semaine).
Vou ficar no Hilton.	Je loge au Hilton.
Vou ficar com (um amigo).	Je loge chez (un ami).

Problemas com bagagem	Problèmes de bagages
Registrando perda de bagagem	**Déclarer une perte de bagage**
Acredito que a companhia tenha perdido minha bagagem.	Je crois que la compagnie a perdu mon bagage.
Vou ficar no...	Je loge chez...
Vou ficar com...	Je loge avec...
Quanto tempo isso leva geralmente?	Combien de temps ça prend en général?
Eu vou precisar de roupas e outras coisas enquanto isso.	Il me faut des vêtements et quelques petites choses en attendant.
Quanto vou receber para comprar (o que preciso) agora?	Combien recevrai-je pour m'acheter ce qu'il faut?
Isso é um transtorno mesmo.	C'est vraiment gênant.
Quero falar com seu supervisor, por favor.	Je veux parler avec votre supérieur, s'il vous plaît.

Perguntas sobre bagagem perdida	Questions au sujet de bagage égaré
Certo. Em que voo estava?	D'accord. Vous étiez dans quel vol?
Muito bem. Como era?	D'accord. Comment c'était-il?
Está em algum hotel?	Vous logez dans un hôtel?
O senhor tem algum telefone para contato?	Vous avez un numéro de téléphone où nous pourrions vous joindre?
Nós pedimos mil desculpas...	Nous vous prions de nos excuser.
Faremos o que for preciso para recuperar sua (bagagem) o mais breve possível.	Nous ferons ce qu'il faut pour récupérer votre bagage le plus tôt possible.
Só preciso que preencha este formulário aqui, por favor.	Il faut que vous remplissiez ce formulaire, s'il vous plaît.
Assim que soubermos de alguma coisa, entraremos em contato.	Dès qu'on saura quelque chose, nous vous préviendrons.
Entraremos em contato dentro das próximas (24) horas.	Nous vous contacterons dans les prochaines (24) heures.
Pedimos novamente desculpas pelo transtorno causado.	Nous vous prions de nous excuser de nouveau pour cet désagrément.

Ligando do exterior	Un appel téléphonique de l'étranger
Estou tentando ligar para o Brasil.	J'essaie d'appeler le Brésil.
Quero fazer uma chamada a cobrar.	Je voudrais faire un appel en PCV.
Quero usar meu "calling card".	Je voudrais utiliser ma carte téléphonique.
Telefonista, a linha caiu.	Standardiste, la ligne a été coupée.
Gostaria do número para...	Je voudrais avoir le numéro pour...

Hospedagem / Logement

Hotel – Hóspede	Hôtel – Hôte
Você tem vaga para (1 pessoa/2 pessoas) para o dia...	Vous avez de la place pour (1 personne/2 personnes) pour le...
Eu tenho uma reserva.	J'ai une réservation au nom de....
Em nome de (Silva).	Au nom de (Silva).
Aqui está o comprovante.	Voici la confirmation.
Eu quero um quarto para (1 pessoa/2 pessoas).	Je voudrais une chambre pour (1 personne/2 personnes).
Para (2) noites.	Pour (2) nuits.
Quanto é a diária?	C'est combien par jour?
Tem (TV a cabo) nos quartos?	Vous avez un(e) (télé câblée) dans les chambres?
Tem banheiro no quarto?	Est-ce qu'il y a une salle de bains dans la chambre?
Com café da manhã?	Petit déjeuner compris?
Tem alguma vista?	Est-ce qu'il y a une belle vue?
Gostaria/Gostaríamos de uma vista para (o mar), se possível.	Je voudrais/nous voudrions une chambre avec vue sur (la mer), si possible.
Preciso ser acordado às 7:30.	Réveillez-moi à 7:30, s'il vous plaît.
A que horas é o check-out?	Doit-on laisser la chambre à quelle heure?
Como faço para conseguir uma linha?	Comment je fait-on pour passer un appel?
Posso deixar minha bagagem na recepção?	Je peux laisser mon bagage à la réception?
Posso deixar meus objetos de valor no cofre?	Je peux laisser les objets de valeur dans le coffre?
Você pode me informar sobre as atrações locais?	Vous pourriez me renseigner sur les attractions locales?
Posso comprar ingressos aqui para...?	Est-ce que je peux acheter des tickets ici pour ...?
Onde fica o... mais próximo?	Où se trouve le/la .... le/la plus proche?

Hotel – Hóspede (cont.)	Hôtel – Hôte (suite)
Tem algum recado para mim?	Est-ce qu'il y a des messages pour moi?
A pia/o ralo do chuveiro está entupido.	L'évier/la douche est bouché(e).
O vaso não está dando descarga.	La chasse d'eau ne marche pas.
Não tem água quente.	Il n'y a pas d'eau chaude.
O (aquecimento/ar-condicionado) não está funcionando.	Le (chauffage/la climatisation) ne marche pas.
Será que tem alguém para consertá-lo?	Vous auriez quelqu'un pour le réparer?
Eu gostaria de trocar as toalhas no quarto (22), por favor.	Je voudrais qu'on change les serviettes de la chambre (22), s'il vous plaît.
Gostaria de trocar de quarto, por favor.	J'aimerais changer de chambre, s'il vous plaît.
Gostaria de ficar mais um dia, por favor.	Je voudrais rester un jour de plus, s'il vous plaît.
Gostaria de fechar a conta, por favor.	J'aimerais régler, s'il vous plaît.
Você poderia fazer uma conta separada para o telefone, por favor?	Vous pourriez faire une facture séparée pour le téléphone, s'il vous plaît?
Aqui é do quarto 22. Vocês poderiam mandar alguém vir buscar a bagagem, por favor?	Je vous appele de la chambre 22. Vous pourriez envoyer quelqu'un pour les prendre bagages, s'il vous plaît?

Hotel – Recepção	Hôtel – Réception
Para quantas noites?	Pour combien de nuits?
Quantos hóspedes?	Pour combien de personnes?
Para que dias?	Pour quels jours?
Infelizmente não temos vaga nesses dias.	Malheureusement nous sommes complets ces jours-là.
Sim, nós temos vagas nesses dias.	Oui, nous avons de la place ces jours-là.
Você tem reserva?	Vous avez une réservation?
Qual é o nome, por favor?	Au nom de qui, s'il vous plaît?
A saída é ao (meio-dia).	Vous devez laisser la chambre jusqui'à midi.
Só preciso que você preencha isto, por favor.	Remplissez ce formulaire, s'il vous plaît.
Certo, e preciso que assine aqui, por favor.	Signez ici, s'il vous plaît.
Você tem um cartão de crédito ou algum documento, por favor?	Vous avez une carte de crédit ou une pièce d'identité, s'il vous plaît?
Aqui está sua chave.	Voici votre clé.

Hotel – Recepção (cont.)	Hôtel – Réception (suite)
Tenha uma boa estada.	Je vous souhaite un bon séjour.
Pegue o elevador, é o (terceiro) andar.	Prenez l'ascenseur, c'est au (troisième) étage.
Gostaria de uma ajuda com as malas?	Vous voulez de l'aide pour vos bagages?
Para obter uma linha, tecle (9).	Pour passer un appel extérieur, composez le (9).
Tecle (0) para falar com a recepção.	Faites le (0) pour avoir la réception.
O senhor está fechando a conta hoje?	Vous réglez aujourd'hui?
Consumiu alguma coisa do frigobar?	Vous avez pris quelque chose du mini-bar?
Posso lhe chamar um táxi?	Je peux vous appeler un taxi?
Esperamos que tenha(m) aproveitado a sua estada.	Nous espérons que vous avez apprécié votre séjour.
Volte(m) sempre.	Revenez quand vous voulez.

Uma família hospedeira	Une famille d'accueil
A que horas posso tomar banho?	A quelle heure je peux prendre ma douche?
Tudo bem se eu...?	Ça ne vous gêne pas si je...?
Você(s) se importa(m) se eu usar o telefone para uma ligação local?	Ça ne vous dérange pas si j'utilise votre téléphone pour un appel local?
Posso usar seu telefone?	Je pourrais utiliser votre téléphone?
Vou fazer uma ligação interurbana mas não se preocupe, tenho um "calling card".	Je vais passer un appel international mais ne vous inquiétez pas, j'ai une carte téléphonique.
Dormi muito bem, obrigado.	J'ai très bien dormi, merci.
Achei que deveria falar: a (água quente) não está funcionando.	Il faut que je vous prévienne, l'eau (chaude) ne marche pas.
Queria só avisar que não volto para o jantar (hoje à noite).	Je voulais vous prévenir que je ne serai pas là pour dîner (ce soir).

Compras / Faire des achats

Cliente	Client
Só estou olhando, obrigado.	Je regarde, merci./Je jette juste un coup d'oeil.
Vocês aceitam (American Express)?	Vous acceptez l'(American Express)?
Vocês aceitam *traveller's checks*?	Vous acceptez les chèques de voyage?
Vocês têm...?	Vous avez...?
Estou procurando...	Je cherche...
Vi uma (jaqueta) na vitrine.	J' ai vu (un blouson) dans la vitrine.

Cliente (cont.)	Client (suite)
Está em promoção?	C'est en solde?
Posso mandar isso para o Brasil?	Je peux envoyer ça au Brésil?
É para presente.	C'est pour faire un cadeau./ C'est pour offrir.
Vocês podem embrulhar isso para presente?	Vous pouvez faire un paquet cadeau?
Quanto fica com imposto?	Ça fait combien avec les taxes?
Qual é o preço na promoção?	Ça fait quel prix avec la reduction?
Você tem no tamanho P/M/G/GG?	Vous en avez taille S/M/L/XL?
Você tem num tamanho menor/maior?	Vous en avez dans la taille en dessous/au dessus?
Onde ficam os provadores?	C'est où les cabines d'essayage?
Qual é o horário de vocês aqui?	Quelles sont vos heures d'ouverture et fermeture?
A que horas fecham?	Vous fermez à quelle heure?
Vocês abrem aos (finais de semana)?	Vous ouvrez (les week-ends)?
Quanto tempo leva?	Ça prend combien de temps?
Vou ficar com este. / Vou ficar com estes.	Je prends celui-ci/celle-ci/ceux-ci/celles-ci.
Por favor, onde é que eu pago?	S'il vous plaît, c'est où la caisse?
Vou comprar este aqui, por favor.	Je vais acheter celui-ci/celle-ci, s'il vous plaît.
Vocês fazem troca?	C'est possible d'échanger?
Você me dá uma nota fiscal, por favor?	Pourriez-vous me donner une facture/ Vous pourriez me faire une facture, s'il vous plaît?

Atendente	Vendeuse/vendeur
Eu já volto.	Je reviens dans un instant.
Pois não?	Je peux vous aider?
Oi, posso ajudá-lo?	Bonjour, je peux vous aider?
Já foi atendido?	On vous sert/On s'occupe de vous?
Fique à vontade.	Je vous en prie.
Está procurando algo em especial?	Vous cherchez quelque chose de particulier?
Posso ajudá-lo a encontrar alguma coisa?	Je peux vous aider à trouver quelque chose?
(As malhas) estão em promoção.	(Les tricots) sont en promotion.
Está fora do estoque.	C'est épuisé(e).
Nós não trabalhamos com...	Nous ne travaillons pas avec...
Vou verificar lá atrás.	Je vais voir s'il en reste au dépôt.
Posso lhe mostrar...	Je peux vous montrer...
Talvez queira algo mais...	Peut-être que vous aimeriez quelque chose d'un peu plus...

Atendente (cont.)	Vendeuse/vendeur (suite)
São de ótima qualidade.	C'est de la très bonne qualité.
Duram a vida toda.	Ça dure toute la vie.
Posso mandar entregar.	Je peux vous le faire livrer.
É para presente?	C'est pour offrir?
Você quer que eu embrulhe para presente?	Vous voulez que je fasse un paquet cadeau?
Você pode pagar aqui.	Vous pouvez payer ici./La caisse est ...
É só?/Vai levar mais alguma coisa?	C'est tout?/ Vous voulez quelque chose d'autre?
Me desculpe, mas seu cartão não passou.	Excusez-moi, mais la carte ne passe pas.
Você teria outro cartão?	Vous auriez une autre carte?
Quer que ponha em uma sacola?	Vous voulez que je mette ça dans un sac?
Seu recibo.	Votre reçu.
Tenha um bom dia.	Bonne journée.

Falando sobre compras	Parler de ses achats
Está em promoção./Estava em promoção.	C'est en solde./ C'était une promotion.
Foi uma pechincha.	C'était très bon marché.
Estava com um preço tão bom que não pude resistir.	C'était tellement bon marché que je n'ai pas pu résister.
Fiz uma compra ótima.	J'ai fait un excellent achat.
Fui roubada.	Je me suis fait avoir.
Gastei os tubos.	J'ai trop dépensé.
Quase estourei meu limite do cartão.	J'ai failli dépasser le plafond de ma carte de crédit.

Comendo e bebendo — Manger et boire

No restaurante – Cliente	Dans un restaurant – Client
Quero fazer uma reserva para (2 pessoas) para (as 8 horas hoje à noite), por favor.	Je voudrais faire une réservation pour (2 personnes) pour (8 heures ce soir) s'il vous plaît.

No restaurante – Cliente (cont.)	Dans un restaurant – Client (suite)
Uma mesa para (2), por favor.	Une table pour (2), s'il vous plaît.
Somos (2).	Nous sommes(2).
Tem espera?	Il faut attendre?
Tem uma seção para fumantes?	Vous avez un espace fumeurs?
Podemos nos sentar (próximos à janela)?	Pourrions-nous nous asseoir (près de la fenêtre)?
Onde fica o toalete?	Où sont les toilettes?
Vou pedir um/o...	Je vais prendre un/le...
Vou pedir o mesmo que você.	Je vais prendre la même chose.
Dois, por favor.	Deux, s'il vous plaît.
Que sucos/cervejas vocês têm?	Qu'est-ce que vous avez comme jus/bière?
Poderia ver a carta de vinhos, por favor?	Pourriez-vous nous apporter la carte de vins, s'il vous plaît?
Você pode me trazer um garfo/colher/faca, por favor?	Pourriez-vous m'apporter une fourchette/ une cuillère/un couteau s'il vous plaît?
Você pode me trazer mais um garfo/ colher/faca, por favor?	Pourriez-vous m'apporter un(e) autre fourchette/cuillère/couteau s'il vous plaît?
Você pode me/nos trazer mais (pão), por favor?	Pourriez-vous m'apporter/nous apporter plus de (pain), s'il vous plaît?
Você pode mandar esquentar meu prato, por favor?	Pourriez-vous faire réchauffer mon plat, s'il vous plaît?
Não foi isso que eu pedi.	Ce n'est pas ce que j'ai commandé.
Eu pedi o...	J'avais choisi le...
Eu/nós pedi(mos) (2 águas).	J'ai/nous avons demandé (2 bouteilles d'eau).
Nossa, o seu está com uma cara ótima!	Votre plat a l'air d'être bien bon.
Eu deveria ter pedido isso.	J'aurais dû demander ça.
Como está seu (filé)?	Comment est votre (steak)?
Parece ótimo.	Ça a l'air délicieux.
Posso ver o cardápio de novo?	Je peux revoir le menu?
Você tem (chocolate)?	Vous avez (du chocolat)?
Estava uma delícia, obrigado.	C'était délicieux, merci.
Você me/nos traz a conta, por favor?	Vous pourriez nous apporter l'addition, s'il vous plaît?
Só a conta, por favor.	Juste l'addition, s'il vous plaît.
Você pode embrulhar (o frango)?	Vous pourriez mettre le reste dans un sac?

Num restaurante – Atendente	Dans un restaurant – Serveur
Bom-dia/Boa-noite. Mesa para (dois)?	Bonjour/Bonsoir, une table pour (2)?
Quantos são?	Vous êtes combien?
Há uma espera de (30 min).	Il y a une attente de (30 min.).
Você(s) tem/têm uma reserva?	Avez-vous une réservation?
Você gostaria de deixar seu nome?	Voudriez-vous laisser votre nom?
Certo. Seu nome, por favor?	D'accord. Votre nom, s'il vous plaît?
Você(s) gostaria(m) de esperar no bar?	Vous aimeriez attendre au bar?
Eu chamo quando houver uma mesa.	Je vous appellerai dès qu'il y aura une table.
Eu volto num instante.	Je reviens dans un instant.
Boa-noite, tudo bem?	Bonsoir, vous allez bien?
Meu nome é (Sérgio) e estarei atendendo você(s) (esta noite).	Je m'appelle (Sergio) et c'est moi qui vous servirai (ce soir).
Você(s) já deu/deram uma olhada no especial do dia?	Vous avez déjà vu le plat du jour?
Querem começar com alguma bebida?	Voulez-vous commencer par un apéritif?
Gostaria(m) de ver a carta de vinhos?	Voudriez-vous voir la carte des vins?
Quere(m) fazer o pedido?	Voulez-vous commander?
Eu recomendo o...	Je vous recommande le...
Infelizmente, estamos sem (gorgonzola) no momento.	Malheureusement il n'y a plus de (gorgonzola).
Como quer seu filé?	Comment voulez-vous votre steak?
Então, são...	Alors, c'est...
Querem mais alguns minutinhos?	Voulez-vous qu'on attende quelques minutes?
Tudo bem, eu já volto.	D'accord, je reviens dans un instant.
Fique(m) à vontade.	Mettez-vous à l'aise.
Perdão, esta é uma seção para não fumantes.	Pardon, vous êtes dans l'espace non-fumeurs.
Está tudo bem?	Tout va bien?
Posso tirar?	Je peux débarrasser/desservir?
O senhor já terminou?	Avez-vous fini, monsieur?
Vou tirar isso do caminho.	Je vais débarrasser.
Aceita(m) um café ou uma sobremesa?	Voulez-vous un café ou un dessert?
Você deixou seu carro com o manobrista?	Avez-vous laissé votre voiture avec le préposé?
Desculpe-me, mas a máquina não está aceitando o cartão.	Excusez-moi, mais la machine n'accepte pas votre carte.
O senhor teria outro cartão?	Vous auriez une autre carte?
Infelizmente não trabalhamos com este cartão.	Malheureusement nous n'acceptons pas cette carte.
Obrigado e uma boa (noite).	Merci et bonne soirée.

Na casa de alguém	Chez quelqu'un
O cheiro está uma delícia.	Ça sent très bon!
Está com uma cara ótima.	Ça a l'air délicieux.
Nossa, que delícia!	Mon Dieu, quel délice!
Obrigado. Estou satisfeito.	Merci, j'ai assez mangé.
Como você fez isso?	Comment avez-vous préparé ça?
Você me dá a receita?	Vous me donnez la recette?
Estava uma delícia.	C'était délicieux.
Deixe-me ajudar você com a louça.	Laissez-moi vous aider à débarrasser.
Obrigado pelo jantar. Estava ótimo.	Merci pour le dîner, c'était excellent.
Bem que eu queria poder ficar mais tempo, mas...	J'aimerais bien rester un peu plus, mais...

Entretenimento / Amusement

No cinema	Au cinéma
(2) ingressos para (*Casablanca*).	(2)tickets pour (Casablanca).
Para a sessão das (8).	Pour la séance de (8 heures).
Ainda tem para a sessão das (8)?	Il y a encore des tickets pour la séance de (8) heures?
A que horas dá para entrar?	A quelle heure peut-on entrer?
Com licença, tem alguém sentado aqui?	Excusez-moi, ce siège est libre?
Desculpe-me, mas tem uma pessoa sentada aqui.	Désole(é), ce siège est pris.

No teatro/ópera	Au théâtre/opéra
Podemos comprar ingressos mais baratos no dia do espetáculo.	On peut acheter des tickets meilleur marché le jour même du spectacle.
A que horas começa o espetáculo?	A quelle heure commence le spectacle/ la pièce?
Ainda tem ingressos para hoje à (noite)?	Il y a encore des tickets pour (ce soir)?
Quero um lugar no..., se possível.	Je veux un siège au ..., si possible.
Não muito atrás, se possível.	Pas trop en arrière, si possible.
Tem algum lugar mais perto do palco?	Vous avez des places plus proches de la scène?
Se tiver um lugar no meio, está ótimo.	S'il y a de la place au centre, c'est bien.
Desculpe-me, acho que este é meu lugar.	Excusez-moi, je crois que c'est mon siège.

Eventos esportivos	Evénements sportifs
(2) ingressos para (o jogo de quarta), por favor.	(2) entrées pour le (match de mercredi), s'il vous plaît.
Posso ver a programação?	Je peux voir le programme?
Qual é a seção mais em conta?	Quelle est la tribune la moins chère?
Queria um lugar na arquibancada, por favor.	Je voudrais une place sur les gradins, s'il vous plaît.
Não conheço os estádios franceses.	Je ne connais pas les stades en France.
Que seção você recomenda?	Quelle tribune recommandez-vous?
Seria bom um lugar perto do (da) (campo/quadra).	Ça serait bien une place près du court/ du terrain.
A que horas começa o jogo?	A quelle heure commence le match?

Táxis / Taxi

Passageiro	Passager
Está livre?	Vous êtes libre?
A (Green Street), por favor.	(Green Street) s'il vous plaît.
Quanto ficaria até...?	Ça coûterait combien jusqu'à...?
O... fica muito longe?	Le/la ... est loin d'ici?
O endereço é...	L'adresse est...
O senhor pode me deixar aqui na esquina, por favor.	Vous pouvez me laisser à l'angle, s'il vous plaît.
Aqui está ótimo.	Ici c'est bien.
Me dê só ($5) de troco.	Rendez-moi seulement ($5).
Fique com o troco. Obrigado.	Gardez la monnaie. Merci.

Motorista	Chauffeur
Precisa de um táxi?	Vous voulez un taxi?
Eu pego isso para o senhor.	Laissez-moi porter ça.
Deixe-me ajudá-lo com isso.	Laissez-moi vous aider.
Você gostaria de colocar isso no porta-malas?	Vous voudriez mettre ça dans le coffre?
Isso vai com você?	Et ça, c'est à vous?
Gostaria de ir na frente/atrás?	Vous aimeriez aller à l'avant ou à l'arrière?
Para onde?	Où allez-vous?
Esta rua é transversal de qual?	Cette rue coupe quelle autre rue?

Motorista (cont.)	Chauffeur (suite)
Até que altura da (Green Street) você vai?	Vous arrêtez à quelle hauteur de (Green Street)?
Fica perto do (estádio)?	C'est près du (stade)?
E, então, você é de onde?	Et alors, vous venez d'où?
É a primeira vez que vem?	C'est la première fois que vous venez ici?
Está a passeio/trabalho?	Vous êtes ici en vacances/pour le travail?
Que número é?	C'est quel numéro?
Vou pegar as malas para você.	Je prends le bagage pour vous.

Alugando um carro / Louer une voiture

Cliente	Client
Gostaria de alugar um carro.	Je voudrais louer une voiture.
Quanto é a diária?	C'est combien par jour?
Quanto sai por semana?	C'est combien par semaine?
Isso inclui quilometragem livre?	Kilomètrage ilimité inclus?
Gostaria de um carro (pequeno/tamanho médio/grande).	Je voudrais une voiture (petite/moyenne/grande).
O que o seguro cobre?	Qu'est-ce que l'assurance couvre?
Gostaria de uma cobertura completa.	Je voudrais une couverture complète.
Que acontece se o carro quebrar?	Si la voiture tombe en panne, qu'est-ce qui se passe?
Meu cartão cobre o seguro.	Ma carte de crédit couvre l'assurance.

Atendente	Employé
Muito bem. O que nós temos disponível é...	D'accord. Ce que nous avons de disponible c'est...
Fica tudo em $25 por dia incluindo quilometragem.	C'est $25 par jour, le kilométrage ilimité inclus.
Fica tudo em $25 por dia mais 5 centavos por quilômetro.	C'est $25 par jour plus 5 centimes par kilomètre.
Por quantos dias você precisaria do carro?	Vous auriez besoin de la voiture pour combien de jours?
Certo, eu preciso da carteira de motorista e um cartão de crédito.	D'accord, il me faut votre permis de conduire et une carte de crédit.

Atendente (cont.)	Employé (suite)
Muito bem, vence no dia (três) e pedimos para entregar o carro com tanque cheio.	D'accord, c'est valable jusqu'au (3) et nous vous demandons de rendre la voiture avec le réservoir plein.
Aqui estão as chaves.	Voici les clés.
Está estacionado ali.	Elle est garée là-bas.
Você precisa de mapa ou alguma coisa?	Vous avez besoin d'un plan ou autre chose?
Faça uma boa viagem.	Bon voyage!

No posto de gasolina / A la station station service

"Self-service"	Self-service
($10) no número (11), por favor.	($10) au numéro (11), s'il vous plaît.
Vocês têm (mapas) para vender?	Vous avez des plans/cartes pour vendre?

Serviço com frentista	Pompiste
($10) da (comum/aditivada), por favor.	($10) d'essence ordinaire/super, s'il vous plaît.
Complete com (comum/aditivada), por favor.	Le plein d'ordinaire/de super), s'il vous plaît.
Você pode verificar a frente para mim, por favor?	Pourriez-vous vérifier les niveaux, s'il vous plaît?
Você pode checar os pneus para mim, por favor?	Pourriez-vous vérifier les pneus, s'il vous plaît?
Acho que este pneu está um pouco baixo.	Je crois que ce pneu est un peu dégonflé.

Perguntando o caminho	Demander son chemin
Quanto falta para (San Diego), você sabe?	Vous savez combien de kilomètres il reste pour arriver à (San Diego)?
Estou/Estamos tentando ir a (San Diego).	On essaie d'aller à (San Diego).
Você sabe se estou/estamos no caminho certo?	Vous savez si je suis/nous sommes sur le bon chemin?
Você poderia me dizer como chegar a (San Diego)?	Vous pourriez me dire comment arriver à (San Diego)?

Perguntando o caminho (cont.)	Demander son chemin (suite)
É/Está longe?	C'est loin?
Você poderia me fazer um mapa?	Vous pourriez dessiner un plan?
Como é que eu volto para a estrada?	Comment je fais pour revenir sur l'autoroute?
Tem algum ponto de referência?	Il y a un point de repère?
Tem placas?	Il y a des panneaux de signalisation?

Achados e Perdidos	Objets perdus et retrouvés

Quem perdeu	Celui qui a perdu
Deixei minha (máquina) aqui (esta tarde).	J'ai laissé (ma caméra) ici (cet après-midi).
Acho que a deixei (no assento).	Je crois que je l'ai laissé(e) (sur le siège).
Posso deixar meu telefone, caso a encontrem?	Je peux vous laisser mon téléphone au cas où vous la/le retrouviez?

O estabelecimento	L'établissement
Está bem, vou checar.	D'accord, je vais vérifier.
Quando foi que a perdeu?	Quand est-ce que vous l'avez perdu(e)?
Como ela é?	Il/elle est comment?
De que cor é?	Il/elle est de quelle couleur?
Que marca é?	Il/elle est de quelle marque?
Quando esteve com ela pela última vez?	Quand est-ce que vous l'avez vu(e) la dernière fois?
Mais algum detalhe?	D'autres détails?
Quer deixar algum telefone para contato?	Vous voulez nous laisser un numéro où vous contacter?

6

Morando no Exterior
Habiter à L'étranger

Cursos no exterior/Dando aula	Cours à l'étranger/donner des cours
O aluno	**L'élève**
Eu tenho uma pergunta sobre...	J'ai une question sur...
Fiquei na dúvida sobre...	J'ai un doute à propos de...
Quem você pegou para...?	Qui vous avez eu pour...?
Tem carteira para canhotos?	Il y a des sièges pour gauchers?
Não sei se estou na sala/classe certa.	Je ne sais pas si je suis dans la bonne salle.
Acho que preciso mudar para um nível abaixo/acima.	Je crois que je dois changer pour un niveau supérieur/inférieur.
Gosto muito das suas aulas.	J'aime beaucoup vos cours.

O aluno (cont.)	L'élève (suite)
Gostaria de conversar sobre mudar de turma.	Je voudrais vous parler au sujet d'un changement de cours.
Vai cair na prova?	Ça sera demandé à l'examen?
Você pode escrever isso no quadro?	Est-ce que vous pourriez écrire ça au tableau?
Desculpe, não estou enxergando o quadro.	Excusez-moi, je ne vois pas le tableau.
Desculpe, tem um reflexo no quadro.	Excusez-moi, il y a un reflet sur le tableau.
Espere! Não apague isso ainda, por favor!	Attendez! N'effacez pas encore, s'il vous plaît!
Posso ver suas anotações?	Je peux voir vos notes?
Você tem as anotações de (sexta)?	Tu as les notes du cours de (vendredi)?
Não vou estar aqui para a prova.	Je ne serai pas ici pour l'examen.
Posso fazer uma prova substitutiva?	Je pourrais faire un test de rattrapage?
Tenho que faltar (amanhã).	Je vais manquer le cours (demain).
Tudo bem se eu sair um pouco mais cedo hoje?	Est-ce que je pourrais sortir un peu plus tôt aujourd'hui?
Desculpe-me o atraso!	Excusez-moi pour le retard.
Me empresta sua (caneta)?	Vous me prêtez votre stylo?
Em que página estamos?	Nous sommes à quelle page?
Desculpe-me. Não estava prestando atenção.	Excusez-moi, je ne faisais pas attention.
Tive alguns problemas com a lição.	J'ai eu quelques difficultés avec le devoir.
Tenho uma pergunta sobre uma questão da prova.	J'ai une question sur une des questions de l'épreuve.
Podemos usar o dicionário na prova?	Est-ce que nous pouvons nous servir du dictionnaire pendant l'épreuve?

O professor	Le professeur
Vai ter prova na sexta-feira.	Il y aura une épreuve vendredi.
A prova (bimestral) tem peso... na nota final.	L'épreuve (bimestriel) vaut .... de la note finale.
Silêncio na prova.	Silence pendant l'épreuve.
Sem colar!	Ne trichez pas!
Abram na página...	Ouvrez à la page...
Pulem até a página...	Sautez jusqu'à la page...
Pulem para o número...	Sautez jusqu'au numéro...
Vocês devem estar todos na página...	Vous devez être tous à la page...

O professor (cont.)	Le professeur (suite)
Quem não tiver o livro, compartilhe com um colega.	Si vous n'avez pas le livre, lisez avec un camarade.
Trabalhem em pares/grupos (de 3).	Travaillez par 2/groupes de (3).
Juntem-se em pares.	Mettez-vous par 2.
Por favor, tente chegar na hora.	S'il vous plaît, essayez d'arriver à l'heure.
Dá para enxergar?	Vous pouvez voir?
Tudo bem até agora?	Ça va jusqu'ici?
Alguma dúvida?	Vous avez des doutes?
Vamos fazer um intervalinho?	On fait une petite pause?
Alguém tinha alguma pergunta sobre a lição de casa?	Vous auriez des questions sur le devoir?
Bom, para lição de casa, façam...	Bien, comme devoir faites...
Gostaria de um minuto de silêncio, por favor.	Je voudrais un moment de silence, s'il vous plaît.
Gostaria de falar sobre o desempenho de você(s).	Je voudrais vous parler de votre travail.
Você(s) está/estão se saindo muito bem.	Vous avez de bons résultats.
Há mais alguma pergunta?	Il y a encore des questions?
Alguém levantou a mão?	Quelqu'un a levé la main?
Deem só uma olhada no quadro.	Regardez le tableau un moment.

Procurando apartamento	Chercher un appartement
Eu vi o anúncio no... para...	J'ai vu l'annonce dans le .... pour...
Estou ligando a respeito do (apartamento).	Je vous appelle au sujet de (l'appartement).
Ainda está disponível?	Il est encore libre?
Onde fica exatamente?	C'est où exactement?
Você pode me falar um pouco sobre o apartamento/imóvel?	Vous pourriez me parler un peu plus de l'appartement?
Quanto está o aluguel?	C'est combien le loyer?
Quanto seria o depósito?	La caution est de combien?
O aluguel inclui água e gás?	L'eau et le gaz sont inclus dans le loyer?
Quantos dormitórios?	Il y a combien de chambres?
Tem...?	Il y a ...?
É mobiliado?	C'est meublé?
Posso ver o apartamento?	Je peux voir l'appartement?
Tem alguma coisa de que eu precise saber?	Est-ce qu'il y aurait quelque chose dont je devrais être au courant?

Procurando apartamento (cont.)	Chercher un appartement (cont.)
O bairro é seguro?	Le quartier est sûr?
Fica perto de...?	C'est près de...?
A partir de quando eu poderia me mudar?	A partir de quand je pourrais emménager?

Usando serviços públicos	Utiliser les services publics
Você pode me informar onde posso saber sobre....?	Vous pourriez me dire où je pourrais me renseigner sur...?
Com quem eu falo para...?	A qui je m'adresse pour...?
É aqui que preciso ir para...?	C'est bien ici que je dois aller pour...?
Essa é a fila para...?	C'est bien la queue pour...?
Você está na fila para...?	Vous êtes dans la queue pour...?
Você é o último?	Vous êtes le dernier?
Desculpe-me, eu estava na fila.	Excusez-moi, je faisais la queue.
Você pode guardar meu lugar? Eu já volto.	Est-ce que vous pourriez surveiller ma place? Je reviens tout de suite.
Que demora!	Ça prend trop longtemps!
Estou aqui para...	Je suis là pour...
Você pode anotar esta informação para mim?	Est-ce que vous pourriez mettre ça par écrit pour moi?
Não tem outro jeito?	Il n'y aurait pas un autre moyen?
Tem que haver um jeito mais fácil!	Il doit y avoir une solution plus facile!

No banco / À la banque

O cliente	Le client
Gostaria de trocar estes *traveller's checks.*	Je voudrais changer ces chèques de voyage.
Queria trocar reais.	Je voudrais changer des "reais".
Qual é a taxa cambial de hoje?	Quel est le taux de change aujourd'hui?
Gostaria de descontar um cheque.	Je voudrais encaisser un chèque.
Gostaria de fazer um depósito.	Je voudrais faire un dépôt.
Gostaria de fazer um saque.	Je voudrais retirer de l'argent.
Gostaria de enviar dinheiro para...	Je voudrais envoyer de l'argent pour/vers...
Gostaria de fazer uma transferência.	Je voudrais faire un virement.
Preciso fazer uma ordem de pagamento.	Je voudrais émettre un ordre de virement.

O cliente (cont.)	Le client (suite)
Gostaria de abrir uma conta poupança/ corrente.	Je voudrais ouvrir un compte d'épargne/un compte courant.
Qual é o saldo mínimo?	Quel est le solde minimum?
Qual é a taxa de juros?	Quel est le taux d'intérêt?
Eu teria algum limite no cheque especial?	Quelle est la limite de mon autorisation de découvert?
O que eu preciso para ter um cartão de crédito?	Qu'est-ce qu'il faut pour avoir une carte de crédit?
Posso acessar minha conta pela internet?	Je peux accéder à mon compte par internet?
Como posso transferir dinheiro da minha conta no Brasil?	Comment est-ce que je peux faire un virement de mon compte au Brésil?

O bancário	L'employé de la banque
Como você quer esse valor?	Vous préférez que je vous donne des petites ou des grosses coupures?
Cheques de fora da praça/estrangeiros levam (uma semana) para cair na conta.	Les chèques étrangers mettent une semaine à être encaissés.
Você tem uma conta nessa agência?	Vous avez un compte dans cette agence?
Qual o número da conta?	Quel est votre numéro de compte?
Pode me emprestar seu RG, por favor?	Vous pourriez me passer une pièce d'identité, s'il vous plaît?
Pode digitar a senha.	Vous pouvez taper votre mot de passe.
Você é o titular da conta?	Qui est le titulaire du compte?
A conta está em seu nome?	Le compte est à votre nom?
Preciso de que você rubrique isto.	Signez ici, s'il vous plaît.
Seu saldo está negativo.	Votre compte est débiteur/Votre solde est négatif.
Um instante que eu vou checar com meu gerente.	Un instant, je vais vérifier avec mon supérieur.

Carros — Voitures

Comprando	Acheter
Olá, estou ligando a respeito do (Ford Escort).	Bonjour, j'appelle au sujet de la (Ford Escort).
Me fale um pouco sobre o carro.	Pourriez-vous me parler un peu de la voiture?

Comprando (cont.)	Acheter (suite)
Qual é a quilometragem?	Elle a combien de kilomètres?
De que ano é?	Elle est de quelle année?
Como está o carro?	Elle est en bon état?
Já foi batido?	Elle a déjà eu un accident?
É com câmbio manual ou automático?	L'embrayage est automatique ou manuel?
Que cor é?	Elle est de quelle couleur?
Você é o único dono?	Vous avez été le seul propriétaire?
É econômico?	Elle est économe?
Alguma coisa foi trocada?	Est-ce qu'il y a des pièces qui ont déjà été changées?
Quanto você está pedindo por ele?	Vous en demandez combien?
Quanto você falou que estava pedindo?	Vous avez dit combien?
Você aceita cheque?	Vous acceptez les chèques?
Posso ver o carro?	Je pourrais voir la voiture?
Você se importa se eu levar no meu mecânico para dar uma checada?	Ça vous dérange si je l'enmène chez mon garagiste pour qu'il la révise?
Não posso pagar tudo isso agora.	Je ne peux pas payer tout ça maintenant.
Estou disposto a pagar ($5.000) por ele.	Je vous en offre ($5000).

Consertando	Réparer
Está fazendo um barulho esquisito.	Elle fait un drôle de bruit.
Não está pegando.	Elle ne démarre pas.
Ele fica morrendo.	Elle s'arrête toute seule.
Dá a partida, mas não pega.	Ça démarre, mais ça ne tient pas.
Acho que só precisa de uma regulagem.	Je crois qu'elle a juste besoin d'un réglage.
Os freios estão fazendo barulho.	Les freins font du bruit.
O pedal do freio está muito baixo.	La pédale de frein est trop enfoncée.
Acho que está fora de alinhamento.	Je crois qu'elle est mal réglée.
Está esquentando.	Elle chauffe.
Está vazando óleo/óleo de freio/óleo de câmbio/água/combustível.	Il y a une fuite d'huile/liquide de freins/huile de la boîte de vitesse/eau/essence.
Começa a tremer em velocidade alta.	A grande vitesse elle vibre.
A marcha fica escapando.	La vitesse ne passe pas.
A marcha entra e sai.	Les vitesses sautent.
Quando eu acelero, dá um solavanco.	Quand j'accélère, il y a une secousse.

Consertando (cont.)	Réparer (suite)
Está com um cheiro esquisito.	Ça sent bizarre.
A mudança de marcha está estranha.	La boîte de vitesse est bizarre.
O/Os... precisa(m) de....	Le/la .... a besoin de....

No cabeleireiro/salão — Chez le coiffeur

Mulher (especialmente)	Femme
Quero cortar.	Je voudrais une coupe.
Quero manter o corte.	Je voudrais conserver ma coupe.
Quero lavar.	Je veux faire un shampooing.
Quero uma permanente.	Je voudrais une permanente.
Quero uma escova.	Je voudrais un brushing.
Quero fazer luzes.	Je voudrais un balayage.
Quero tingir.	Je voudrais une coloration.
Quero a franja comprida/curta.	Je veux la frange longue/courte.
Quero fazer a mão/o pé.	Je voudrais faire une manucure.[9]
Quero fazer as unhas.	Je voudrais me faire faire les ongles.
Quero fazer uma depilação (nas pernas).	Je voudrais une épilation(des jambes).
Quero tirar as sobrancelhas.	Je voudrais une épilation des sourcils.
Quero uma maquiagem de dia/de noite.	Je voudrais un maquillage de jour/de nuit.
Quero fazer uma limpeza de pele.	Je voudrais un nettoyage de peau.

Homem (especialmente)	Homme
Quero cortar.	Je voudrais une coupe.
Só quero uma aparada, por favor.	Je voudrais raccourcir un peu les pointes, s'il vous plaît.
Quero lavar.	Je voudrais un shampoing.
Quero deixar curto atrás.	Je veux court derrière.
Quero deixar as costeletas curtas/compridas.	Je veux laisser les pattes courtes/longues.
Quero pentear para frente/para trás/para o lado.	Je veux être coiffé en avant/en arrière/ du côté.

[9] Na França os serviços de manicure e depilação não são oferecidos nos cabeleireiros (*chez le coiffeur*), mas nas clínicas de estética (*chez l'esthéticienne*).

7

Francês para Correspondência Escrita
Français de la Correspondance

Um anúncio para emprego	Annonce d'emploi
Somos um(a)...	Nous sommes une/un.../Nous cherchons...
Com possibilidade de ascensão	Avec une possibilité d'évolution de carrière.
Temos vagas para o(s) seguinte(s) cargo(s):	Nous avons des places pour les postes suivants:
O candidato ideal será/terá...	Le candidat idéal sera/aura...
Deve ser fluente em/conhecer...	Requis: Doit parler couramment/avoir des connaissances en...
Deve ter experiência com...	Doit avoir de l'expérience en...
... desejável.	... souhaitable.
Favor encaminhar CV via fax ou e-mail para...	S'il vous plaît veuillez envoyer CV par fax ou mél au...
Oferecemos salário compatível com o mercado.	Salaire en relation avec le marché.
Venha fazer parte de nossa equipe.	Venez faire partie de notre équipe.

Mensagens breves	Messages courts
Recebi sua mensagem. Obrigado.	J'ai bien reçu votre message. Merci.
Um aviso/recado sobre...	Un petit mot sur...
Um recadinho para dizer...	Un petit mot pour dire...
Só um recado para dizer...	Un court message pour dire...
Ocorreu-me o seguinte:	Il m'est venu une idée:
Só para lhe avisar/comunicar...	Juste pour vous prévenir/communiquer...
Só para lembrá-lo (de que o prazo...)	Juste pour vous rappeler (que le délai)...
Só para checar que...	Juste pour vérifier si...
Vou escrever mais depois.	Je vous écrirai en détail plus tard.
Está tudo bem?	Ça va bien?
Vou lhe manter informado.	Je vous tiendrai au courant.

Cartas profissionais / Lettres professionnelles

Aberturas	Formules d'appel et introduction
Caro(a) sr./sra. Johnson,	Cher(chère) M./Mme. Johnson,
A quem possa interessar:	A qui de droit:
Espero que esteja bem.	J'espère que vous allez bien.
Espero que tudo esteja correndo bem.	J'espère que tout va bien.
Obrigado pelo seu e-mail/carta.	Je vous remercie de votre mél/courrier.
Agradeço sua pronta resposta.	Je vous remercie de votre réponse rapide.
Muito obrigado pela resposta.	Je vous remercie de votre réponse.
Foi bom/um prazer falar ao telefone com você.	Ça a été un plaisir de parler avec vous au téléphone.
Desculpe-me/nos pela demora em responder.	Excusez-nous/moi du retard pour répondre.
Não pude dar atenção a seu... até (agora há pouco).	Je n'ai pas pu prendre en charge votre ... jusqu'à (maintenant).

Dizendo o propósito	Parler de l'objetctif
Em resposta às suas perguntas, ...	En réponse à vos questions,...
Como discutimos...	Comme convenu,...
Como solicitou...	Suite à votre demande,...
Recebemos...	Nous avons reçu...
Estou escrevendo para avisar o recebimento de...	Je vous écris pour vous annoncer l'arrivée de...

Dizendo o propósito (cont.)	Parler de l'objectif (suite)
Estou escrevendo em resposta à...	Je vous écris en réponse à...
Participei, há algum tempo, de uma de suas (palestras)...	J'ai assisté, il y a peu, à une de vos (conférences)...
Estou escrevendo para expressar/dar (agradecimento/desapontamento/parabéns pelo...)	J'écris pour exprimer/mes remerciements/ ma déception/mes félicitations pour...)

Coisas boas	Bonnes nouvelles
Agradecemos sinceramente seu...	Nous vous remercions infiniment de votre...
Fico contente com o convite...	Je me réjouis de cette invitation...
Tenho/Temos o prazer de informá-lo de que...	J'ai/nous avons le plaisir de vous apprendre que....
É um imenso prazer anunciar...	C'est avec plaisir que nous annonçons...
Muito obrigado por...	Merci beaucoup de votre...
Nossos sinceros agradecimentos...	Nos plus sincères remerciements pour...
Fiquei/Ficamos contentes de saber que...	Je me réjouis/nous nous réjouissons de savoir que...

Coisas ruins	Mauvaises nouvelles
Desculpe-me pelo atraso na resposta (mas...)	Excusez-moi pour ma tardive réponse (mais...)
Estava aguardando notícias suas (semana passada).	J'ai attendu de vos nouvelles (la semaine dernière).
Fiquei profundamente decepcionado(a) com...	J'ai été profondément déçu(e) par...
Por favor, aceite nossas sinceras desculpas por...	S'il vous plaît acceptez nos plus sincères excuses pour...
Não recebemos pagamento pelo...	Nous n'avons pas encore reçu le règlement de...
Caso tenha efetuado pagamento, queira desconsiderar este aviso.	Au cas où vous ayez déjà réglé, veuillez, s'il vous plaît, ignorez ce courrier.
Caso contrário, favor efetuar pagamento assim que lhe convier.	Le cas échéant, veuillez s'il vous plaît efféctuer le paiement dès que possible.
Lamento/Lamentamos que não poderei/poderemos...	Je regrette/nous regrettons de ne pas pouvoir...

Coisas ruins (cont.)	De mauvaises nouvelles (suite)
Tive/Tivemos um pequeno problema com meu/nosso e-mail.	J'ai/nous avons eu un petit problème avec notre messagerie électronique.
Favor aceitar nossas desculpas pela entrega em atraso.	Nous vous prions d'accepter nos excuses pour le retard de votre livraison.
Na..., somos dedicados a...	A ..., nous tenons à...
Lamento...	Je regrette...
Gostaríamos de nos desculpar novamente em nome de todos os funcionários...	Nous aimerions nous excuser à nouveau au nom de tous les employés...
...e esperamos poder atendê-lo melhor no futuro.	... et espérons pouvoir mieux vous servir prochainement.
...e esperamos poder estar na sua preferência para...	... et espérons que vous ferez à nouveau appel à nos services à la prochaine occasion...

Perguntas e pedidos	Questions et demandes
Qual é a melhor data?	Quelle est la meilleure date?
Para qual endereço gostaria que eu enviasse...?	A quelle adresse dois-je envoyer...?
Conte-me o que acha.	Dites-moi ce que vous en pensez.
Diga-me o que for melhor.	Dites-moi ce qui vous convient le mieux.
Poderia me mandar as medidas?	Pourriez-vous m'envoyer les dimensions?
Poderia me mandar um folheto?	Pourriez-vous m'envoyer un dépliant?
Poderia me mandar uma lista de preços?	Pourriez-vous m'envoyer une liste de prix?
Poderia me mandar qualquer material informativo que tiver sobre...?	Pourriez-vous m'envoyer toutes les informations que vous auriez sur...?
Poderia me mandar novamente?	Pourriez-vous m'en envoyer à nouveau?
Agradeceria se pudesse receber...	Je vous serais reconnaissant(e) de m'envoyer...
Estou interessado em seu...	Je m'intéresse à votre...
Tenho muito interesse em receber (informação) sobre...	J'aimerais beaucoup avoir plus de (renseignements) sur...
Favor me avisar/informar...	Veuillez s'il vous plaît m'avertir/informer ...
Favor enviar...	Veuillez s'il vous plaît envoyer...
Favor guardar esta informação para uma referência futura.	Veuillez s'il vous plaît garder cette information pour une référence future.

Perguntas e pedidos (cont.)	Questions et demandes (suite)
Favor indicar sua intenção de...	Veuillez s'il vous plaît indiquer votre intention de...
Favor nos providenciar seu (número de entrega).	Veuillez s'il vous plaît nous fournir votre (numéro de livraison).

Referências a itens em uma carta	Références
Como mencionado acima...	Comme mentionné ci-dessus...
Como mencionado em seu e-mail/carta...	Comme mentionné dans votre mél/courrier...
Enumerei abaixo...	J'ai listé ci-dessous...
Abaixo está...	Ci-dessous vous trouverez...

Anexos e informações	Annexes et informations
Estou/Estamos anexando...	Je vous envoie/nous vous envoyons ci-joint...
Anexo está...	Ci-joint vous trouverez...
Encontrará os itens solicitados em anexo.	Vous trouverez ce que vous avez demandé ci-joint.
Suas informações sobre o hotel/voo são as seguintes:	Vos informations sur l'hôtel/vol sont les suivantes:
Fizemos uma reserva no (Hilton)...	Nous avons fait une réservation au (Hilton)...
Favor nos informar se isto está do seu acordo.	Veuillez s'il vous plaît nous dire si vous êtes d'accord.
Mandei uma solicitação para...	J'ai envoyé une demande au...
Enviei-lhe o... via (FedEx) ontem.	Je vous ai envoyé... par (FedEx) hier.
Anotei... e encaminharei esta informação a...	J'ai pris note... et je transmettrai cette information à...
Estarei fora do escritório e sem contato até...	Je serai hors du bureau et injoignable jusqu'à...

Encerrando	Pour finir
Espero/amos...	Nous espérons...
Vou tentar entrar em contato com você até...	Je vais essayer de vous joindre jusqu'à...
Entrarei em contato (semana que vem).	Je vous contacterai (la semaine prochaine).
Agradeço sua paciência.	Je vous remercie de votre patience.
Agradeço antecipadamente.	Je vous remercie d'avance.
Muito obrigado.	Merci beaucoup.

Encerrando (cont.)	Pour finir (suite)
Estarei/Estaremos no aguardo por uma resposta.	Dans l'attente de votre réponse.
Aguardo/Aguardamos uma pronta resposta.	Dans l'attente d'une réponse rapide.
Agradeceria uma resposta de que recebeu este e-mail.	Je vous serais reconnaissant(e) de me confirmer la bonne réception de ce mèl.
Favor responder assim que lhe for possível.	Veuillez s'il vous plaît répondre dès que possible.
Favor responder a este e-mail assim que puder. Obrigado.	Veuillez s'il vous plaît répondre à ce mèl dès que possible. Merci.
Se tiver qualquer comentário, favor...	Au cas où vous auriez des remarques, veuillez s'il vous plaît...
Estou/Estamos à disposição para quaisquer perguntas...	Je suis/nous sommes à votre disposition pour toutes les questions...
Se houver algo que puder fazer, favor entrar em contato.	Au cas où il y aurait quelque chose que je pourrais faire, veuillez s'il vous plaît me contacter.
Pode(m) me encontrar no (3721-5565)...	Vous pouvez me joindre au (3721-5565).
Espero/Esperamos notícias suas./Espero/Esperamos uma posição sua.	J'espère/nous espérons avoir de vos nouvelles. J'attends/nous attendons votre décision.
Estou/Estamos aguardando vê-lo em...	J'espère vous rencontrer à...
Obrigado pelo interesse.	Je vous remercie de votre intérêt.
Mande um abraço para...	Envoyez mes salutations à...
Mande um grande abraço para...	Envoyez mes salutations les plus amicales à...
Tudo de bom,	Avec mes meilleurs voeux,...
Atenciosamente.	Je vous prie d'agréer, Madame, Monsieur, l'expression de mes sentiments les plus distingués.
Cordialmente, Felicidades, (*se você tem uma relação de amizade com o destinatário*)	Amicalement./Cordialement.

Correspondências pessoais	Courrier personnel

Aqui foi utilizado o "tu" da informalidade, pois parte-se do princípio de que este tipo de correspondência é endereçado a pessoas próximas.

Aberturas	Introduction
Caro/Querido Stuart,	Cher/mon cher Stuart,
Stuart,	Stuart,

Aberturas (cont.)	Introduction (suite)
Oi, Chris,	Salut, Chris,
Olá, Chris!	Salut Chris,
Meu adorado Chris,	Mon très cher Chris,
Meu querido Chris,	Chris chéri,
Meu caro amigo,	Mon cher ami,
Que bom ter notícias suas.	Je suis content(e) d'avoir de tes nouvelles.
Gostei de ter notícias suas.	J'ai été heureux d'avoir de tes nouvelles.
Me desculpe por não ter escrito há tanto tempo...	Excuse-moi de ne pas t'avoir écrit avant...
Como vai?	Comment vas-tu?
Como vão as coisas?	Comment ça va?
Como está (Flórida)?	Comment ça va en (Floride)?
Quais são as novidades?	Quelles sont les nouvelles?
Espero que esteja tudo bem.	J'espère que tout va bien.
Espero que esteja bem (na Califórnia).	J'espère que tu vas bien (en Californie).
Espero que tenha corrido tudo bem com seu...	J'espère que tout a bien marché avec ton...

Dizendo o propósito	Objet
Estou escrevendo para você saber que...	Je t'écris pour te faire savoir que...
Só queria dar um alô e saber como vai.	Je voulais juste t'envoyer un petit mot et savoir comment tu vas.
Pensei em você (ontem) e então deu vontade de lhe escrever.	J'ai pensé à toi hier et alors j'ai eu envie de t'écrire.

Coisas boas	Bonnes nouvelles
Obrigado pela agradável companhia em São Paulo.	Merci pour l'agréable compagnie à São Paulo.
Obrigado mesmo pelo...	Merci infiniment pour...
Por aqui vai tudo bem.	Ici tout va bien.
Gostei de saber que...	Je me suis réjoui d'apprendre que...
Obrigado pelo carinho.	Je te remercie de ton amitié et attention.

Coisas não tão boas	Nouvelles mitigées
As coisas estão um pouco (malucas) por aqui ultimamente.	C'est un peu la folie ces derniers temps.
Fiquei triste por saber que...	Ça m'a attristé(e) de savoir que...
É uma pena eu não poder estar aí para seu...	C'est dommage que je ne puisse pas être présent(e) pour ton...

Dando e pedindo informações	Donner et demander de renseignements
Como vão as coisas com...?	Comment ça marche avec...?
Você ainda...?	Vous (travaillez) encore...?/Tu (travailles) encore...?
Adivinha o que aconteceu comigo (semana passada)?	Devine ce qui m'est arrivé (la semaine dernière)?
Adivinha quem eu encontrei (ontem)?	Devine qui j'ai rencontré (hier)?
Me mantenha atualizado quanto ao...	Tiens-moi au courant de...
Me avise por favor quando receber este (e-mail).	Préviens-moi quand tu auras reçu ce mèl.

Encerrando	Pour finir
Bom, .../Bem...	Bon....
Bom, preciso ir.	Il faut que je m'en aille.
Não desapareça!	Ne dispparais pas!/Donne-moi de tes nouvelles.
Mantenha contato.	Ecris-moi.
Um grande beijo e a gente se fala.	Je t'embrasse et à bientôt.
Foi bom ter notícias suas.	Ça m'a fait du bien d'avoir de tes nouvelles.
(Inara) manda um beijo.	(Inara) te fait un bisou.
Me dê um alô qualquer hora.	Téléphone-moi quand tu pourras.
Se cuida e a gente se fala.	Prends soin de toi.
Espero que esteja bem.	J'espère que tu vas bien.
Espero que esteja se divertindo.	J'espère que tu t'amuses.
Com muito carinho,	Avec tendresse,
Deus o abençoe,	Dieu soit avec toi.
Tudo de bom,	Mes meilleurs voeux,
Cuide-se bem,	Fais attention,
Tchau,	Tchao.
Saudades,	Tu me manques,
Com amor,	Avec tout mon amour,
Te adoro/amo,	Je t'adore/je t'aime.
Com muito amor,	Avec tout mon amour,
Beijos,	Bises,
Beijos e abraços,	Baisers et je t'embrasse.

8

Expressões Comuns em Português

Expressions courantes en Portugais

a curto prazo à court terme (acho que só vai funcionar a curto prazo = je crois que ça ne va marcher qu'à court terme)

a essa altura do campeonato à ce stade (a essa altura do campeonato não tem mais nada que a gente possa fazer = à ce stade il n'y a rien de plus qu'on puisse faire)

a favor de en faveur de (a decisão foi a favor dele = on a décidé en sa faveur)

a longo prazo à long terme (isso sai mais barato a longo prazo = à long terme ça revient moins cher)

a maior parte la plupart de (a maior parte das pessoas revolveu ir embora = la plupart de gens a décidé de partir)

à medida que au fur et à mesure (à medida que vai aprendendo = au fur et à mesure que vous apprenez)

a menos que à moins que (a menos que queira = à moins que vous ne le désiriez)

a partir de à partir de (a partir de amanhã são mais caros = à partir de demain c'est plus cher; vamos começar a partir de 26 de novembro = nous commençons à partir du 26 novembre)

a respeito de à propos de (a respeito do dinheiro, eu só posso contribuir com a metade = a propos d'argent, je ne peux collaborer qu'a moitié)

a sós seuls (a gente quer estar a sós = nous voulons être seuls)
à toa sans raison/pour rien (ele está chorando à toa = elle pleure sans raison/pour rien.)
a troco de en échange de (ajudaram no jardim a troco de comida = ils ont travaillé dans le jardin en échange de nourriture)
abrir caminho laisser la voie libre (interditaram as ruas para abrir caminho para o presidente = les rues ont été bloquées pour laisser la voie libre au président)
abrir mão de laisser tomber (teve que abrir mão da sua privacidade = il lui a fallu laisser tomber sa vie privée)
abrir o apetite éveiller l'appétit/mettre en appétit/ouvrir l'appétit (todo aquele papo de comida italiana realmente abriu o apetite = toute cette conversation sur la cuisine italienne a éveillé mon appétit/m'a mis en appétit/a ouvert mon appétit)
acabar com écraser quelqu'un (ele acabou com ela = il l'a écrasé(e))
acabar de venir de (acabou de chegar = il vient d'arriver)
aconteça o que acontecer quoi/qu'il advienne (aconteça o que acontecer você não vai perder seu dinheiro = quoi qu'il advienne, vous ne perdrez pas votre argent)
ainda bem heureusement (ainda bem que não choveu = heureusement il n'a pas plu)
ainda pior encore pire (a conferência do ano passado foi ainda pior = la conférence de l'année passée a été encore pire.)
ainda por cima en plus (fiquei preso no trânsito e, ainda por cima, esqueci o relatório = j'ai été bloqué par un embouteillage et en plus j'ai oublié le rapport)
além de outre (algum outro problema, além desse? = encore des problèmes outre celui-ci?)
além disso à part ça (além disso, ele nem tem carro = a part ça, il n'a même pas une voiture)
alguma vez déjà (você já falou com ele alguma vez? vous avez déjà parlé avec lui?)
aliás en fait (ele não é ruim... aliás, ele é muito bom! = il n'est pas mauvais, en fait il est assez bon)
ao contrário de contrairement à (ao contrário do que as pessoas pensam, ele não é tão rico = contrairement à ce que les gens imaginent, il n'est pas si riche)
ao que parece apparemment (ao que parece ele não tinha dinheiro = apparemment il n'avait pas d'argent)
ao ritmo de au rythme de (dançaram ao ritmo da música = ils ont dansé au rythme de la musique)
aos cuidados de à l'attention de (mande isto aos cuidados de Sílvio Gomes = envoyez ça à l'attention de Sílvio Gomes)
aos poucos peu à peu (você está aprendendo aos poucos = vous apprenez peu à peu)
apesar de malgré (nós saímos apesar da chuva = nous sommes sortis malgré la pluie)
aprender a apprendre à (aprendi a lidar com isso = j'ai appris à fraire face à cela)
arregaçar as mangas retrousser ses manches (é hora de arregaçar as mangas = c'est le moment de retrousser nos manches
às pressas à la hâte (foi feito às pressas = ça a été fait à la hâte)
às vezes parfois (às vezes eu me sinto muito sozinho = parfois je me sens très solitaire)

assim como comme (eles jantam muito tarde assim como na Espanha = ils dînent assez tard, comme en Espagne)

assim que dès que (assim que cheguei em casa, liguei para você = je vous ai appelé dès que je suis arrivé)

assim que puder dès que possible (me ligue assim que puder = appelez-moi dès que possible)

até breve à bientôt

até certo ponto jusqu'à un certain point (eu concordo com você até certo ponto = je suis d'accord avec vous jusqu'à un certain point

até já à bientôt

até lá au revoir

até mais à plus tard

até mesmo même (até mesmo o professor não gostava de mim = même le professeur ne m'aimait pas)

até parece comme si (até parece que você tem dinheiro = comme si vous aviez de l'argent)

até porque parce que (não deu para ligar, até porque o celular estava sem bateria = je n'ai pas pu appeler, parce que mon portable était déchargé)

até que enfim enfin

através de grâce à (consegui o trabalho através de um amigo = j'ai trouvé ce travail grâce à un ami)

atualizar mettre à jour (atualizaram os arquivos = ils ont mis les archives à jour)

bater a porta na cara de alguém fermer la porte au nez quelqu'un (ela bateu a porta na minha cara = elle m'a fermé la porte au nez)

bater com a cabeça se cogner la tête (bati com a cabeça = je me suis cogné la tête)

bater à porta frapper à la porte (estavam batendo à porta = on a frappé à la porte)

bater o olho em alguém repérer quelqu'un (ele bateu olho nela e quis conhecê-la = après l'avoir repérée, il a voulu la connaître)

bater palmas applaudir (todos bateram palmas = ils ont tous applaudi)

bater um papo bavarder (fomos a um café para bater um papo = nous sommes allés à un café pour bavarder)

bom de cama bonne affaire au lit (ela diz que ele é muito bom de cama = elle dit qu'il est une bonne affaire au lit)

bom-dia bonjour (bom-dia para todos! = Bonjour à tous!)

bom feriado bon congé

bom final de semana bonne fin de semaine

botar fogo em mettre le feu à quelque chose (botaram fogo na escola = ils ont mis le feu à l'école)

botar lenha na fogueira jeter de l'huile sur le feu (não fique botando lenha na fogueira = ne jetez pas de l'huile sur le feu)

brincadeira blague (é brincadeira, tá? = Ce n'est qu'une blague!)

cada vez mais chaque fois plus (está ficando cada vez mais caro viajar = voyager devient chaque fois plus cher)
cair a ficha piger (agora caiu a ficha = ça y est, j'ai pigé!)
cair fora s'en aller (vou cair fora = je m'en vais.)
calma! calmez-vous!
caso au cas où (caso você queira fazer mais tarde, ainda vai ter vaga = au cas où vous voulez faire ça plus tard, il y aura encore de la place)
cerca de environ (havia cerca de 5.000 pessoas = il y avait environ 5000 personnes)
chega! assez! (chega de briga! = assez les disputes!)
claro évidemment que (claro que eu quero = evidemment que je veux faire ça)
coitado le pauvre (coitado, ele não fez nada = le pauvre, il n'a rien fait)
com certeza sûrement (eu vou com certeza = j'y vais sûrement)
com relação a à propos de (ela não falou nada com relação ao trabalho = elle n'a rien dit à propos de travail)
como assim? comment ça? (como assim, ele não tem dinheiro? comment çaq il n'a pas d'argent?)
como de costume comme d'habitude (como de costume, ela foi ao trabalho cedo = elle est allée travailler tôt, comme d'habitude)
como se comme si (ele falou comigo como se não me conhecesse = il a parlé avec moi comme s'il ne me connaissait pas)
conforme comme convenu (tudo foi feito conforme o combinado = tout a été fait comme convenu)
contanto que pourvu que (contanto que você vá também = pourvu que vous y alliez aussi)
custe o que custar coûte que coûte (você tem que conseguir, custe o que custar = il faut que vous réussissez, coûte que coûte)
da mesma maneira aussi/non plus (da mesma maneira, ela não sabia português = elle ne savait pas le portugais non plus/elle aussi savait le portugais)
dar na mesma ça revient au même (que ele ganhe ou não, vai dar na mesma = qu'il gagne ou pas, ça reviendra au même)
dar para quebrar um galho se débrouiller (bom, não é exatamente o que eu estava procurando, mas dá para quebrar o galho = ce n'est pas exactement ce que je cherchais, mais je me débrouille avec)
dar pena faire pitié (dá pena ver isso = ça me fait pitié de voir ce qui se passe)
dar raiva enrager (dá raiva saber que ele não pagou = j'enrage de savoir qu'il n'a pas encore payé)
dar sono assoupir (esse remédio dá sono = ce médicament assoupit)
dar um tempo!/desconto! = fiche-moi la paix!
dar vontade donner envie de (dá vontade de chorar = ça donne envie de pleurer)
daqui a pouco dans quelques instants (vamos jantar daqui a pouco = on va dîner dans quelques instants)

dar bola faire attention à quelqu'un (ela estava dando em cima de mim, mas eu não dei bola para ela = elle me draguait mais je ne lui ai pas fait attention à lui)
dar certo marcher (não deu certo = ça n'a pas marché)
dar de cara com tomber sur quelqu'un (ele deu de cara com o chefe = il est tombé sur son patron)
dar duro bosser (eu dei duro nisso = j'ai beaucoup bossé sur ça)
dar margem a laisser le champ libre à (isso dá margem a todo tipo de problema = ça laisse le champ libre à toute sorte de problèmes)
dar o bolo/cano poser un lapin (ela me deu o bolo no sábado passado = elle m'a posé un lapin samedi dernier)
dar o braço a torcer se rendre (eu tenho que dar o braço a torcer = je suis obligé de me rendre, vous avez réussi)
dar o fora sortir (dá o fora daqui! = sortez d'ici!)
dar pau se planter (estava na internet quando deu pau = je surfais sur internet quand le système s'est planté)
dar trabalho demander beaucoup d'effort (esse livro deu trabalho = ce livre m'a demandé beaucoup d'effort)
dar um fora délaisser quelqu'un (eu dei um fora nela = je l'ai délaissé(e))
dar um jeito (em) trouver un truc (você vai ter que dar um jeito nisso = il faut que vous trouviez un truc)
dar um tempo faire une pause (acho melhor dar um tempo = je crois qu'il vaut mieux faire une pause)
dar confusão être le bordel (quando mudaram o horário só deu confusão = quand on a changé l'horaire ça a été le bordel)
dar uma folheada jeter un coup d'oeil (eu dei uma folheada e gostei = j'y ai jeté un coup d'oeil et j'ai aimé ça)
dar uma gargalhada éclater de rire (a gente deu uma gargalhada quando ele saiu da sala = on a éclaté de rire quand il est sorti de la salle)
dar uma olhada jeter on coup d'oeil (você deu uma olhada no prédio? = iété un coup d'oeil au bâtiment?)
dar uma saída sortir (ela deu uma saída, mas já vai voltar = elle est sortie mais elle revient)
dar uma volta Se promener (Je suis sorti me promener; nous nous sommes promenés avec sa voiture)
dar uma volta faire un détour (eu perdi a saída e tive que dar a volta para chegar = j'ai raté la sortie et j'ai dû faire un détour pour y arriver)
dar-se conta de se rendre compte de (se deu conta de como ele é estúpido = il s'est rendu compte de sa bêtise)
dar-se mal ne pas réussir à quelqu'un (ele se deu mal = ça ne lui a pas réussi)
de braços abertos à bras ouverts (nos receberam de braços abertos = on nous a reçus à bras ouverts)
de cabeça para baixo la tête en bas (estava de cabeça para baixo = le tableau était la tête en bas)

de cabo a rabo du début à la fin (li o livro de cabo a rabo = j'ai lu le livre du début à la fin)

de cima para baixo de haut en bas (olhou de cima para baixo e não achou nada = il a regardé de haut en bas et n'a rien trouvé)

de dentro para fora à l'envers (usava o casaco de dentro para fora = elle a mis sa veste à l'envers)

de fato vraiment (se de fato ele ligou, não deixou recado = s'il a vraiment téléphoné, il n'a pas laissé de message)

de forma que pour que (fale com ele de forma que não se sinta tão sozinho = parlez avec lui pour qu'il ne se sente pas si seul)

de graça gratuitement (deram os celulares de graça = les mobiles ont été offerts gratuitement)

de jeito nenhum! Pas question! (eu não vou! de jeito nenhum! = je n'y vais pas! Pas question!)

de longe de loin (ela é de longe a melhor = elle est de loin la meilleure)

de mente aberta large d'esprit (aceito tudo pois tenho uma mente aberta = j'accèpte tout car je suis large d'esprit)

de modo que par conséquent (vou estudar, de modo que não vou ter tempo = je vais étudier et par conséquent je n'aurai pas le temps)

de preferência de préférence (estamos procurando uma secretária, de preferência brasileira = nous cherchons une secrétaire, de préférence brésilienne)

de qualquer jeito de toute façon (não quero fazer, mas vou fazer de qualquer jeito = je ne veux pas faire ça mais je le ferai de toute façon); (de qualquer jeito, vamos falar disso depois = de toute façon, on en parlera plus tard)

de repente subitement (ele saiu de repente = il est sorti subitement)

de todo tipo de tous les types (eles têm de todo tipo = ils en ont de tous les types)

de um lado para o outro d'un côté à l'autre (estava mexendo de um lado para o outro = ça secouait d'un côté à l'autre)

de várias formas de plusieurs façons (você pode fazê-lo de várias formas = vous pouvez le faire de plusieurs façons)

de vez em quando de temps en temps, parfois (eu converso com ela de vez em quando = je lui parle de temps en temps)

deixar alguém na mão laisser tomber quelqu'un (falou que ia me ajudar e me deixou na mão = il avait dit qu'il allait m'aider et finalement il m'a laissé tomber)

deixar as coisas claras éclairer quelqu'un (ela deixou as coisas bem claras = elle nous a bien éclairés avec ses conseils)

deixar claro bien expliquer quelque chose à quelqu'un (eu deixei claro que eu não quis comprar = je lui ai bien expliqué que je ne voulais pas acheter)

deixar pra lá laisser tomber (tudo bem, deixa pra lá = c'est pas grave, laissez tomber); (acho melhor deixar pra lá = il vaut mieux laisser tomber ça)

desde que pourvu que/depuis (você pode ir, desde que chegue cedo = vous pouvez y aller pourvu que vous arriviez tôt); (desde que chegou ao Brasil ele não fez amigos = depuis son arrivée au Brésil il n'a pas fait d' amis)

deve ser doit être (não conheço a Espanha, mas deve ser muito bonita = je ne connais pas l'Espagne, mais ça doit être très beau)
diferentemente de contrairement à (diferentemente do que eu tinha pensado, não fazia muito calor lá = contrairement à ce que j'avais imaginé, il n'a pas fait si froid là-bas)
do lado de être du côté de quelqu'un (eu estou do lado dela = je suis de son côté)
do mesmo jeito quand même (não tinha dinheiro para comprar, mas comprou do mesmo jeito usando o cartão = il n'avait pas d'argent pour l'acheter mais il l'a fait quand même)
duvido que douter que (duvido que ele esteja sendo sincero = je doute qu'il soit sincère)
é a sua vez c'est votre tour (agora é a sua vez = maintenant c'est votre tour)
e aí? et alors? (e aí, Andy? tudo bem? = et alors, ça va?); (e aí? ele gostou? = et alors, il a aimé?)
é bem por aí c'est quelque chose comme ça (não sei se é isso extamente, mas é bem por aí = je ne sais pas si c'est exactement ça, mais c'est quelque chose comme ça)
e daí? et alors? (é, eu tenho quatro piercings, e daí? = j'ai quatre piercings, et alors?)
é hora de c'est l'heure de (é hora de ir embora = c'est l'heure de partir)
é mesmo c'est vrai (é mesmo, ele fala alemão = c'est vrai, il parle allemand)
é normal il faut(fallait) s'y attendre/c'est normal (ela não está falando mais com ele depois do divórcio, mas acho que isso é normal = elle ne parle plus avec lui depuis le divorce, mais il fallait s'y attendre/je crois que c'est normal)
é o seguinte écoutez (é o seguinte: não tenho o dinheiro agora, mas daqui a três dias vou ter = écoutez, je n'ai pas d'argent maintenant mais j'en aurai dans trois jours)
e olhe lá à peine (acho que ela tem uns vinte anos, e olhe lá! = elle doit avoir à peine 20 ans)
é para já immédiatement
é tarde demais c'est trop tard (é tarde demais para pedir desculpas = c'est trop tard pour demander des excuses)
é verdade c'est vrai (é verdade! ele pode nos ajudar! = c'est vrai, il peut nous aider)
em breve dans peu de temps (em breve vamos ter mais coisas interessantes = dans peu de temps nous aurons plus de choses intéressantes)
em cima da hora au dernier moment (fizeram seus pedidos em cima da hora = ils ont fait leurs demandes au dernier moment)
em geral en général (a situação está estável em geral = la situation reste stable en général)
em jejum à jeûn (é para tomar em jejum = vous êtes censé prendre ce médicament à jeûn)
em lugar nenhum nulle part (você não acha em lugar nenhum = vous ne trouverez ça nulle part)
em outras palavras en d'autres termes (em outras palavras, nós gostamos muito = en d'autres termes, nous apprécions beaucoup ça)
em perigo en danger (elas estavam em perigo = elles étaient en danger)
em primeiro lugar d'abord (em primeiro lugar, eu não gosto dele = d'abord, je ne l'aime pas du tout)

em que sentido? dans quel sens? (você não gosta dele em que sentido? = vous ne l'aimez pas dans quel sens?)

em relação a en rapport avec (escreveram uma carta em relação ao problema = ils ont écrit une lettre en rapport avec ce problème)

em seguida tout de suite /aussitôt (levantaram da mesa e em seguida o garçom lhes trouxe a conta = ils se sont levés et tout de suite le serveur leur a apporté l'addition); (meu pai me ligou e minha mãe me ligou em seguida = mon père m'a appelé et aussitôt ma mère aussi)

em si en soi (ser ambicioso em si não é ruim contanto que não prejudique as outras pessoas = être ambitieux en soi n'est pas mauvais, pourvu qu'on ne porte préjudice à personne)

em termos de en ce qui concerne (como ele vai em termos de dinheiro? = comment va-t-il? Et en ce qui concerne sa situation financière?)

em todas as partes partout (a violência estava em todas as partes = la violence était partout)

em torno de environ (em torno de cem pessoas apareceram = il y avait environ une centaine de personnes)

em vão en vain (fizeram tudo em vão, não melhorou nada = ils ont tout essayé mais en vain, rien n'a marché)

em vez de à la place de (eu irei em vez dela = j'irai à sa place)

embora malgré (embora estivesse chovendo, revolvemos ir ao parque = malgré la pluie nous sommes allés au parc)

encarregar-se se charger de (eles se encarregaram do assunto = il se sont chargés de l'affaire)

enfim en tout cas (ela não é do meu tipo, mas, enfim... = elle n'est pas mon genre mais en tout cas...)

enquanto pendant que (eu vou cortar as cebolas enquanto você prepara a carne = je vais émincer les oignons pendant que vous préparez la viande.)

enquanto isso entre temps (enquanto isso, eu estava no banco com meu irmão = entre temps j'étais avec mon frère, assis sur le banc)

então tá bon d'accord (então tá, eu te ligo amanhã = bon d'accord, je t'appelle demain)

entrar de mansinho/de fininho entrer furtivement (nós não tínhamos convites, mas conseguimos entrar de mansinho = nous n'avions pas des invitations mais nous avons réussi à y entrer en douce)

entrar na dança entrer dans le jeu (eu sabia que não era verdade, mas resolvi entrar na dança só para me divertir um pouco = je savais que ce n'était pas vrai mais je suis entré dans le jeu pour m'amuser)

esperar que espérer que (espero que seja assim mesmo = j'espère que c'est vraiment comme ça)

esse tipo de ce type de (não gosto desse tipo de brincadeira = je n'aime pas du tout ce type de blague)

está brincando tu rigoles ou quoi? (passar a noite na casa deles? está brincando = passer la nuit chez eux? Tu rigoles ou quoi?)

está vendo? vous voyez? (está vendo como eles te adoram? = vous voyez comme ils vous adorent?)

estar a fim de avoir envie de (eu não estou a fim de discutir = je n'ai pas envie de me disputer)

estar a par de être au courant de (eu estou a par do namoro deles = je suis au courant de leur relation)

estar atrasado être en retard (não posso falar agora, estou atrasado para ir ao trabalho = je ne peux pas parler maintenant, je suis en retard pour aller au boulot.); (fiquei em casa doente e agora estou atrasado com todo meu trabalho = je suis resté chez moi, malade, et maintenant mon travail est en retard)

estar cansado de en avoir marre (estou cansado desse trabalho = j'en ai marre de ce travail)

estar claro être évident (estava claro que ela não estava querendo me namorar = c'était évident qu'elle ne voulait pas avoir de relation avec moi)

estar com calor avoir chaud (estou com calor com este casaco = j'ai chaud avec cette veste)

estar com ciúmes être jaloux (você está com ciúmes só por causa dela? = vous êtes jaloux d'elle?)

estar com fome avoir faim (estou com muita fome = j'ai très faim)

estar com frio avoir froid (você não está com frio? = vous n'avez pas froid?)

estar com inveja être jaloux (você está com inveja de mim = vous êtes jaloux de moi)

estar com medo avoir peur (estou com medo de não conseguir = j'ai peur de ne pas réussir)

estar com sede avoir soif (estou com um pouco de sede = j'ai soif)

estar em dúvida hésiter (estou em dúvida entre fazer francês ou espanhol = j'hésite entre faire de l'anglais ou de l'espagnol.)

estar em greve être en grève (os funcionários estão em greve = les employés sont en grève)

estar de pé être valable (a oferta ainda está de pé? = l'offre est toujours valable?)

estar enrolando alguém raconter des histoires à quelqu'un (acho que eles estão enrolando você = je crois qu'on vous raconte des histoires); (pare de me enrolar = arrête de me raconter des histoires)

estar ferrado être foutu (se ficarem sabendo, estamos todos ferrados = s'ils prennent connaissance de ça nous sommes tous foutus)

estar fora de si être fou (acho que ele está fora de si = je crois qu'il est fou)

estar morrendo de fome crever de faim (depois do trabalho, estava morrendo de fome = après le travail je crevais de faim)

estar morrendo de saudades quelque chose/quelqu'un manque beaucoup à quelqu'un (não vejo a hora de o ver... estou morrendo de saudades = je suis impatient(e) de te revoir, tu me manques beaucoup!)

estar morrendo de sede crever de soif (fazia calor e eu estava morrendo de sede = il faisait chaud et je crevais de soif)
estar morrendo de vergonha mourir de honte (depois disso, estava morrendo de vergonha = après tout ça je mourais de honte)
estar na hora de être l'heure de (acho que está na hora de a gente voltar = je crois que c'est l'heure de rentrer)
estar na moda être à la mode (eu não gosto, mas está na moda = je n'aime pas ce qui est à la mode)
estar por dentro être au courant (ela está por dentro desse assunto = elle est au courant de cette affaire)
estar por fora ne rien savoir de (ele está por fora = il n'en sait rien)
estar sem sono ne pas avoir sommeil (estou sem sono = je n'ai pas sommeil)
estar sem tempo ne pas avoir le temps (sinto muito, mas estou sem tempo agora = désolé, mais je n'ai pas le temps en ce moment)
esteja onde estiver où quelqu'un soit (esteja onde estiver, vou estar pensando em você = je penserai à toi où que tu sois)
estou brincando se moquer de (você sabe que estou brincando = tu sais que je me moques de toi)
falar sério c'est sérieux
faz parte c'est la vie (bom, faz parte, né? = c'est la vie n'est-ce pas?)
faz tempo ça fait longtemps (faz tempo que a gente não se vê = ça fait longtemps qu'on ne se voit pas)
fazer a barba se raser (esqueci de fazer a barba = j'ai oublié de me raser)
fazer a cama faire le lit (eu sempre faço a cama antes de ir para o trabalho = je fais toujours mon lit avant de partir pour le travail)
fazer a matrícula faire son inscription (não tenho dinheiro para fazer a matrícula = je n'ai pas d'argent pour faire mon inscription)
fazer alguém feliz rendre quelqu'un heureux(euse) (ela me fez muito feliz = elle m'a rendu très heureux)
fazer amizade se faire des amis (demorei um tempo para fazer amizade = il m'a fallu un certain temps pour me faire des amis)
fazer amor faire l'amour (eles passaram a noite fazendo amor = ils ont passé la nuit à faire l'amour)
fazer as contas faire les comptes (eu fiz as contas em casa e cheguei à conclusão que vai ser mais barato dirigir = j'ai fait les comptes chez moi et j'en ai conclu que ce sera moins cher de conduire)
fazer as malas faire les valises (ainda tenho que fazer as malas = je dois encore faire mes valises)
fazer as pazes se réconcilier (fizeram as pazes depois da briga = ils se sont réconciliés après la dispute); (preciso fazer as pazes com meus defeitos = il faut que je me réconcilie avec mes défauts)
fazer bagunça foutre le bordel (só fazem bagunça = ils ne font que foutre le bordel)

fazer barulho faire du bruit (esse carro faz muito barulho = cette voiture fait beaucoup de bruit)

fazer bem faire du bien (acho que essa conversa com meu pai me fez muito bem = je crois que cette conversation avec mon père m'a fait du bien)

fazer o que deve faire ce qu'il faut

fazer comentários faire des commentaires (eu não quis fazer comentários = je n'ai pas voulu faire de commentaires)

fazer companhia tenir compagnie (ela veio me fazer companhia em casa quando eu estava doente = elle est venue me tenir compagnie chez moi quand j'étais malade)

fazer de conta que faire semblant de (faz de conta que você gosta de mim = faites semblant de m'aimer)

fazer faculdade aller à la fac (com a ajuda do meu pai comecei a fazer faculdade = avec l'aide de mon père je suis allé à la fac)

fazer fila faire la queue (tive que fazer fila durante uma hora e meia = j'ai dû faire la queue pendant 1 heure et demie)

fazer hora passer le temps (eu estou aqui só fazendo hora = je suis là pour passer le temps)

fazer hora extra faire des heures supplémentaires (cansei de fazer horas extras = je suis fatigué de faire des heures supplémentaires)

fazer lembrar de uma coisa se rappeler de (isso me faz lembrar de uma comida que minha mãe fazia = ça me rappelle un plat que ma mère faisait)

fazer o máximo para tout faire (fizeram o máximo para que eles se sentissem bem = ils ont tout fait pour qu'ils soient à l'aise)

fazer o que? qu'est-ce qu'on peut faire? (eu não quero trabalhar, mas fazer o que, né? = je ne veux pas travailler mais qu'est-ce qu'on peut faire?)

fazer propaganda faire de la publicité (fizeram muita propaganda na cidade toda = ils ont fait beaucoup de publicité dans toute la ville)

fazer questão de mettre un point d'honneur (eu fiz questão de ligar para ela todos os dias no horário de almoço = je mets un point d'honneur de lui téléphoner tous les jours à midi)

fazer regime faire un régime (preciso fazer regime = il faut que je fasse un régime); (não posso comer isso, estou fazendo regime = je ne peux pas manger ça, je suis au régime)

fazer sentido avoir du sens (o que ele falou fez muito sentido = ce qu'il a dit avait du sens)

fazer sucesso avoir du succès (quando chegou no Brasil a primeira vez, ele fez muito sucesso = quand il est arrivé au Brésil la première fois il en a eu un succès fou)

fazer uma pergunta poser une question (quero fazer somente uma pergunta = je voudrais seulement poser une question)

ficar à vontade se mettre à l'aise (entre aí e fique à vontade = entrez et mettez-vous à l'aise); (quero que você fique à vontade comigo = je veux que vous vous sentiez à l'aise)

ficar arrasado être accablé(e) (fiquei arrasado com a notícia = les nouvelles m'ont accablé)

ficar assustado avoir peur (fiquei assustado, quando acabou a luz = j'ai eu peur de la panne d'électricité)

ficar atento faire attention (você tem de ficar atento quando sai sozinho = vous devez faire attention quand vous sortez seul(e)

ficar bravo être furieux (eles não pagaram e ele ficou bravo = ils n'ont pas payé et il est devenu furieux)

ficar chateado être gêné(e) (você ficou chateado? = ça vous a gêné?)

ficar chocado être choqué(e) (parece que ela ficou chocada quando descobriu = il paraît qu'elle a été choquée quand elle a tout découvert)

ficar claro être évident (ficou claro que eles não queriam falar conosco = c'était évident qu'ils ne voulaient pas nous parler)

ficar com ciúmes être jaloux (ele a viu com o melhor amigo e ficou com muitos ciúmes = il l'a vue avec son meilleur ami et il est devenu très jaloux)

ficar com medo avoir peur de (não precisa ficar com medo do meu cachorro = il ne faut pas avoir peur de mon chien)

ficar com pena de alguém avoir pitié de quelqu'un (fiquei com pena dele e dei um pouco de dinheiro = j'ai eu pitié d'elle et je lui ai donné un peu d'argent)

ficar de olho convoiter (eu fiquei de olho nesses sapatos = j'ai convoité ces chaussures)

ficar de quatro être fou amoureux de quelqu'un (ele ficou de quatro por ela = il est fou amoureux d'elle)

ficar desapontado être déçu(e) (fiquei desapontado com ela = elle m'a déçu)

ficar dividido être déchiré(e) (fiquei dividido porque gostava das duas = j'étais déchiré parce que je les aimais toutes les deux)

ficar doente tomber malade (a casa estava fria e fiquei doente = la maison était froide et je suis tombé(e) malade)

ficar em casa rester chez soi (com este tempo acho melhor ficar em casa = par un temps pareil il vaut mieux rester chez nous/soi)

ficar enjoado avoir des nausées (tenho náuseas quando viajo = j'ai des nausées quand je voyage)

ficar feio être moche (tentei enfeitar um pouco, mas ficou feio = j'ai essayé de rattraper l'erreur mais ça reste moche)

ficar feliz être content(e) (que bom... fiquei feliz = c'est bien... Je suis content)

ficar feliz por alguém être content(e) pour quelqu'un (fico feliz por eles = je suis content pour eux)

ficar fora être exclus (os que não pagaram ficaram fora = ceux qui n'ont pas payé ont été exclus)

ficar grávida être enceinte (ficou grávida aos dezesseis anos = elle est tombée enceinte à l'âge de seize ans)

ficar juntos être ensemble (eu quero que fiquemos juntos = je veux que nous soyons ensemble)

ficar louco être fou de (ele ficou louco por ela = il est devenu fou d'elle)

ficar magoado être blessé (eu não quero que você fique magoado = je ne veux pas que tu sois blessé)

ficar na dúvida être dans le doute (eu acho que acertei, mas fiquei na dúvida = je crois que j'ai donné la réponse juste mais je suis dans le doute)

ficar na sua être renfermé(e) (eu sou sossegado, só fico na minha = je suis renfermé(e))

ficar nervoso être angoissé(e) (você ficou nervoso só por causa disso? = vous êtes angoissé(e) à cause de ça?); (eu sempre fico nervoso antes de entrar no palco = je suis toujours angoissé/j'ai toujours le trac avant de monter sur scène)

ficar preso être pris (ela ficou com os dedos na porta = elle s'est prise les doigts dans la porte)

ficar quieto rester immobile (não conseguia ficar quieto = il n'arrivait pas à rester immobile)

ficar rico devenir riche (depois do seu primeiro filme ela ficou rica = après son premier film elle est devenue riche)

ficar sabendo apprendre (fiquei sabendo que ela tinha um outro namorado = j'ai appris qu'elle avait un autre ami)

ficar sem graça être gêné(e) (ficou muito sem graça quando viu a foto = il a été très gêné quand il a vu la photo)

ficar sentado rester assis(e) (prefiro ficar sentado = je préfère rester assis(e))

ficar sozinho être seul (quero ficar sozinho um pouco = je voudrais être seul un moment)

ficar triste être triste (no início estava brabo e depois ficou triste = au début il était enervé et après il est devenu triste)

ficar vermelho rougir (para! vou ficar vermelha! = arrête! Je vais rougir!)

fique com Deus Dieu soit avec vous (boa-noite e fique com Deus = bonne nuit et que Dieu soit avec vous)

fora de lugar en désordre (que aconteceu aqui? está tudo fora de lugar = qu'est-ce qui s'est passé ici? Tout est en désordre)

fora de ordem en désordre (os arquivos estão fora de ordem = les archives sont complètement en désordre)

fora do alcance au-delà de (seu sonho não está fora do alcance = votre rêve n'est pas au-delà de vos possibilités)

fora isso à part ça (fora isso não tem mais problemas? = a part ça il n'y a pas d'autres problèmes?)

forçar a barra yaller un peu fort (acho que até poderia ser, mas você está forçando a barra um pouco = je crois même que c'est possible mais vous y allez un peu fort)

frente a frente tête à tête (prefiro estar frente a frente com ela = je préfère être en tête à tête avec elle)

futuramente dans le futur (futuramente vamos ter menos problemas = dans le futur nous aurons moins de problèmes)

graças a Deus Dieu merci (não teve mais reclamações, graças a Deus! = on n'a plus eu de complaintes, Dieu merci!)

grande parte de la plupart de (grande parte da população não quer nem saber = la plupart de la population ne s'y intéresse pas)

haja o que houver quoi qui'il arrive (haja o que houver eu estou aqui para você = quoi qu'il arrive, je suis là pour toi)

idas e vindas va-et-vient (ele está sabendo das idas e vindas das pessoas no trabalho = il est au courant des va-et-vient des personnes dans le bureau)

independentemente de en dépit de (eu gosto dela independentemente da sua nacionalidade = je l'aime en dépit de sa nationalité)

infelizmente malheureusement (quase terminei... infelizmente o tempo acabou = j'ai presque fini... malheureusement il n'y a plus de temps); (bom, infelizmente não vamos poder ajudá-lo = malheureusement on ne pourra pas vous aider)

interessar-se por s'intéresser à (eles se interessaram muito pela ciência = ils se sont beaucoup intéressés à la science)

ir atrás de aller chercher quelqu'un (ela foi embora e eu não fui atrás dela = elle est partie et je ne suis pas allé la chercher)

ir embora partir, s'en aller (eu vou ter que ir embora = je dois partir./Je dois m'en aller)

isso c'est ça (você é o João? isso. = vous êtes João? C'est ça)

isso mesmo c'est bien ça (isso mesmo, ele não faz nada = c'est bien ça, il n'a rien fait)

isto é c'est-à-dire que (isto é, ele não quis casar até agora = c'est-à-dire qu' il n'a jamais voulu se marier jusqu'à maintenant)

já ouvi falar j'ai entendu parler de (não conheço o lugar, mas já ouvi falar = je ne connais pas l'endroit mais j'en ai entendu parler)

já que puisque (já que está indo para a cozinha, você traz o vinho? = puisque vous allez à la cuisine, pourriez-vous nous apporter le vin?)

já volto je reviens tout de suite (já volto, vou ao banheiro = je reviens tout de suite, je vais aux toilettes)

jogar fora jeter (vou jogar fora = je vais le jeter)

juízo être sage (juízo, hein? = soyez sage!)

jura? vraiment? (jura? ele não vai? = vraiment, il ne va pas?)

juro por Deus jurer devant Dieu (juro por Deus, eu não roubei nada = je jure devant Dieu que je n'ai rien volé)

lá fora dehors (lá fora não há tanta segurança = dehors il n'y a pas autant de sécurité)

levar a sério au sérieux (ele está levando seus estudos muito a sério = elle prend ses études au sérieux)

levar na brincadeira ne pas prendre au sérieux (eu ouvi o que ele falou, mas eu levei na brincadeira = j'ai écouté ce qu'il a dit mais je ne l'ai pas pris au sérieux)

levar em consideração prendre en considération (isso não se levou em consideração = ça n'a pas été pris en considération)

lidar com faire face à (não sei lidar com estresse = je ne sais pas faire face au stress)

logo de cara tout d'un coup (entrei e logo de cara começaram a fazer perguntas = je suis entré et tout d'un coup on a commencé à me poser des questions)

logo depois immédiatement après (saímos para dançar logo depois de jantar = nous sommes allés danser immédiatement après le dîner)

longe de ser loin de (longe de serem simpáticos, eles até deixaram de falar comigo = loin d'être sympathiques, ils ont même cessé de m'adresser la parole)

longe disso pas du tout (longe disso: a Espanha tem uma das melhores infraestruturas na Europa = pas du tout! L'Espagne a une des meilleurs infrastructures de l'Europe)

mais dia menos dia un jour ou l'autre (mais dia, menos dia, ela vai se arrepender = un jour ou l'autre elle le regrettera)

me diz uma coisa dis donc (mas, me diz uma coisa, como é que ele ficou sabendo? = dis donc, comment il a appris ça?)

me poupe franchement! (me poupe! ele nem sabe falar português direito = franchement! Il ne sait même pas parler portugais correctement!)

menos mal tant mieux

mentira! mensonge (mentira! você só pagou a metade! = c'est un mensonge! Vous n'avez payé que la moitié!)

mesmo assim quand même (mesmo assim, acho que a outra casa é mais bonita = je crois que l'autre maison est quand même plus belle)

mexer com travailler dans (ele mexe com computadores = il travaille dans l'informatique)

mudar de ideia changer d'avis (eu ia estudar na Austrália, mas depois mudei de ideia = j'allais étudier en Australie mais j'ai changé d'avis)

na boa volontiers (eu faria na boa = voluntiers, je ferai ça)

na época à l'époque (agora é engraçado, mas na época foi um desastre = maintenant c'est drôle mais à l'époque c'était un désastre)

na faixa de environ (ela está ganhando na faixa de cinco mil por mês = elle touche environ cinq mil par mois)

na hora sur le moment (na hora não compreendi = sur le moment je n'ai pas compris)

na ida sur le chemin (na ida compramos o vinho = on achète le vin sur le chemin)

na intimidade dans la vie privée (na intimidade, ele não é nada como ele parece ser = dans la vie privée il n'est pas ce qu'il parait être)

na medida em que dans la mesure où (na medida em que se usa francês, quase ninguém sabe falar fluentemente = dans la mesure où on utilise le français, presque personne ne le parle correctement)

na prática dans la pratique (é uma boa teoria, mas na prática não vai funcionar = c'est une bonne théorie mais dans la pratique ça ne va pas marcher)

na verdade en fait (na verdade, ele não sabe usar o computador = en fait il ne sait pas comment se servir de l'ordinateur)

na volta au retour (vou ligar para ela na volta = je vais l'appeler à mon retour)

nada a ver rien à voir (não, nada a ver = non, rien à voir avec ça)

nada como rien de tel (nada como um vinho quente = rien de tel qu'un bon vin chaud)

não adianta ça ne vaut pas la peine (não adianta falar com ele, vai recusar da mesma maneira = ça ne vaut pas la peine de parler avec lui, il va toujours refuser)

não aguentar ne pas supporter (não aguento este frio = je ne supporte pas ce froid)

não contar ne pas compter (este primeiro drinque não conta = ce premier verre ne compte pas)

não dar bola ne pas faire attention à quelqu'un (não dê bola para ele = ne faites pas attention à lui)

não dar conta ne pas suffire (quatro pessoas não vão dar conta = quatre personnes ne suffiront pas)

não é bem assim ne pas être exactement... (ele acha que é fácil, mas não é bem assim = il trouve que c'est facile mais ce n'est pas exactement ça)

não estou nem aí je m'en fiche (ela não quer falar mais comigo, mas eu não estou nem aí = elle ne veut plus m'adresser la parole, je m'en fiche)

não faz mal ce n'est pas grave (não tenho dinheiro, mas não faz mal porque estou com o talão de cheques = je n'ai pas d'argent sur moi mais ce n'est pas grave, j'ai mon chéquier)

não faz nenhuma diferença ne faire aucune différence (não vou pintar a sala porque não faz nenhuma diferença = je ne peindrai pas la salle car ça ne fera aucune différence)

não foi nada ce n'est rien (não tem por que me agradecer, não foi nada = ne me remerciez pas, ce n'est rien)

não há dúvida de que c'est sûr et certain (não há dúvida de que ele a ama = c'est sûr et certain qu'il l'aime)

não há nada melhor que il n'y a rien de mieux que (não há nada melhor que um chopp depois do trabalho = il n'y a rien de mieux qu'une bière après le travail)

não há nada pior que il n'y a rien de pire que (não há nada pior que ter que pagar impostos = il n'y a rien de pire que de payer des impôts)

não importa se peu importe si (não importa se você não sabe alemão, o inglês é suficiente = peu importe si vous ne savez pas l'allemand, l'anglais suffit)

não ligar être indifférent à quelqu'un (ela fuma, mas eu não ligo = elle fume mais ça m'est indifférent)

não me leve a mal ne m'en voulez pas (não me leve a mal, mas acho que você não fica bem de marrom = ne m'en voulez pas, mais je crois que le marron ne vous va pas du tout)

não parar de ne pas arrêter de (não paro de pensar nela = je n'arrête pas de penser à elle)

não quero nem pensar ne pas vouloir y penser (não quero nem pensar nisso = je ne veux pas y penser)

não se toca ne pas se rendre compte (ela não gosta dele e ele não se toca = elle ne l'aime pas et il ne s'en rend pas compte)

não sei o que deu em mim ne pas savoir ce qui a pris quelqu'un (me desculpe, não sei o que deu em mim = excusez-moi, je ne sais pas ce qui m'a pris)

não suportar ne pas supporter (não suporto música techno = je ne supporte pas la musique techno)

não tem jeito tant pis (ele não virá, não tem jeito = elle ne viendra pas, tant pis)

não tem nada a ver ça n'a rien à voir (eu sou divorciado, mas isso não tem nada a ver = je suis divorcé mais ça n'a rien à voir)

não vai dar = ça ne va pas marcher (acho que não vai dar = je crois que ça ne va pas marcher)

não vejo a graça ne pas voir ce qu'il y a de drôle (eles estão rindo, mas eu não vejo a graça = ils rient mais je ne vois pas ce qu'il y a de drôle)

não ver a hora être impatient de (não vejo a hora de vê-la de novo = je suis impatient de la revoir)

naquela época à cette époque-là (naquela época, não tinha computadores = à cette époque-là il n'y avait pas d'ordinateurs)

nem me fale ne m'en parle pas! (detesto fazer regime. Nem me fale = je déteste faire le régime. Ne m'en parle pas!)

nem pensar pas question (não vou ligar para ele, nem pensar = je ne vais pas l'appeler, pas question!)

nem um pouco pas du tout (não gostou nem um pouco = il n'a pas du tout aimé ça)

nesse caso dans ce cas (bom, nesse caso vamos combinar para a semana que vem? = dans ce cas, on se retrouve la semaine prochaine?)

no ato immédiatement (eles te dão o dinheiro no ato = is te donnent l'argent immédiatement)

no começo au début (não gostei dela no começo = au début je ne l'ai pas aimé)

no entanto cependant, toutefois, néanmoins (os franceses, no entanto, têm costumes diferentes = les français ont cependant des habitudes différentes)

no fim à la fin (no fim tudo deu certo = a la fin tout a bien fini)

no fim das contas en fin de compte (no fim das contas, é melhor perdoar = en fin de compte il vaut mieux pardonner)

no fundo au fond (no fundo ele não gosta dela = au fond il ne l'aime pas)

no início au début (no início foi difícil = au début c'était difficile)

no meio de au centre de (ele está no meio de tudo = il est au centre de tout)

no pior dos casos dans le pire des cas (no pior dos casos, ele pode ir a uma outra escola = dans le pire des cas il pourra aller dans une autre école)

no sentido que dans le sens où (foi um sucesso no sentido que eles gostaram da ideia = ça a été un succès dans le sens où ils ont aimé l'idée)

nossa! mon Dieu! (nossa! que frio! = mon Dieu! Qu'il fait froid!)

nota-se ça se voit (nota-se que ele é brasileiro = il est brésilien, ça se voit)

numa boa être/aller bien (ele agora está numa boa = maintenant il est/va bien)

o dobro le double (ela está ganhando o dobro do salário dele = elle touche le double de son salaire)

o grosso l'essentiel (o grosso já foi feito = l'essentiel a déjà été fait)

o que conta ce qui compte (o que conta é como você se sente = ce qui compte ce sont vos sentiments)

o tempo todo tout le temps (ele está reclamando o tempo todo = il se plaint tout le temps)

olha só tiens! (olha só... que interessante = tiens! que c'est intéressant!)

ou seja en d'autres termes (ele não tem carro, ou seja, ele não vem conosco = il n'a pas de voiture, en d'autres termes il ne viendra pas avec nous)
para falar a verdade à vrai dire (para falar a verdade, eu nunca fui = à vrai dire je n'y suis jamais allé)
para variar pour changer (ele foi ao bar, para variar = il est allé au bar pour changer ses habitude)
parece que il paraît que (parece que ela não foi = il paraît qu'elle n'y est pas allée)
passar fome crever/mort de faim (nunca passei fome = je n'ai jamais crevé/je ne suis jamais mort(e)de faim)
passar pela cabeça de alguém venir à l'esprit de quelqu'un (não fiz, mas passou pela minha cabeça = je ne l'ai pas fait, mais l'idée m'est venu à l'esprit)
pedir demissão demander sa demission (se não subirem meu salário, vou pedir demissão = si on n'augmente pas mon salaire je demande ma demission!)
pedir desculpas s'excuser (para mim, é difícil pedir desculpas = c'est difficile pour moi de m'excuser)
pedir emprestado emprunter (ele me pediu emprestado e nunca devolveu = il me l'a empruntée et il ne me l'a pas rendue)
pegar leve allez doucement (pegue leve, você acabou de sair do hospital = allez doucement, vous venez de sortir de l'hôpital)
pegar no pé de alguém taquiner quelqu'un (ele sempre está no meu pé = il me taquine toujours)
pelo amor de Deus! pour l'amour de Dieu! (apague essa luz, pelo amor de Deus! = éteins cette lumière, pour l'amour de Dieu!)
pelo bem de pour le bien de (eu fiz pelo bem dele = j'ai fait ça pour son bien)
pelo contrário au contraire (ele não reclamou... pelo contrário, ele até gostou = il ne s'est pas plaint, au contraire, il a même aimé ça)
pelo fato de parce que (foram contratados pelo fato de eles serem experientes = ils ont été engagés parce qu'ils ont de l'expérience)
pelo jeito apparemment (pelo jeito eles não têm dinheiro = apparemment ils n'ont pas d'argent)
pelo menos au moins (não temos dinheiro, mas, pelo menos, temos comida = nous n'avons pas d'argent mais au moins nous avons de quoi manger)
perder a conta ne pas savoir combien (perdi a conta de quantas pessoas me deram dinheiro = je ne sais pas combien de personnes m'ont donné de l'argent)
perder o controle perdre le contrôle de quelque chose (ele bebeu demais e perdeu o controle = elle a trop bu et a perdu le contrôle de ce qu'elle a dit)
pisar na bola faire une bêtise (eles pisaram na bola e perderam o contrato = ils ont fait une bêtise et on perdu le contrat)
pode deixar soyez tranquille (pode deixar, vai estar pronto hoje à tarde = soyez tranquille, ça sera prêt cet après-midi)
pode ser peut-être (você quer mais uma cerveja? pode ser = vous voulez encore une bière? Peut-être)

pois não bien sûr (pois não, ele vai ligar para o senhor assim que voltar = bien sûr, il vous rappellera dès qu'il reviendra)

por algum acaso par hasard (você viu minhas chaves por algum acaso? = vous n'auriez-pas vu mes clés par hasard?)

por algum motivo pour une raison ou pour une autre (por algum motivo, ele não quis fazer faculdade = il n'a pas voulu aller à la fac pour une raison ou pour une autre)

por causa de à cause de (não saímos por causa da chuva = nous ne sommes pas sortis à cause de la pluie)

por coincidência par pure coïncidence (por coincidência ele também era de Salvador = par pure coïncidence il était aussi de Salvador)

por conseguinte par conséquent (o voo foi atrasado e, por conseguinte, o concerto vai começar mais tarde = le vol a été retardé et par conséquent, le concert va commencer plus tard)

por engano par erreur (eu dei o dinheiro para eles por engano = je leur ai donné l'argent par erreur)

por enquanto pour le moment (por enquanto é só isso = pour le moment c'est ça)

por exemplo par exemple (por exemplo, ele adora a culinária italiana = elle aime la cuisine italienne, par exemple)

por falar em a propos de (por falar em comida, vamos jantar? = à propos de cuisine, on dîne?)

por isso c'est pour ça (por isso eu não uso cartão de crédito = c'est pour ça que je n'utilise pas de cartes de crédit)

por mais que avoir beau (por mais que ele tente, não vai conseguir = il a beau essayer, il ne réussira pas)

por meio de par (eles se comunicam por meio de gestos = ils communiquent par gestes)

por mim en ce qui me concerne (por mim, tudo bem = en ce qui me concerne, pas de problème)

por nada pour rien (por que você ligou? Por nada = pourquoi vous avez appelé? Pour rien)

por outro lado d'autre part (por outro lado, seria mais barato dirigir = d'autre part, cela reviendrait moins cher si on conduisait)

por sinal qui (a Dulce, que por sinal é minha namorada, vai viajar comigo = Dulce, qui est mon amie, voyagera avec moi)

por sua vez quant à (ela não sabe cozinhar, ele, por sua vez, até dá aula de culinária = elle ne sait pas faire la cuisine, quant à lui, il donne des cours de cuisine)

por trás de derriere (eu sei o que está por trás dessa pergunta = je sais ce qui se cache derrière cette question)

quando você quiser quand vous voulez (pode me ligar quando você quiser = vous pouvez m'appeler quand vous voulez)

quantas vezes quiser autant de fois que (pode tentar quantas vezes quiser = vous pouvez essayer autant de fois que vous voulez)

o quanto antes le plus tôt possible (queremos terminar o quanto antes = nous voulons finir le plus tôt possible)
quanto mais plus (quanto mais tem, mais quer = plus elle en a, plus elle en veut)
quanto menos moins (quanto menos você trabalha, menos dinheiro tem = moins vous travaillez, moins vous avez d'argent)
quanto você quiser autant (pode comer quanto você quiser = vous pouvez manger tant que vous voulez)
quantos você quiser tant que de... que vous le souhaitez (pegue quantas flores você quiser = prenez autant de fleurs que vous le souhaitez)
que barato! cool! (olha que barato o cabelo dele! = regarde ses cheveux, qu'est-ce que c'est cool!)
que bom que être content (que bom que você veio! = je suis content que vous soyez venu)
que bom! super!
que chato! quel ennui! (uma conferência sobre lexicografia? que chato! = une conférence sur la lexicographie? quel ennui!); (é sempre assim, chovendo quando você menos quer... que chato, né? = c'est toujours comme ça, il pleut quand on ne s'y attend pas, quel ennui, n'est-ce pas?)
que coisa! regardez-moi ça! (mas olhe que coisa... ele nem pagou = regardez-moi ça, il n'a même pas payé!)
que demora! ça prends longtemps!
que emoção quelle émotion! (você vai conhecer o presidente... que emoção! = vous allez connaître le président, quelle émotion!)
que engraçado être drôle (que engraçado... eu esqueci que hoje é o meu aniversário = c'est drôle, j'ai oublié qu'aujourd'hui c'est mon anniversaire)
que estranho? être bizarre (é verdade, ele não veio hoje, que estranho = c'est bizarre, il n'est pas venu aujourd'hui)
que foi? qu'est-ce qui se passe? (que foi? você está bem? = qu'est-ce qui se passe, vous allez bien?)
que gracinha! Qu'il est/qu'elle est mignon(ne)!
que inveja! je vous envie! (que inveja! eu sempre quis conhecer lá! = je vous envie, j'ai toujours voulu connaître là-bas)
que legal! super! (que legal, você não vai ter que pagar = super, vous ne payerez pas!)
que pena dommage! (que pena que vocês não podem vir = dommage que vous ne puissiez pas venir...)
que sacanagem! quel horreur! (que sacanagem! eles nem ligaram! = quel horreur, ils n'ont pas téléphoné!)
que saudades! quelqu'un/quelque chose manque à quelqu'un (que saudades! como você está? = vous me manquez tellement, comment allez-vous?; (feijoada! que saudades! = "feijoada"! ça me manque terriblement!)
que sorte! quelle chance! (você vai viajar com eles? Que sorte! = vous allez voyager avec eux? Quelle chance!)
que vergonha c'est une honte! Quelle honte!

quebra meu galho! dépanner quelqu'un (por favor, quebre meu galho = s'il vous plaît, dépannez-moi)

queimar o filme casser le coup (quase tinha conseguido o telefone dela, mas o Eduardo queimou meu filme = j'ai failli avoir son numéro de téléphone mais Edouard a cassé mon coup)

quem você quiser qui vous voulez (ela namora quem ela quiser = elle sort avec qui elle veut)

sair de mansinho/de fininho filer à l'anglaise (não gostamos da festa e saímos de mansinho = nous n'avons pas aimé la fête et nous avons filé à l'anglaise)

sair voando s'échapper (ficou com medo e saiu voando = il a eu peur et il s'est échappé)

sair-se bem se débrouiller (acho que ele se saiu muito bem na palestra = elle s'est bien débrouillée dans la conférence)

salvo excepté (salvo aquele problema, deu tudo certo = excepté ce problème, tout a bien marché)

são seus olhos c'est gentil de votre part (que cabelo lindo! São seus olhos = quels beaux cheveux! C'est gentil de votre part)

se Deus quiser si Dieu le veut! (vou conseguir, se Deus quiser = je vais réussir, si Deu le veut!)

se por acaso si par hasard (se por acaso ele passar, fala para ele que vou chegar mais tarde = si par hasard il passe par ici, dites-lui que j'arriverai plus tard)

se preferir si vous préférez (se preferir, podemos continuar amanhã = si vous préférez, nous pouvons continuer demain)

se quiser si vous voulez (pode me chamar de Edu, se quiser = vous pouvez m'appeler Edu si vous voulez)

segundo d'après (segundo o que ele falou ontem, hoje vai chover mesmo = d'après ce qu'il a dit, il va pleuvoir aujourd'hui)

sei lá je ne sais pas (eu não gosto dela porque, sei lá, ela não faz meu tipo = je ne l'aime pas, je ne sais pas, elle n'est pas mon genre)

seja quem for qui que se soit (não deixe ninguém entrar, seja quem for = ne laissez entrer qui que ce soit)

sem comentários sans commentaires (gostou do vestido? Sem comentários = vous avez aimé la robe? Sans commentaire)

sem compromisso sans engagement (pode experimentar sem compromisso = vous pouvez l'essayer sans engagement)

sem contar que et en plus (eles são chatos, sem contar que não têm senso de humor algum = ils sont ennuyeux, et en plus ils n'ont aucun sens de l'humour)

sem dúvida c'est sûr (ele vai vir, sem dúvida = il va venir, c'est sûr)

sem estresse détendu(e) (quero passar um final de semana sem estresse = je veux passer une fin de semaine détendue)

sem exceção sans exception (todos, sem exceção, adoram o show = ils ont tous, sans exception, aimé la performance)

sem problema sans problème (eu vou acabar este trabalho sem problema = je vais finir ce travail sans problème)
sem-vergonha sans-gêne! (ele é um sem-vergonha = quel sans-gêne!)
sempre que toujours (sempre que íamos lá, minha mãe nos acompanhava = quand nous y allions, ma mère nous accompagnait toujours)
sentir culpado se sentir responsable (me sinto culpado agora = je me sens responsable maintenant)
ser mandado embora être renvoyé, viré (foi mandado embora por faltar ao trabalho = il a été renvoyé pour excès d'absences)
ser visto como être considéré comme (ils ont été considérés comme des ennemis)
será que est-ce que... (será que vai chover? = est-ce qu'il va pleuvoir?)
seria interessante il serait souhaitable (não sei, acho que de repente seria interessante ver isso = il serait peut-être souhaitable de voir ça)
serve être utile (não tenho celular... um pager serve? = je n'ai pas de mobile... un pager vous serait utile?)
sinceramente sincèrement (eu, sinceramente, acho que não vai dar problema = sincèrement, je crois qu'il n'y aura pas de problème)
sinto muito être désolé (sinto muito, mas não posso dar mais nada = je suis vraiment désolé, mais je ne peux plus rien donner)
sob controle en ordre (está tudo sob controle = tout est en ordre)
sob medida sur mesure (fazem computadores sob medida = on fait des ordinateurs sur mesure)
sob suspeita de être soupçonné de (ele está sob suspeita de roubar = il est soupçonné d'avoir volé)
sobretudo (porque) surtout (parce que) (não vou sair hoje, sobretudo porque amanhã tenho aquele exame = je ne vais pas sortir aujourd'hui, surtout parce que demain j'ai cet examen)
sou suspeito je ne suis pas crédible (eu acho o Brasil o máximo, mas sou suspeito = je trouve le Brésil magnifique, mais je ne suis pas crédible)
supostamente apparemment (ele supostamente não sabia que era hoje = apparemment il ne savait pas que c'était aujourd'hui)
tá bom? d'accord? (eu te ligo depois, tá bom? = je te rappelle après, d'accord?)
tá legal? OK? (não estou a fim de ir, tá legal? = je n'ai pas envie d'y aller, OK?)
tá vendo? vous voyez? (tá vendo como ele é? = vous voyez comment il est?)
tal como tel que (eu faço muitas atividades físicas, tais como correr e nadar = je fais beaucoup d'activités physiques, telles que la course et la natation)
tanto assim que si bien que (me irritou muito... tanto assim que não falei mais com ele = il m'a beaucoup agacé si bien que je ne lui ai plus adressé la parole)
tanto faz ça m'est égal (tanto faz se ele fica ou vai embora = ça m'est égal s'il part ou s'il reste)
ter certeza être sûr(e) (tem certeza? = vous êtes sûr?)

ter certeza que être sûr(e) de (eu tenho certeza de que eu o vi no congresso = je suis sûr de l'avoir vu au congrès)

ter ciúmes de être jaloux de (tenho ciúmes dele = je suis jalouse de lui)

ter confiança em alguém faire confiance à quelqu'un (eu não tenho muita confiança nela = je ne lui fait pas très confiance)

ter cuidado faire attention (acho melhor você ter muito cuidado nesse bairro = il vaut mieux que vous fassiez attention dans ce quartier)

ter em mente avoir en tête (é uma coisa para ter em mente = c'est une chose qu'il faut avoir en tête)

ter fama de être réputé (e) (Los Angeles tem fama de ser um lugar perigoso = Los Angeles est réputée dangereuse)

ter graça être drôle (não tem muita graça = ce n'est pas drôle)

ter juízo être sage (eu tenho juízo, não se preocupe = je suis sage, ne vous inquiétez pas)

ter mania de s'obstiner à (ela tem mania de deixar as portas abertas = elle s'obstine à laisser les portes ouvertes)

ter muito pique avoir beaucoup d'énergie (ela tem muito pique para a idade que tem = elle a beaucoup d'énergie pour son âge)

ter vaga avoir de la place (tem vaga no curso só no dia vinte = il n'y aura de place dans le cours que le 20)

ter vergonha avoir honte (não tem vergonha? = vous n'avez pas honte?); (eu tenho vergonha de falar em público = j'ai honte de parler en public)

ter vontade de avoir envie de (tenho vontade de gritar = j'ai envie de crier)

tim-tim por tim-tim par le menu (expliquei tudo para eles, tim-tim por tim-tim = je leur ai tout expliqué par le menu)

tipo o quê? par exemple? (ele ainda acha que o projeto está com problemas.) Tipo o quê? = il pense toujours que le projet a des problèmes. Par exemple?)

tirar a roupa enlever les vêtements (fui ao banheiro e tirei a roupa = je suis allé à la salle de bains et j'ai enlevé mes vêtements)

tirar algo da cabeça enlever quelque chose de la tête (não consigo tirar essa música da cabeça = je n'arrive pas à enlever cette musique de ma tête)

tirar férias prendre des vacances (vou tirar férias em maio = je prendrai mes vacances en mai)

tirar fotos prendre des photos (tiramos muitas fotos do casamento = nous avons pris beaucoup de photos du mariage)

tirar o fôlego ravir (essa música me tira o fôlego = cette chanson me ravi)

tirar sarro se moquer de quelqu'un (tiraram sarro dele a noite toda = ils se sont moqué d'elle toute la soirée)

todo o mundo tout le monde (todo o mundo estava lá = tout le monde y était)

tomar a iniciativa prendre l'initiative (eu estava esperando ela tomar a iniciativa = je m'attendais à ce qu'elle prenne l'initiative.)

tomar a liberdade oser (eles tomaram a liberdade de mudar a data = ils ont osé changer la date)

tomar banho prendre une douche, un bain (vou tomar banho para relaxar = je prends un bain pour me détendre)

tomar conta de surveiller (ela ficava em casa tomando conta do sobrinho de quatro anos = elle restait chez elle pour surveiller son neveu de quatre ans)

tomar cuidado faire attention à (toma cuidado com eles = faites attention à eux)

tomar parte participer à (ele veio porque quis tomar parte = il est venu parce qu'il a voulu participer à la fête)

tomar providências prendre des mesures (você precisa tomar providências para prevenir isso = il faut que vous preniez de mesures pour éviter ça)

tomar sol bronzer (passei o dia de ontem tomando sol = j'ai passé toute la journée à bronzer)

tomar um drinque prendre un verre (vamos tomar um drinque enquanto aguardamos a mesa = allons prendre un verre pendant qu'on attend une table)

tomar uma atitude agir (ainda não tomaram uma atitude = ils n'ont pas encore agi)

tomar uma decisão prendre une décision (eu tive que tomar uma decisão difícil = j'ai dû prendre une décision difficile)

tomara si tout marche bien (amanhã vai fazer sol, tomara = si tout marche bien il fera beau demain)

tomara que espérer que (tomara que tudo dê certo = j'espère que tout va bien)

tudo bem OK (tudo bem, eu reconheço que não está perfeito = OK, j'admets que ce n'est pas parfait)

tudo o que você quiser tout ce que vous voulez (você tem direito a tudo o que você quiser = vous avez droit à tout ce que vous voulez)

ultimamente dernièrement (ultimamente ele está muito estranho = il est vraiment bizarre dernièrement)

um monte de un tas de (ela estava carregando um monte de livros = elle transportait un tas de livres)

um pouco de un peu de (com um pouco de sorte, a chuva vai parar = avec un peu de chance la pluie s'arrêtera)

por várias vezes plusieurs fois (por várias vezes, eu disse a ele para chegar cedo = plusieurs fois je lui ai dit d'arriver tôt)

logo que dès que (logo que estiver pronto, vamos mudar = dès que ça sera fini, nous déménagerons)

uma vez que une fois que (uma vez que você toma uma decisão, fica mais fácil = une fois que votre décision sera prise, tout deviendra plus facile)

valer a pena valoir la peine, le coup (será que vale a pena esperar um pouco? = vous pensez que ça vaut la peine d'attendre un peu?)

vamos lá! allons-y!

vamos nessa! on y va?

várias vezes plusieurs fois (eu tive que pará-la várias vezes = plusieurs fois j'ai dû l'interrompre)

vejam bem regarde (veja bem, não temos mais tempo para isso = regarde, nous n'avons plus de temps pour ça)

veja só! tiens!

velho e bom bon vieux (nada como o velho e bom lápis e papel = rien ne vaut le bon vieux crayon et papier)

vem cá dites-moi, dis-moi (vem cá, o que você achou da peça? = dis-moi, comment tu as trouvé la pièce?)

você acha? Vraiment?

você que sabe c'est à vous de décider

voltar atrás revenir en arrière (agora não dá para voltar atrás = ce n'est plus possible de revenir en arrière)

vou te contar je ne te dis pas (esse homem, vou te contar, tem muito dinheiro = cet homme, je ne te dis pas, l'argent qu'il a!)

Apêndice 1 – A Família
Annexe 1 – La Famille

afilhada Filleule
afilhado Filleul
avó Grand-mère
avô Grand-père
avós Grand-parents
bisavô Arrière-grand-mère
bisavó Arrière-grand-père
bisavós Arrière grand parents
bisnetos Arrière-petits-enfants
bisneto Arrière petit-fils
bisneta Arrière petite-fille
cunhada Belle-soeur
cunhado Beau-frère
enteada beau-fils
enteado belle-fille
esposa Epouse
ex-esposa Ex épouse
ex-marido Ex mari
filha Fille

filha adotiva Fille adoptive
filho Fils
filho adotivo Fils adoptif
filhos Enfants
genro Gendre
irmã Soeur
irmão Frère
madrasta belle-mère
madrinha Marraine
mãe Mère
mamãe Maman
marido Mari
meia-irmã Demi-soeur
meio-irmão Demi-frère
neta Petite-fille
neto Petit-fils
nora Belle-fille
padrasto beau-père
padrinho Parrain
pai Père
papai Papa
pais Parents
parentes Famille
primo(a) em segundo grau Cousin au deuxième degré
primo(a) Cousin
sobrinha Nièce
sobrinho Neveu
sogra Belle-mère
sogro Beau-père
tia Tante
tio Oncle
vovô Grand-papa
vovó Grand-maman

Apêndice 2 – Descrevendo as Pessoas
Annexe 2 – Décrire les Gens

LA PERSONNALITÉ

BOM (POSITIF)

aberto ouvert(e)
admirável admirable
adorável adorable
agradável agréable
alegre gai(e), de bonne humeur
amigável amical(e)
analítico analytique
atencioso attentif(ve)
ativo actif(ve)
atraente attrayant(e)
autêntico authentique
aventureiro aventurier(ère)
bem-humorado de bonne humeur
bom de cama bom amant, bonne maîtresse
bom de papo persuasif(ve)
caloroso chaleureux(euse)
charmoso charmant(e)
clínico clinique
coerente cohérent(e)
compassivo qui a de la compassion
compreensivo qui vous comprend
comunicativo communicatif(ve)
contemplativo contemplatif(ve)
corajoso courageux(euse)
criativo créatif(ve)
decente décent(e)
dedicado dédié(e)
diferente différent(e)
diplomático diplomatique
disciplinado discipliné(e)

divertido drôle
dramático dramatique
educado bien élevé(e)
elegante élégant(e)
encantador charmant(e)
energético energétique
escandaloso scandaleux(euse)
especial spécial(e)
espontâneo spontané(e)
expressivo expressif(e)
extrovertido extraverti(e)
falador bavard(e)
fiel fidèle
flexível flexible
fogoso chaud(e)
fotogênico photogénique
honesto honnête
humilde humble
imaginativo imaginatif(e)
independente indépendant(e)
informado bien renseigné(e)
intelectual intellectuel(le)
introspectivo introspectif(ve)
justo juste
legal cool
lógico logique
louco fou/folle
maduro mûr(e)
meticuloso méticuleux(euse)
metódico méthodique
motivado motivé(e)
observador observateur
organizado orgfanisé(e)
original original(e)
otimista optimiste
paciente patient(e)
perceptivo perceptif(ve)
perfeccionista perfectionniste
persistente persistent(e)
persuasivo persuasif(ve)
prático pratique
progressivo progressiste
racional rationnel(le)
realista réaliste
responsável responsable
revolucionário révolutionnaire
romântico romantique
sedutor séducteur (trice)
sensível sensible
sensual sensuel (le)
sexy sexy
simpático sympathique
sincero sincère
sofisticado sophistiqué(e)
sortudo chanceux(euse)
único unique
vaidoso vaniteux(euse)
visual visuel(le)

RUIM OU NEUTRO (MAUVAIS OU NEUTRE)

abusivo abusif(e)
agressivo agressif(ve)
arrogante arrogant(e)
azarado malchanceux(euse)
burro bête
chato ennuyeux(se)
ciumento jaloux(se)
competitivo compétitif(ve)
conservador conservateur(trice)
controlador contrôleur(euse)
crítico critique
cruel cruel(le)
direto direct(e)
duro dur(e)
egoísta egoïste
estúpido stupide
exigente exigeant(e)
falso faux(sse)
feio moche
fraco faible
frio froid(e)
ganancioso ambitieux(euse)

hipócrita hypocrite
idealista idéaliste
imaturo immature
insensível insensible
introvertido renfermé(e)
inútil inutile
invejoso jaloux(se)
machista machiste
mal-educado mal élevé(e)
mal-humorado de mauvaise humeur
malvado méchant(e)
manipulador manipulateur(trice)
mesquinho méchant(e)
metido insolent(e)
mimado gâché(e)
moleque malin
mulherengo coureur
nerd nul
nojento dégoûtant(e)
obsessivo obsédé(e)
oportunista opportuniste
possessivo possessif(ve)
rígido rigide
sarcástico sarcastique
sem-vergonha sans honte
superficial superficiel(le)
teimoso têtu(e)
tímido timide
vulgar vulgaire

CARACTERÍSTICAS DO CORPO/TRAITS PHYSIQUES

OLHOS (LES YEUX)

COR (COULEUR)
azul bleu
azul-claro bleu clair
azul-escuro bleu foncé
azul-esverdeado bleu vert
verde verts
verde-claro vert clair
verde-escuro vert foncé
castanho-esverdeado marron-vert
castanho marron
castanho-claro marron clair
castanho-escuro marron foncé

FORMATO (FORME)
grandes grands
pequenos petits
redondos ronds
puxados en amande

CABELO (LES CHEVEUX)

LES CHEVEUX (COULEUR)
loiro blonds
loiro-claro blond clair
loiro-escuro blond foncé
castanho châtains
castanho-escuro châtain foncé
castanho-claro châtain clair
ruivo roux
ruivo-claro roux clair
ruivo-escuro roux foncé
preto noir

TIPOS DE CABELO (TYPES DE CHEVEUX)
comprido long
curto court
médio ni longs ni courts
até os ombros mi longs
cacheado bouclés
ondulado ondulés
liso raides
crespo frisés
careca chauve

ROSTO (LE VISAGE)

redondo rond
ovalado ovale
quadrado carré

DETALHES DO ROSTO (DÉTAILS DU VISAGE)

rugas rides
sardas taches de rousseur
espinhas boutons
cicatrizes cicatrices
sobrancelhas grossas des sourcils épais
sobrancelhas finas des sourcils fins
cílios compridos des cils longs
bigode moustache
barba barbe
cavanhaque côtes

CONSTITUIÇÃO FÍSICA (TYPE DE CORPS)

alto grand(e)
baixo petit(e)
magrinho maigrichon(ne)
magro maigre
fofinho un peu fort(e)
gordinha boulotte
gordo gros(se)
um pouco gordo avec un peu de surpoids
quadril largo hanches larges
cintura fina une taille de guêpe
sem cintura sans taille marquée
costas largas epaules larges
musculoso musclé
definido défini(e)
sarado bien fait(e)
corpo violão un corps de syrène
pernas torneadas des jambes galbées
barriga definida le ventre musclé
seios grandes des gros seins

Apêndice 3 – Doenças
Annexe 3 – Les Maladies

gripe La grippe
febre alta Une forte fièvre (une fièvre de cheval)
um pouco de febre Une petite fièvre
dor de garganta Avoir mal à la gorge
resfriado Un rhume
asma L'asthme
bronquite La bronchite
dor de barriga Avoir mal à l'estomac
dor nas costas Avoir mal au dos
artrite L'arthrite
dor de dente Avoir mal aux dents
dor de cabeça Avoir mal à la tête
gases Avoir de la flatulence/être ballonné(e)
diarréia La diarrhée
varicela La varicelle
hérnia Une hernie
tosse La toux
soluço Le hoquet
cólica (menstrual) Une colique

Apêndice 4 – Trabalhos
Annexe 4 – Formations (selon l'Annuaire National des Universités)

Ação social Action sociale
Acústica Accoustique
Administração e gestão de empresas Administration et gestion des entreprises
Administração Pública Administration publique
Aeronáutica Aéronautique
Agricultura/agronomia Agriculture-agronomie
Agroalimentar Agroalimentaire
Análise e política econômicas Analyse et politique économiques
Animação Animation
Antropologia Anthropologie
Arqueologia Archéologie
Arquitetura Architecture
Arquivos Archives
Artes Arts
Artes aplicadas Arts appliqués
Artes plásticas Arts plastiques
Assistência social Sécurité industrielle
Astronomia/astrofísica Astronomie/astrophysique

Audioprotético Audioprothésiste
Audiovisual Audiovisuel
Banco Banque
Banco de dados Banque de données
Biblioteca Bibliothèque
Biofísica Biophysique
Biologia Biologie
Biologia animal Biologie animale
Biologia celular Biologie cellulaire
Biologia dos organismos e das populações Biologie des organismes et des populations
Biologia molecular Biologie moléculaire
Biologia vegetal Biologie végétale
Bioquímica Biochimie
Biotecnologias Biotechnologies
Carreiras judiciárias Carrières judiciaires
Ciências cognitivas Sciences cognitives
Ciências da educação Sciences de l'éducation
Ciências da linguagem Sciences du langage
Ciências da matéria Sciences de la matière
Ciências da Terra Sciences de la Terre
Ciências da vida Sciences de la vie
Ciências de gestão Sciences de gestion
Ciências dos materiais Sciences des matériaux
Ciências e técnicas Sciences et techniques
Ciências físicas Sciences physiques
Ciências humanas e sociais Sciences humaines et sociales
Ciências políticas Science politique
Ciências sociais Sciences sociales
Cinema Cinéma
Climatologia Climatologie
Comércio eletrônico Commerce électronique
Comércio internacional Commerce international
Comércio/vendas Commerce/vente
Comunicação Communication
Construção Bâtiment
Consumo Consommation
Contabilidade Comptabilité
Controle de gestão Contrôle de gestion
Controle de qualidade Contrôle qualité
Criação/estética industrial Création/esthétique industrielle

Cultura (gestão de projetos e de equipamentos) Culture (gestion de projets et d'équipements)
Dança Danse
Defesa Défense
Demografia Démographie
Desenvolvimento local Développement local
Direiro penal/ciências criminais Droit penal/sciences criminelles
Direito Droit
Direito bancário e financeiro Droit bancaire et financier
Direito canônico Droit canonique
Direito comparado/direito estrangeiro Droit compare/droit étranger
Direito comunitário/internacional Droit communautaire/international
Direito da comunicação/da informação Droit de la communication/de l'information
Direito da economia Droit de l'économie/droit des affaires
Direito da medicina/direito da saúde Droit medical/droit de la santé
Direito da propriedade Droit de la propriété
Direito do meio ambiente Droit de l'environnement
Direito do urbanismo Droit de l'urbanisme
Direito fiscal Droit fiscal
Direito imobiliário e da construção Droit immobilier et de la construction
Direito notarial Droit notarial
Direito privado Droit privé
Direito processual/contencioso Droit processuel/contentieux
Direito público Droit public
Direito social Droit social
Direitos do homem Droits de l'homme
Distribuição Distribution
Documentação Documentation
Ecologia Ecologie
Econometria Econométrie
Economia Economie
Economia agrícola Economie agricole
Economia de empresas Economie de l'entreprise
Economia de energia/política energética Economie de l'énergie/politique énergétique
Economia do desenvolvimento Economie du développement
Economia do trabalho/do emprego Economie du travail/de l'emploi
Economia europeia e internacional Economie européenne et internationale
Economia industrial Economie industrielle
Economia monetária e financeira Economie monétaire et financière
Economia pública Economie publique
Edição Edition
Eletrônica Electronique

Energia/energética Energie/énergétique
Engenharia biológica e médica Génie biologique et médical
Engenharia civil Génie civil
Engenharia de processos Génie des procédés
Engenharia de programas Génie logiciel
Engenharia de sistemas Génie des systèmes
Engenharia econômica Ingénierie économique
Engenharia elétrica Génie électrique
Engenharia industrial Ingénierie industrielle
Engenharia matemática Ingénierie mathématique
Engenharia mecânica Génie mécanique
Engenharia térmica Génie thermique
Enologia Oenologie
Epistemologia Epistémologie
Ergonomia Ergonomie
Ergoterapia Ergothérapie
Espetáculo/teatro Spectacle/théâtre
Esporte Sport
Estatísticas/probabilidades Statistiques/probabilités
Etnologia Ethnologie
Farmácia Pharmacie
Filosofia Philosophie
Física Physique
Física dos materiais Physique des matériaux
Física nuclear Physique nucléaire
Fisiologia Physiologie
Formação/didática Formation/didactique
Francês Língua Estrangeira Français langue étrangère
Genética Génétique
Geofísia Géophysique
Geografia Géographie
Geologia Géologie
Geoquímica Géochimie
Gestão comercial Gestion commerce
Gestão de atividades e equipamentos esportivos Gestion des activités et des équipements sportifs
Gestão de atividades sanitárias e sociais Gestion des activités sanitaires et sociales
Gestão financeira Gestion financière
Gramática Grammaire
Hidrologia Hydrologie
Higiene/segurança Hygiène/sécurité
História Histoire

História da arte Histoire de l'art
História do direito Histoire du droit
Hotelaria Hôtellerie
Imagem digital Imagerie numérique/traitement de l'image
Imobiliário Immobilier
Informação e comunicação Information et communication
Informática Informatique
Informática aplicada Informatique appliquée
Informática de gestão/sistemas de informação Informatique de gestion/systèmes d'information
Informática fundamental Informatique fondamentale
Informática industrial Informatique industrielle
Inteligência artificial Intelligence artificielle
Jornalismo Journalisme
Kinesiterapia Kinésithérapie
Letras clássicas Lettres classiques
Letras modernas Lettres modernes
Línguas Langues
Línguas e civilizações regionais Langues et civilisations régionales
Linguística Linguistique
Livraria Librairie
Logística Logistique
Manutenção Maintenance
Marketing Marketing
Matemática Mathématiques
Matemática aplicada Mathématiques appliquées
Matemática fundamental Mathématiques fondamentales
Mecânica Mécanique
Mediação cultural e comunicação Médiation culturelle et communication
Medicina Médecine
Meio ambiente Environnement
Microbiologia Microbiologie
Microinformática Micro-informatique
Multimídia Multimédia
Museologia Muséologie
Música Musique
Neurociências Neurosciences
Nutrição/dietética Nutrition/diététique
Oceanologia Océanologie
Odontologia Odontologie
Organização e gestão de produção Organisation et gestion de production
Ortofonia Orthophonie

Ortoptia Orthoptie
Ótica Optique
Paleontologia Paléontologie
Paramédico Paramédical
Parteira Sage-femme
Psicologia clínica e patológica Psychologie clinique et pathologique
Psicologie Psychologie
Psicomotricidade Psychomotricité
Publicidade Publicité
Qualidade Qualité
Química Chimie
Química física Chimie physique
Química industrial Chimie industrielle
Química orgânica Chimie organique
Recursos humanos Ressources humaines
Redação Rédaction
Redes Réseaux
Saúde Santé
Seguros Assurances
Sociologia Sociologie
Teatro Théâtre
Técnico-comercial Technico-commercial
Tecnologia industrial Technologie industrielle
Tecnologia mecânica Technologie mécanique
Telecomunicação/telemática Télécommunications/télématique
Teledetecção/cartografia Télédétection/cartographie
Teologia Théologie
Tradutor/intérprete Traduction/interprétariat
Transporte/logística Transport/logistique
Turismo Tourisme
Urbanismo Urbanisme
Veterinária Vétérinaire
Visitante médico Visiteur médical

Apêndice 5 – Profissões
Annexe 5 – Professions

Arquiteto Architecte
Artista Artiste
Ator Acteur, actrice
Livreiro Libraire
Bombeiro Pompier
Cabeleireiro Coiffeur, coiffeuse
Caixa Caissier, caissière
Carpinteiro Menuisier
Cirurgião Chirurgien
Contador Comptable
Cozinheiro Maître cuisinier
Dançarino Danseur, danseuse
Dentista Dentiste
Médico Médecin
Editor Editeur
Encanador Plombier
Enfermeiro Infirmier, infirmière
Engenheiro Ingénieur
Escritor Ecrivain

Garçon Serveur, serveuse
Jornalista Journaliste
Modelo Mannequin
Motorista Chauffeur
Nutricionista Nutritionniste
Padeiro Boulanger, boulangère
Piloto Pilote
Policial Gendarme
Professor Professeur
Psicólogo Psychologue
Químico Chimiste
Recepcionista Réceptionniste
Secretária Secrétaire
Tradutor Traducteur, traductrice
Vendedor Vendeur, vendeuse
Advogado Avocat, avocate
Mecânico Mécanicien
Aeromoça Hôtesse de l'air
Faxineira Femme de ménage
Datilógrafa Dactylographe
Eletricista Electricien
Veterinário Vétérinaire
Desenhista Dessinateur, dessinatrice
Entregador Livreur
Esteticista Esthéticienne
Jardineiro Jardinier
Músico Musicien, musicienne
Fiscal de tributos Inspecteur des impôts

Apêndice 6 – Vestuário
Annexe 6 – Vêtements

Calças Le pantalon
Abrigo Le survêtement
Bermuda Le bermuda
Blaizer La veste
Camisa La chemise
Camisa feminina Le chemisier
Camisa pólo de mangas curtas Le polo à manches courtes
Camiseta Le T-shirt
Camisola La chemise de nuit
Capa de chuva L'imperméable
Colete Le gilet
Conjunto L'ensemble
Jaqueta de couro Le blouson
Jeans Le jean
Macacão La salopette
Maiô Le maillot de bain
Manteau Le manteau
Pijama Le pyjama
Pulôver gola careca Le pull ras du cou

Pulôver em V Le pull-over en V
Pulôver gola rulê Le pull à col roulé
Robe Le peignoir
Saia reta, plissada La jupe droite, plissée
Short Le short
Tailleur Le tailleur
Terno Le costume
Vestido de manga longa La robe à manches longues
Vestido sem manga La robe sans manches

Este livro foi impresso nas oficinas gráficas da Editora Vozes Ltda.,
Rua Frei Luís, 100 – Petrópolis, RJ.